Margarete Langerhorst

MEINE MISCHKULTUREN PRAXIS

Nach dem Vorbild der Natur

Margarete Langerhorst

MEINE MISCHKULTUREN PRAXIS
Nach dem Vorbild der Natur

 OLV Organischer Landbau Verlag
Kurt Walter Lau

Bibliografische Information der Deutschen Nationalbibliothek:
Die Deutsche Nationalbibliothek verzeichnet diese Publikation in der Deutschen Nationalbibliografie; detaillierte bibliografische Angaben sind im Internet unter **http://dnb.d-nb.de** abrufbar.

Fotos und Skizzen: Soweit nicht anders angeben von Familie Langerhorst.
Weitere Bildnachweise: Foto S. 211: voff/Fotolia.com • Foto S. 66 (Borretschblüte): Dirk Rottgen/Pixelio • Foto S. 66 (Dill): Peter Smola/Pixelio • Foto S. 67 (Kamille): OLV-Archiv • Foto S. 67 (Johanniskraut): OLV-Archiv • Foto S. 68 (Bärlauchblätter): Heike Rau/Fotolia • Foto S. 69 (Schnittlauch): Ginover/Pixelio • Foto S. 69 (Zitronenmelisse): Gerda Dzialas • Foto S. 70 (Salbei): Gerda Dzialas Foto S. 70 (Liebstöckel): Josef Johan Obiltschnig/Pixelio • Foto S. 70 (Majoran): Maja Dumat/Pixelio • Foto S. 71: Tobias Storz/Fotolia • Foto S. 115: Gabi Schoenmann/Pixelio • Foto S. 130: W.R. Wagner/Pixelio • Foto S. 142: Karin Schumann/Pixelio • Foto S. 144: birgitH/Pixelio • Foto S. 147: LianeM/Pixelio • Foto S. 148: beerfan/Fotolia • Foto S. 149: Juana Kreßner/Pixelio • Foto S. 160: W. Kühn/Digitalstock • Foto S. 169: Rita Thielen/Pixelio • Foto S. 170: Uschi Dreiucker/Pixelio • Foto S. 183: ExQuisine/Fotolia • Foto S. 184: ExQuisine/Fotolia • Foto S. 186: DoaZett/Fotolia • Foto S. 189 (Erdbeeren): Ziegerick/Digitalstock • Foto S. 189 (Himbeeren): B-Türk/Digitalstock • Foto S. 189 (Apfel): Renate TroBe/Pixelio • Foto S. 191 (Johannisbeeren): Peter Smola/Pixelio • Foto S. 191 (Heidelbeeren): M. Schuppich/Fotolia • Foto S. 203: Heike Rau/Fotolia • Foto S. 211: volff/Fotolia Foto S. 213: volff/Fotolia • Foto S. 215: Foto Lyrix/Fotolia

Umschlagfotos aussen: Stachelbeeren: Sonja Birkelbach/Fotolia • Wintergemüse: fotocrew/Fotolia • Zwiebeln: Karin Jung/Pixelio • Johannisbeeren: Martina Lohrbach/Fotolia • Gurken: florentine/Pixelio • Kapuzinerkresseblüten: deMarco/Fotolia • Zitronenmelisse: Dzialas • Heidelbeeren: fotocrew/Fotolia • Dill: Peter Smola/Pixelio

Das Werk einschließlich aller seiner Teile ist urheberrechtlich geschützt. Jede Verwertung außerhalb der engen Grenzen des Urheberrechtgesetzes ist ohne Zustimmung des Verlages unzulässig und strafbar. Das gilt insbesondere für Vervielfaltigungen, Übersetzungen, Mikroverfilmungen und die Einspeicherung und Verarbeitung in elektronischen Systemen.

Alle Angaben in diesem Buch sind sorgfaltig geprüft und geben den neuesten Wissensstand der Autorin bei der Veröffentlichung wieder. Eine Haftung der Autorin bzw. des Verlages und seiner Beauftragten für Personen-, Sach- und Vermögensschäden ist ausgeschlossen.

© 5. durchgesehene Auflage 2023
OLV Organischer Landbau Verlag Kurt Walter Lau,
Im Kuckucksfeld 1, 47624 Kevelaer, www.olv-verlag.eu
Satz und Gestaltung: Marianne Feldbusch
Druck: Interpress, Budapest

ISBN: 978-3-922201-21-2

Fordern Sie unverbindlich unser Verlagsprogramm an!

INHALT

Vorwort	7
Gärtnerhof-Aktivitäten	11

Mischkulturen im Jahreslauf

Wie ein Neubeginn gelingt	21
Rechtzeitige Gartenplanung	26
Jungpflanzenanzucht	30
Jungpflanzen erfolgreich auspflanzen	36
Der Mischkulturengarten im Frühjahr	42
Das Frühbeet im Jahreslauf	45
Bewährte Mischkulturen	52
Unser Indianergarten	56
Yaconwurzel – die süße Knolle der Inkas	61
Kräuter im Garten	64
Ganzjähriger Gemüseanbau im kalten Kleingewächshaus	72
Wie der Mischkulturengarten in den Winter geht	79
Frisches im Winter	82
Das Wintersalatstück	88
Gesunde Pflanzen durch gesunden Boden	92

Gartenpraxis

Vorgründüngung (Voraussaat) im Frühjahr erspart Jätarbeit	99
Entspannte Haltung bei feinen Jätarbeiten	101
Pflanzenkompost – Gärtnern ohne Dung	103
Das Mulchen	110
Die Vorteile der Kleewege	115

Ganzjähriger Salatanbau 118
Zwiebeln und Knoblauch 123
Porree (Lauch) 127
Frühkohl kann zweimal wachsen 130
Brombeer- und Himbeerkultur mit Bärlauch 132
Kiwis und Kulturheidelbeeren 136
Unser Walnussanbau 142
Kartoffelanbau ohne Häufeln 146
Baumscheiben und Baumpflanzung 151
Der Wert von Hecken 155
Zwei Mischkulturmethoden 161

Ernährung
Spinat und Brennnessel als Energielieferanten 169
Wurzelgemüse als schmackhafte Salate im Winter 174
Rosenkohl, Grünkohl und Wirsing für frische Salate 180
Das reichhaltige und vielseitige Fruchtangebot der Natur 186

Lebensführung
Selbstverantwortung 192
Ein Stück aus unserem Leben 195
Vegetarisch leben 198
Die langsame Erwärmung von Getreide 202
Die Problematik der Milch 206

Buchtipps 219

VORWORT
Vorwort zur 4. Auflage

Die Zeit fließt dahin wie das Wasser in einem Flussbett. Wir Menschen sind aufgerufen, die Zeit, die uns im Erdenleben zur Verfügung steht, bestmöglich zu nutzen. Wir sollen dabei Erfahrungen sammeln, die uns innerlich öffnen, um die Lebensgesetze besser zu erkennen, damit wir ein hilfreiches Mitglied der Menschheit sind. Jede Menschenseele bringt ihren Lebensauftrag mit auf die Erde. Wir sind als Menschheit eine Einheit, so wie das Meer aus vielen Tropfen gebildet ist und doch eine große Einheit darstellt. Jedes Menschenkind leistet seinen individuellen Beitrag zum Schöpfungsplan. So wie die Zellen unseres Körpers alle für das Ganze im Körper zum Wohle des Ganzen arbeiten, können und sollen einzelne Menschen, jeder auf seinem Platz, ihr Werk nach bestem Wissen und Gewissen vollbringen.

In diesem Sinne vergingen nun seit der 3. Auflage drei Jahre. Es ist sehr schön zu sehen, wie viele Menschen bestrebt sind, ihr Bestes in jeder Lebenslage, auf allen Gebieten zu vollbringen.

Die Begeisterung und die Dankbarkeit der praktizierenden Leser dieses Buches, gab mir auch diesmal wieder die volle Kraft, mit Liebe und Hingabe vereint, mich so oft wie möglich hinzusetzen und die sogar die Sommerzeit zur gründlichen Überarbeitung für die 4. Auflage zu nutzen.

Verbesserungen und Ergänzungen kennzeichnen diese Neuauflage. Wir Menschen lernen ja ständig durch unser Leben und durch die damit verbundene Arbeit dazu. Diese Lernprozesse spiegeln sich in unseren Werken, die daraus entstehen, wider. Theorie und Praxis geben sich im erfüllten Leben die Hand. So wie sich auch der Erfolg der Meditation in der Umsetzung in die Praxis für das Leben zeigt.

In meiner Kindheit liebte ich es, mit unserer Mutter, die ihren sieben Kindern ihr Bestmöglichstes mit auf ihren Lebensweg mitzugeben bestrebt war, im Garten Gemüse und Beeren anzubauen. Unser Vater, unsere Großeltern und die Geschwister freuten sich über die Ernten. Wir waren eine gut funktionierende, arbeitsame und fröhliche Großfamilie. Mit dem gemeinsamen Einsatz konnten wir mit so vielen Personen auf dem Bergbauernhof leben und jedes der Kinder konnte einen ihm entsprechenden Beruf erlernen. Wir sind alle sehr dankbar für unsere lehrreiche Kindheit und Jugendzeit.

Später lernten mein Ehemann *Jakobus* und ich die Mischkultur anlässlich einer Exkursion im Garten von *Gertrud Franck* in Schwäbisch Hall kennen. Gertrud Franck erklärte mit einer mitreißenden Begeisterung unserer Besuchergruppe den Mischkulturenanbau. Für Jakobus und mich war gleich klar, dass dies unser zukünftiger Weg im Gartenbau sein wird. Gertrud Franck kam dann, mehrere Jahre später, als wir hier in Gugerling schon fleißig am Werk waren, ebenfalls mit einer großen Exkursionsgruppe aus Deutschland in unseren Mischkulturengarten nach Oberösterreich. Sie war sehr glücklich zu sehen und zu hören, dass wir die Mischkulturenpraxis seit 1973 anwandten, weiter entwickelten und auch publizierten.

Inzwischen ist die Mischkultur in den Gartenbaulehrbüchern der Fachschulen für ländliche Hauswirtschaft vertreten, wird im Unterricht umfassend gelehrt und auch in diesen Schulgärten praktiziert. Ein Segen für alle Beteiligten. Alljährlich kommen, neben anderen Gartenbesuchern, Fachschulklassen mit ihren Fachlehrkräften auf Exkursion in unseren Garten. Eine schöne Erfahrung für beide Seiten. Wenn unser Nachbar den Weg zu uns weisen musste, sagte er: „Da ist der Weg ins Paradies." Dies deswegen, weil wir unser Gelände so naturnah wie möglich gestaltet haben und als einziger landwirtschaftlicher Betrieb weit und breit die gesamte Fläche in einem Stück haben.

Dies verdanken wir auch unserem Nachbarn durch Grundzusammenlegung. Wir können so unsere Gesamtfläche von 3,5 Hektar gut erreichbar und von Hand bearbeiten.

Das Wichtigste in unserem Leben ist, dass wir uns von Anfang an bewusst waren, dass es vor allem an uns liegt, wie wir uns mit unserer Umgebung verstehen. Das war am 19. Oktober 1973, nachdem wir nach dem Kauf des Hofes hier eingezogen waren. Zu dieser Zeit war Biolandbau noch unbekannt. Wir leben und arbeiten so, wie wir es für unsere Situation als passend erkennen. Dasselbe gilt für alle Menschen, die ihr Leben so wählen, und die volle Verantwortung dafür tragen, so wie wir das für unser Leben tun. Wir beraten nur auf Anfrage. Anstelle einer unerwünschten Einmischung gibt es gegenseitigen Respekt und Achtung vor einander und einen sehr guten Kontakt zueinander. Dafür sind wir alle wirklich dankbar.

Wenn wir ab und zu Hilfe benötigen, z.B. bei Waldarbeiten, dann fragen wir die erfahrenen Nachbarn um Nachbarschaftshilfe. Das machen sie gerne, sobald es ihre Arbeitszeit erlaubt.

Der Volksmund sagt: „Wie wir in den Wald hineinrufen, so kommt es zurück." Dieser Spruch hat einen tiefen Wahrheitskern. Es gibt für uns Menschen Situationen im Leben, wo wir ungewollt und unbewusst eine für die Gegenwart unüberwindliche Lebenssituation hervorrufen und durch die betroffenen Mitmenschen Ablehnung erfahren. Das habe ich dreimal in meinem Leben hintereinander erfahren. Immer war es einfach zunächst einmal ein unüberwindbares Missverständnis. Ich nahm das zur Kenntnis und arbeitete innerlich an dieser Situation. Jedes Mal, wenn mir die betroffene Person in mein Bewusstsein kam, sandte ich ihr verständnisvolle Gedanken zu und stellte mir die gegenseitige Akzeptanz vor. Dieser Wunsch erfüllte sich jedes Mal nach etwa zwei Jahren. Das Ergebnis übertraf weit meine Vorstellung. Die Menschen kamen von sich aus zu mir und vertrauten mir ihre innersten Schwierigkeiten an und wir konnten in einem Gespräch alles wunderbar klären. Das war dann genau der richtige Zeitpunkt, der eine wichtige Rolle im Leben spielt. Daraufhin blieb uns der Frieden erhalten. Ein Segen für alle Beteiligten.

Auf diese oder ähnliche Weise den Frieden im Herzen und in der Praxis zu pflegen, selbst in kleinen alltäglichen Ereignissen, strahlt von uns aus und gibt ein lebenspraktisches Beispiel für unser Umfeld. Wir können das an unserem unverrückbaren Schöpfungsplan sehen: Die Sonne scheint über uns alle, ungeachtet der Dinge, die wir im Leben vollbringen oder versäumen, was jedoch zur passenden Gelegenheit unvermeidlich zu berichten ist. So lassen wir unsere „Herzenssonne" auf unser Leben ausstrahlen, wodurch wir das Licht in der Welt vermehren. Das kommt allem Leben zugute.

Mahatma Gandhi, der große Menschheitslehrer, sagte:

„Wir müssen die Veränderung sein, die wir in der Welt sehen wollen."

Unsere älteste Tochter *Elisabeth*, die nun glückliche Mutter von sieben Kindern ist, schenkte mir zum Muttertag, eingerahmt und künstlerisch gestaltet, folgenden Spruch:

Der alte Brunnen

Der alte Brunnen spendet leise sein Wasser täglich gleicherweise.
Ich möchte diesem Brunnen gleichen, was in mir ist stets weiterreichen.

Doch Geben, Geben alle Tage, sag` Brunnen wird das nicht zur Plage?
Da sagt er mir als Jochgeselle: „Ich bin ja Brunnen nur nicht Quelle."
Mir fließt es zu – ich geb es weiter, das macht mein Leben froh und heiter."

So leb ich nach des Brunnens Weise, schöpf täglich Kraft zur Lebensreise
und will beglückt stets weitergeben, was mir die Quelle schenkt zum Leben.

In diesem Sinne schließt sich der Kreis im Vorwort. So schreiten wir zur geplanten Mischkulturenpraxis, die eine von der Natur vorgegebene, jedoch auf die Arbeits- und Lebensweise abgestimmte Grundlage für das Leben auf allen Ebenen darstellt.

Margarete Langerhorst, Waizenkirchen, Oberösterreich

Tagetes tenuifolia im „Franckgarten" – ein hübscher Einstieg.

GÄRTNERHOF-AKTIVITÄTEN

Unseren Hof in Österreich bewirtschaften wir seit 1973. Mein Mann *Jakobus* hat seine Ausbildung zum biologisch-dynamischen Gärtner in Holland gemacht mit darauf folgender mehrjähriger selbständiger Gartenbaupraxis in Verbindung mit einer Heimvolkshochschule. Ich selbst habe meine Ausbildung zur Meisterin der ländlichen Hauswirtschaft in Österreich absolviert, mit dazwischen geschobener Auslandspraxis.

Zusammen haben wir auf drei verschiedenen biologisch geführten Betrieben in Deutschland gearbeitet: Fast ein Jahr auf dem großen Demeter-Betrieb „Dottenfelder Hof" im Raum Frankfurt bei Bad Vilbel, anschließend in einem selbstständig geführten biologischen Gartenbaubetrieb für die Selbstversorgung der Burg Stettenfels mit Gästebetrieb, weitere zwei Jahre in der großen Demeter-Gärtnerei Willmann im Raum Stuttgart.

 In dieser Zeit besuchten wir auch viele Vorträge und Seminare und machten oft Exkursionen zu biologisch geführten Betrieben mit. Es war eine sehr reichhaltige, umfassende Vorbereitungszeit für unsere Arbeit auf dem eigenen Hof.

Vorgezogene Bohnen und Zuckermais auf dem Weg in den Garten.

Gleich im ersten Anbaujahr 1974 zeichnete sich unsere Art der Vermarktung ab. Durch unsere damals für die Gegend hier ungewöhnliche Arbeits- und Lebensweise waren wir sehr schnell im Gespräch. Auch Reporter von verschiedenen Zeitungen kamen und berichteten über unsere Arbeit und unser Leben mit der Natur. Das machte auch Menschen in größerer Entfernung auf uns aufmerksam. Außerdem veröffentlichten wir selbst Artikel und machten, auf Anfragen hin, Farbdiavorträge von unserer Arbeit. Es meldeten sich daraufhin immer wieder geschlossene Gruppen, vom In- und Ausland, für Gartenführungen an. Falls gewünscht, machten wir für Treffen und Exkursionsgruppen ein vegetarisches Mittagessen vorwiegend mit unseren Gartenprodukten. Dies war immer eine gute Möglichkeit, die einfache und doch sehr gesunde Veganlebensweise kennen zu lernen. Dies alles soll auch in Zukunft so beibehalten werden. Gerade in der heutigen Zeit ist eine vitalstoffreiche Ernährung sehr wesentlich.

Unsere Gemüse, Obst, Nüsse und das Beerenobst vermarkten wir über regelmässige Paketsendungen und für manche Familien, die selbst vieles im Garten haben, gelegentlich auf Bestellung. Außerdem findet ein Verkauf ab Hof statt sowie Zustellung im Ort. Mit all diesen Arbeitsbereichen, die unser gesamtes Leben bestimmen, haben wir ein vielseitiges Angebot für viele Menschen, die – von verschiedenen Motiven bewegt – zu uns kommen.

Der Wald als Laub- und Holzquelle.

Das Winterholzmachen ist eine harte Arbeit.

All dies zusammengenommen ermöglicht es uns vom Betrieb und unserer Arbeit zu leben. Die älteste Tochter *Elisabeth* (wir haben insgesamt fünf Kinder) ist außer Haus und hat nun eine eigene Familie. Sie machte in ihrer Jugendzeit fünf Jahre Lehre am Hof, verbunden mit einigen Auslandsaufenthalten mit Praktikum, zur Erweiterung der Lebenserfahrung und Vermehrung der Sprachkenntnisse. Der älteste Sohn *Michael* besuchte die Handelsakademie und hat seit dem Sommer 2000 seine eigene Wohnung. Michael studierte dann noch E-Business und arbeitete in seinem Bereich. Auch er hat seine eigene Familie. *Emanuel* machte die Fachausbildungen für Landwirtschaft, Baumschulgärtnerei, Natur- und Landschaftsführer, Kindergartenhelfer.
Er arbeitet hauptberuflich im elterlichen Betrieb und sammelte Auslandspraxis. *Raphael* absolvierte die Höhere Technische Lehranstalt. Anschließend studierte er Industrielle Informatik und gründete in dieser Zeit seine eigene Firma GRACE-TECH. *Bernadelle Helene*, die Jüngste der fünf Kinder, absolvierte die Fach- und Berufsschule für Ländliche Hauswirtschaft. Mit diesen Kenntnissen machte sie Aupair in Irland und anschließend die Ausbildung zur Kindergartenhelferin. Derzeit ist sie hauptberuflich am elterlichen Hof beschäftigt.
Durch die verschiedenen Zeitungsartikel und unsere eigenen Berichte fanden uns die Menschen, die uns finden sollten. Mit zunehmender Erfahrung sind unsere

Der späte Schnitt erhält seltene Wiesenpflanzen. Jakobus schaut sich alles genau an.

Abendrot am Ende eines erfüllten Arbeitstages.

Aktivitäten jetzt zu einem wichtigen Vermittlungsinstrument für erworbenes Wissen geworden.
Angemeldete Exkursionsgruppen aus dem In- und Ausland besuchen gerne unseren Garten. Studentengruppen allein und auch mit ihren Professoren kommen, um ihre Studien mit unseren langjährigen Erfahrungen zu bereichern. Diese sind durch ihr Grundlagenwissen besonders interessiert und drücken dies in ihren vielen gezielt gestellten Fragen aus. Sie sind stets beeindruckt von unserer Arbeit. Bäuerliche Berufsschulklassen und Pflichtschulklassen kommen gerne zur Vertiefung ihres bisherigen Lernprogrammes über den ökologischen Land- und Gartenbau, die Kompostwirtschaft und zur Festigung ihres Umweltbewusstseins. Anschauungsunterricht beeindruckt Jugendliche immer bleibend, auch für das spätere Leben. Exkursionen und Gartenführungen kommen auch oft vor oder nach Diavorträgen zustande oder auf Empfehlungen anderer, die schon hier waren.
Mit den festen Terminen für Gartenführungen (Sonntags 15:00 Uhr von Ende April bis Ende Oktober) haben auch Kleingruppen Möglichkeit zu einem Besuch (www.gugerling.at). Dabei können dann eigene Fragen eingehender beantwortet werden als dies bei größeren Exkursionsgruppen möglich ist. Außerdem ist dies

eine genau dafür eingeplante Zeit, die nach Bedarf in Anspruch genommen wird. So können wir auch noch unsere Arbeit im Betrieb bestmöglich ausführen und der Familie gerecht werden.

Mittagessen für Exkursionen bieten wir gelegentlich an – bei Interesse an vegetarischem Essen und nach vorheriger rechtzeitiger Absprache. Die meisten Produkte stammen dabei aus unserem Garten, nur Öl für Salate und Ähnliches ist zugekauft. Für manche Leute ist dies dann die erste Erfahrung mit vegetarischem Essen. Es kommt immer gut an!

Einige Interessenten kommen zum Einkauf ab Hof. Die einen kaufen für den Frischverzehr ein – diesem dient auch die Zustellung am Ort – die anderen kommen um Produkte zur Einlagerung im Herbst zu erwerben. Wir verkaufen nur an Endverbraucher, nicht an Händler, dazu ist unser Betrieb zu klein. Außerdem wissen die Menschen so, wie und wo ihre Produkte angebaut werden und wie sie gewachsen sind. Das erfüllt sie in Bezug auf die Qualität mit Sicherheit und Zufriedenheit und es ergibt sich eine besondere Verbindung zwischen Anbauer und Verbraucher.

Unser Umfeld – Winterimpression

Weiter entfernt lebenden Familien stellen wir unsere Produkte per Post zu. Einige sind schon 20 Jahre lang Paketempfänger. Manche essen seit ihrer Kindheit unsere Produkte, und nun bekommen bereits ihre eigenen Kinder auch davon. Das ist schön für beide Seiten. Es gab immer genau so viele Abnehmer wie wir beliefern konnten. Der Paketinhalt richtet sich nach der Jahreszeit und dem damit verbundenen Angebot. In der warmen Jahreszeit bis zum Spätherbst (Winterbeginn) gibt es wöchentlich Pakete von zwei bis 31 Kilogramm, im Winter nur alle zwei Wochen, auf Wunsch aber auch in anderen Abständen. Die regelmäßigen Pakete sind Daueraufträge. Einzelne Wünsche in bezug auf den Paketinhalt werden uns mitgeteilt. Ansonsten bekommen die Empfänger, was es gerade gibt. Die Mengen richten sich dann nach der Größe der Familie. Dies funktioniert nun schon all die Jahre sehr gut zur beidseitigen Zufriedenheit. So stellen wir unsere Arbeit und unsere Erfahrungen in den Dienst der Menschen.

Wir leben auf etwa 450 Meter Höhenlage von rund 1.600 Quadratmeter Gemüsebaufläche, mit 70 Quadratmeter Unterglasfläche in Form eines Kleingewächshauses und zweier Frühbeetkästen sowie von rund zwei Hektar Wiesen mit etwa 200 Obstbäumen und vielen verschiedenen Beerenobstarten. Diese Gemüse-, Obst-, Nuss- und Beerenmischkulturen sind eingerahmt von Wald, Wildbaumhecken, Sträuchern, Wasserquellen, einem Bächlein und Froschteichen. Auf dieser zusammenhängenden Fläche sind wir stets um die Harmonie mit der Natur bemüht, die sich wohltuend und mit sichtbarem Erfolg auf das Ganze auswirkt.

MISCHKULTUREN IM JAHRESLAUF
WIE EIN NEUBEGINN GELINGT

Immer wieder stehen Menschen vor einem Neubeginn im Land- und Gartenbau, sei es durch Landkauf, Erbe oder Pacht oder auch, um das vorhandene Land nun anders als bisher bewirtschaften zu wollen. Auch ein Hausbau oder -umbau kann eine derartige Situation verursachen. Im letzten Fall sind Bodenverhältnisse und Klima bereits bekannt. Bei Kauf, Pacht oder Erbe sind jedoch oft die Bodenverhältnisse und die genaue klimatische Lage unbekannt. Desweiteren spielen hier die bis dahin erworbenen, eigenen Erfahrungen mit Land- und Gartenbau eine große Rolle.

Eine Bodenuntersuchung kann Aufschluss darüber geben, was wir von den Voraussetzungen im Boden zu erwarten haben und was wir dazu beitragen müssen, um die Voraussetzungen auf ein bestmögliches Maß zu bringen. Dies ist abhängig von der jeweiligen Bodenart. Auch der Wildkrautwuchs jeder Bodenfläche gibt uns mit seinen Zeigerpflanzen Auskunft über den Bodenzustand.

Manche Böden sind über eine längere Zeit nicht bearbeitet worden, regeneriert und ausgeruht, was einen Neubeginn wesentlich erleichtert. Andere Böden wurden vielleicht unter hohem Einsatz von Handelsdüngern und chemischen Mitteln intensiv genutzt. Auch solche Böden sind regenerierfähig, allerdings mit einem höheren Arbeitsaufwand. Hier ist Humusaufbau und Bodenregeneration die wichtigste Maßnahme. Steht reifer Kompost oder Rohkompost zur Verfügung, ist dies ein guter Start. Der Kompost wird zusammen mit Steinmehl (Basaltmehl), Holzasche und Algenkalk ausgebracht und oberflächlich eingearbeitet. Zusätzlich wird eine Gründüngung – je nach Jahreszeit und sonstigen Faktoren – angebaut.

Ist genug Zeit zur Verfügung, empfiehlt es sich, ein ganzes Jahr eine Gründüngung wachsen zu lassen. Am besten mäht man diese bei einer gewissen Höhe immer wieder ab und lässt das Mähgut an Ort und Stelle liegen. Weiß- oder Rotklee eignen sich dazu sehr gut. Ist der Boden sehr hart, schwer und verdichtet, sind Winterwicke, Gelbklee, Steinklee oder Lupine hervorragend, da sie mit ihren tiefen (eineinhalb bis zwei Meter) Wurzeln den Boden aufbrechen und stark durchwur-

zeln. Holzasche lockert zusätzlich den Boden und ist bei Leguminosen als Mineralstofflieferant sehr passend. Sehr gut ist der Ölrettich bei Bodenverdichtungen. Er steht nur einen Sommer lang, kann aber noch bis Juli gesät werden. Achtung. Nach intensivem Ölrettichanbau, Senf oder Raps mit Kohlgemüsebau vier Jahre warten, damit die Kohlgewächse gesund wachsen können. Hierzu können immer Platterbsen oder Sommerwicken (als Leguminosen) beigemischt werden, ebenso *Phacelia*, Buchweizen, etwas Senf und ein paar Sonnenblumen, die schön blühen. Steht nur ein Zeitraum von Spätsommer bis Frühjahr zur Verfügung, eignen sich Inkarnatklee, Winterwicke und Roggen zur Bodenverbesserung, die alle bei Anbau ab August/September überwintern. Roggen macht viel Grünmasse und sehr viel Wurzelmasse. Soll die Gründüngung abfrieren, sind *Phacelia*, Gelbsenf, Sommerwicke, Ackerbohne, Buchweizen, Perser- oder Alexandrinerklee geeignet. Im Frühjahr wird die überwinterte Gründecke entweder abgehackt oder bei größeren Flächen oberflächlich gefräst, wobei eventuell vorher gemäht werden muss, z. B. wenn Roggen steht, der schon höher gewachsen ist. Die Grünmasse wird kompostiert, ebenso das abgerechte Pflanzenmaterial, das nach dem Abhacken und Abklopfen mit dem Rechen oder dem Gabelrücken immer noch reichlich Erdiges enthält. Beim Fräsen ist zu beachten, dass alles gut mit dem Boden vermischt wird. Wenn viel Grünmasse vorhanden ist, dann muss diese zuerst verrotten.
Die Fäulnisphase, bei der giftige Stoffe freigesetzt werden, dauert mindestens zehn Tage. Erst dann kann gesät werden, ohne Verluste zu haben. Deshalb sollte möglichst viel Grünmasse vorher entnommen und extra kompostiert werden. Die Wurzelmassen verrotten gleichmäßiger und schaden somit nicht, sondern sorgen lange für Nährstoffnachschub. Das Abhacken ist somit, dort wo die Fläche nicht zu groß ist, dem Einfräsen vorzuziehen, auch weil es naturgemäßer ist.
Steht beides zur Verfügung, Grünmasse und Abgehacktes sowie Abgerechtes, ist es vorteilhaft, alles schichtweise mit Steinmehlgaben auf den einzelnen Lagen miteinander zu kompostieren. Auf die letzte Schicht mit Abgehacktem streut man am besten alte Kartoffeln. Darüber kommen die feinen Reste vom Abrechen und etwa 20 Zentimeter stängeliges Gras oder abgemähte Grünmasse. Die Kartoffeln wachsen durch und helfen, den Komposthaufen schnell umzusetzen. Außerdem beschattet das Kartoffelkraut den Komposthaufen sehr gut. Im Herbst desselben Jahres oder im folgenden Frühjahr ist dieser Pflanzenkompost bereits sehr gut verrottet und kann der Fläche, der das Material entnommen wurde, wieder als Dünger zurückgebracht werden. Dies ergibt einen schönen Nährstoffkreislauf. Es ist praktisch, den Kompost nicht weit entfernt von der bearbeiteten Fläche aufzu-

setzen. Kompost liefert den für gesundes Wachstum so nötigen Humus und belebt durch sein reiches Innenleben den Boden.

Im Frühjahr kann das Abgerechte auch am Rand einer zu kultivierenden Fläche als Walm liegen bleiben und so als idealer Platz für einen erfolgreichen Kartoffelanbau dienen. Die übrige Fläche wird mit Gemüse bebaut. Nach der Kartoffelernte kann man den Kompost dann gleichmäßig zwischen den Gemüsereihen verteilen.

Anschließend an den Kartoffelanbau wird wieder eine Gründecke über den Winter oder eine abfrierende Gründüngung gesät. Im Folgejahr kann dann auch hier sehr gut Gemüse angebaut werden. Es ist sinnvoll zwischen den geplanten Gemüsereihen nun eine überwinterte Kleeart streifenweise bis etwa Mitte Mai stehen zu lassen. Dies haben wir schon bei Winterwicke und dem schon im April rot blühenden Inkarnatklee so gemacht. Dieser Streifen kann anstelle von Spinat im Gartenplan stehen.

Einen verwilderten Garten kultivieren

Ein Stück Wiese oder ein jahrelang verwilderter Garten können sehr gut kultiviert werden. Beide bringen an sich gute Voraussetzungen mit, sowohl der verwilderte, ausgeruhte Garten als auch ein Stück Wiese. Beide Flächen sind in der Regel auch nicht mit Rückständen von Spritzmitteln belastet.

In einem verwilderten Garten kann eine Menge sehr hohes Gestrüpp stehen. Ist der Boden hart, sind auch oft Disteln anzutreffen. Die Disteln werden hier zur Bodenlockerung von der Natur selbst eingesetzt. Sie haben dicke starke Pfahlwurzeln, die in große Tiefen reichen und Nährstoffe aus dem Unterboden nach oben holen. Die Bodenvorbereitung geschieht wie nach einer Gründüngung. Der Wildwuchs ist dabei nichts anderes als eine Gründüngung von Natur aus!

Das Gras wird abgemäht, die Stängel werden beiseite geschafft, und je nach den örtlichen Gegebenheiten wird abgehackt oder gefräst. Nun muss das Material gut abtrocknen. Danach wird es abgeklopft, nochmals getrocknet und dann fein abgerecht. Die so erhaltene Grünmasse samt Stängeligem kann man jetzt schichtweise kompostieren. Wo hartnäckige Wildpflanzen wie Quecke oder Giersch vorkommen, empfiehlt sich zunächst eine dichte Gründüngung oder der Kartoffelanbau, um diese Pflanzen zu unterdrücken.

Ist der Boden nun in einem guten Zustand, was bei der Vorbereitungsarbeit gut zu sehen ist, kann gleich Gemüse angebaut werden. Vorsicht! Bei feinen Aussaaten sollte man erst eine Vorgründüngung mit Senf aussäen, damit das Wildkraut zunächst keimt. Nach zwei bis drei Wochen kann dann der kleine Senf mit dem aufgelaufenen Wildkraut, bei Sonnenschein und oberflächlich, zwei bis drei Zentimeter tief abgehackt werden. Gut geht dies mit einer Pendelhacke. Anschließend wird alles zur Seite gerecht, und feine Aussaaten können erfolgen.

Ein Wiesenstück kultivieren

Eine Wiese hat eine ähnlich gute Wirkung für den Boden wie eine Gründüngung. Ein Wiesenstück lässt sich am einfachsten von Hand in Kultur nehmen, indem wir auf die gewünschte Kulturfläche beim ersten Grasschnitt im Mai/Juni zusätzlich bis auf circa 20 Zentimter Dicke etwas angewelktes Gras legen und Steinmehl, Algenkalk und Holzasche dazu streuen. Schon nach etwa zwei Wochen ist die Grasnarbe der Wiese ganz gelb bzw. braun und abgestorben. Nun räumt man die dicke Mulchdecke, die inzwischen stark zusammengesunken ist, zur Seite und läßt den Boden abtrocknen.

Das gewünschte Kulturstück, das z. B. als künftiger Hausgarten genutzt werden soll, wird leicht flach abgehackt und, wie oben schon beschrieben, abgetrocknet, abgeklopft, abgerecht und kompostiert. Nun werden hier, wenn es noch früh genug ist, ganzflächig Kartoffeln angebaut in Flachkultur mit Kompostgabe, Steinmehl usw. Als erste Mulchschicht dient etwas Grobstängeliges, dann kommen Brennnesseln darauf und zuletzt derselbe Mulch, den man am Rand hingelegt hat und der die Wiese zum Absterben gebracht hat (siehe »Kartoffelanbau ohne Häufeln«, Seite 146). Der Kartoffelanbau bereitet den Wiesenboden auf die bestmögliche Art für den späteren Gemüseanbau vor. Die Kartoffel lässt alle Wurzelreste der Grasnarbe sehr gut verrotten, und es werden dann kaum »Schädlinge« wie Drahtwürmer (bei harten Böden) und Werren (Maulwurfsgrillen), die bei einem Wiesenumbruch häufig vorkommen, auftreten.

Großflächige Wiesenumbrüche sind gelegentlich nötig, aber dann soll nicht gleich Gemüse angebaut werden, sondern erst eine Gründüngung (Senf) stehen, bis die umgepflügten Grasschollen einigermaßen verrottet sind. Im Mai können dann gut Kartoffeln, ein Jahr später eventuell Getreide oder Hackfrucht und dann erst empfindlicheres Gemüse wie Karotten angebaut werden.

Geduld bei »armen« Böden

Hier muss erst geklärt sein, warum der Boden nährstoffarm ist: durch natürliche Lage gegebene Bodenverhältnisse oder durch unsachgemäße Nutzung mit an sich guten natürlichen Voraussetzungen, die heruntergewirtschaftet worden sind. Ist ein Boden von Natur aus nicht so reichhaltig, hilft die intensive Kompostwirtschaft in Verbindung mit eingebauten Gründüngungspflanzen und verstärktem Bodenaufbau. Bei »armen« Böden ist Esparsette als Gründüngung sehr passend.

Ausgelaugte, aber von Natur aus gut veranlagte Böden müssen ebenfalls mit Kompost- und Gründüngereinsatz aufgebaut werden. Man hat es dann aber von sich aus leichter – natürliche Pflege vorausgesetzt – einen fruchtbaren Zustand aufrecht zu erhalten. Sind unerwünschte Rückstände von Spritzmitteln und ähnlichem im Boden, erweist sich Raps- und Gelbsenfanbau als positiv, weil diese Pflanzen eine besonders gute Entgiftungswirkung zeigen. Dazu gibt man den lebendigen Kompost mit seinen natürlichen Lebewesen. Sie alle helfen, den Boden wieder zu regenerieren.

Bei Raps, länger stehendem und somit blühendem Senf und Ölrettich, die alle Kreuzblütler sind, soll vier Jahre nachher kein Kohlgemüse folgen, denn die von ihnen im Boden hinterlassenen Rückstände müssen vorher abgebaut sein. Außerdem treten vor allem bei Kreuzblütlern viele Fruchtfolgekrankheiten und »Schädlinge« auf, wenn diese Anbaupause nicht eingehalten wird. Wenn Senf aber vor der Blüte geschnitten bzw. abgehackt oder abgefräst wird, hinterlässt er einen auch für den Anbau von Kreuzblütlern geeigneten Boden.

Wichtig ist, dass wir uns während der Arbeit des Bodenaufbaus bewusst sind, dass ein Boden, nach unsachgemäßer Behandlung, nur durch verstärkten Einsatz von Kompost und der Einplanung einer benötigten Regenerationszeit wieder ins biologische Gleichgewicht kommt. Alle Gründüngersamen sind in landwirtschaftlichen Lagerhäusern und größeren Samenhandlungen erhältlich oder innerhalb von ein bis zwei Wochen zu bestellen.

Kompostmengen
Für verstärkte Bodenverbesserung nimmt man etwa 20 Kilogramm Reifekompost pro Quadratmeter, um eine nachhaltige Wirkung zu erzielen. Das entspricht einer etwa zwei Zentimeter dicken Schicht auf der Fläche. Ansonsten reichen etwa fünf Kilogramm Reifekompost pro Quadratmeter und Jahr, einer Schicht von einem halben bis einen Zentimeter entsprechend. Wird Rohkompost oder Mulm beim Mulchen normal guter Böden verwendet, kann die Extra-Kompostgabe wegfallen. Es lohnt sich in jeder Hinsicht, die Böden gesund und fruchtbar zu erhalten; es wirkt sich letztendlich auch gesundheitserhaltend auf Mensch und Tier aus.

RECHTZEITIGE GARTENPLANUNG

Bevor der Frühling ins Land zieht, machen wir uns einen Gartenplan. Wir möchten gerne alles auf Papier stehen haben, wenn das warme Wetter zum Anbau ruft. Dann können wir ohne Eile rechtzeitig das Saatgut besorgen. Auch können wir uns viele Rückschläge ersparen, wenn wir gezielt planen und unsere Aufzeichnungen immer griffbereit haben. Schließlich wollen wir auch noch nach vier Jahren wissen, wo und wann bestimmte (empfindliche) Kulturen gestanden haben, denn das ist für den Pflanzenschutz von Bedeutung. Karotten, Zwiebeln, Porree und Knoblauch dürfen wegen der sie schädigenden Fliegen erst nach mehreren Jahren wieder am selben Platz stehen. Dasselbe gilt für Kohlgewächse, die von der Kohlhernie befallen werden können. Bei diesen Pflanzen ist es dringend notwendig, dass Anbaupausen von mindestens drei, besser vier Jahren eingehalten werden, damit es zu keinen Ernteausfällen kommt. In Monokultur muss die Anbaupause sogar fünf bis sechs Jahre betragen.

Die Kulturen im „Franckgarten" wachsen ohne Wege.

Der Mischkulturenplan

Erstellen Sie sich einen gut durchdachten Mischkulturenplan, kann dies bereits in den Aufzeichnungen berücksichtigt werden, indem die jeweiligen Reihen den entsprechenden Abstand für eine geordnete Wiederholung bekommen. Die genaue Beet- oder Reihenmarkierung ist wichtig, damit Sie im Folgejahr wissen, wo die erste Reihe angefangen hat. Die Reihenkultur rückt im Folgejahr um 30 Zentimeter weiter. Auf diese Weise kommen die Reihen jeweils auf die so genannten Düngerreihen des vergangenen Jahres. Die letzte Reihe der Gartenanlage wird dabei jährlich nach vorn versetzt.

Im Laufe des Jahres machen Sie sich am besten Notizen, wie alles gelaufen ist und was sich gut oder weniger gut bewährt hat. Diese Notizen sind sehr nützlich für die nächste Verbesserung im Gartenplan. Man glaubt oft, dass man sich alles merken kann. Die Erfahrung zeigt aber, dass vieles vergessen wird. Ein Gartenjahr ist voller Ereignisse und Lernprozesse, sodass es sich sehr lohnt, Notizen zu machen. Es sichert ein schnelleres, erfolgreicheres Gärtnern.

Plan für Kleewegbeete, Vorderansicht, über drei Jahre dargestellt

ද්‍රී = Spinat, Sau- oder Pferdebohne; Dieser Bestand wird bis Juni abgehackt
≋≋ = Gründung   ≋≋≋≋ = Kleeweg Reihenzieher
⋯∥⋯ = Rand a. feststehende Markierung   Schnur

Radischke · Rotkraut · Sellerie Salat · Karotte · Steckzwiebel dann Jahr · Kopfsalat · Chinakohl

…aus Margarete's Gartenplan 🌱 gezeichnet von Jakobus

Die Vermessung der Kleewegbeete auf einer verfügbaren Gartenfläche

Ein Beet mit drei Hauptkulturreihen, zwei Spinatreihen dazwischen und einem Kleeweg ist 140 Zentimeter breit. Das Beet beginnt mit einem 20 Zentimeter breiten Kleeweg, der in jedem Jahr neu mit Weißklee zu bestellen ist. Der Abstand zu den Hauptkulturreihen links und rechts vom Kleeweg ist ebenfalls 20 Zentimeter breit. Das ergibt folgende Reihung, die beliebig oft wiederholt werden kann: 20 Zentimeter breit Weißkleeweg säen, nach 20 Zentimeter die erste Hauptkulturreihe, 20 Zentimeter weiter die erste Spinatreihe, wieder 20 Zentimeter weiter die zweite Hauptkulturreihe, weitere 20 Zentimeter die zweite Spinatreihe, nochmals 20 Zentimeter die dritte Hauptkulturreihe und 20 Zentimeter Abstand zum nächsten Kleeweg für das folgende Beet.

So können mit dem Reihenzieher entlang der dafür gespannten Schnur am Beginn des Weißkleeweges alle Reihen auf 20 Zentimeter gezogen werden. Siehe auch die Bilder auf der Seite 38 und 39. Flach eingerecht ist der Weißkleeweg sogleich begehbar. Durch das Weiterrücken der Kulturen kommt innerhalb mehrerer Jahre an jede Stelle ein ganzjähriger Weißklee, der im ersten Jahr noch nicht zur Blüte kommt, dafür viel Blattmasse zum Mulchen liefert.

Der Reihenwechsel von Jahr zu Jahr – Fruchtfolge

Nach der Methode von Gertrud Franck findet in jedem Frühjahr eine Verschiebung der gesamten Mischkultur statt, wobei das Weiterrücken um einen halben Hauptkulturreihenabstand üblich ist (= 20 Zentimeter bei 40 Zentimeter Reihenabstand). Wir machen es um 10 Zentimeter mehr, d.h. 30 Zentimeter weiterrücken bei 40 Zentimeter Hauptkulturreihenabstand. Damit kommen alle Hauptkulturreihen noch etwas weiter weg von ihren alten Platz im Vorjahr. Beides sichert eine gute Fruchtfolge. So kommt die letzte Hauptkulturreihe eines Gartenstückes mit mehreren Beeten an die erste Stelle der Hauptkulturreihen des ersten Beetes und alles rückt um 20 Zentimeter oder 30 Zentimeter weiter, je nachdem wie man sich entschieden hat.

Eine feststehende Vermessungshilfe, wie z.B. ein alter Kohlstrunk steht am Anfang und am Ende einer beliebigen vorjährigen Hauptkulturreihe. Von da aus die 20 Zentimeter bzw. 30 Zentimeter weitergerückt ergibt die Kohlreihe des bevorstehenden Anbaujahres. Von da ausgehend die erste Hauptkulturreihe ausmessen sichert die Fruchtfolge. Denselben Dienst erweist eine im Vorjahr eigens dafür befestigte Markierung. Diese Markierung kommt – nachdem der genaue Platz für die erste Hauptkulturreihe des gegenwärtigen Anbaujahres genau feststeht – auf seinen neuen Platz am Beginn des Gemüsebeetes.

Damit das Gemüsestück auf der dafür eingeplanten Fläche verbleiben kann und nicht immer weiter nach unten rutscht, wechseln wir im Folgejahr die erste Hauptkulturreihe 10 Zentimeter nach oberhalb der vorjährigen Hauptkulturreihe. In zwei oder drei Jahren danach wechselt die erste Hauptkulturreihe die 20 Zentimeter bzw. 30 Zentimeter nach unten und steht somit wieder als erste Hauptkulturreihe am neuen Platz.

JUNGPFLANZENANZUCHT

Die Jungpflanzenanzucht ist eine wichtige Arbeit zu Beginn des neuen Gartenjahres. Unser Gartenerfolg hängt stets von der gelungenen Jungpflanzenanzucht ab. Viele Gärtner kaufen dafür Erdsubstrat. Wir aber verwenden zu diesem Zweck den eigenen zwei- bis dreijährigen Kompost. Er besteht aus pflanzlichen Materialien, etwas guter Erde und Steinmehl, ist aber frei von jeglicher Beimengung tierischen Düngers, denn dies scheint für die Jungpflanzenanzucht die wesentliche Voraussetzung zu sein, um ohne weitere Maßnahmen gesunde, kräftige Jungpflanzen zu bekommen, was sich bei uns seit 1975 bestätigt hat. Dieselben Erfahrungen hat uns ein biologisch orientierter Garten- und Landbauberater aus Deutschland mitgeteilt, in dessen Betrieb ebenfalls für die Jungpflanzenanzucht reiner Pflanzenkompost mit Erfolg verwendet wird.

Die zwei- bis dreijährige Pflanzenkomposterde wird im Herbst auf einen großen Haufen zusammengeschaufelt und dick mit Heu, Schilf, Stroh oder altem Gras spitz zulaufend abgedeckt, damit der Kompost nicht zu feucht wird. Im Frühjahr, zur Anzuchtzeit, wird diese Komposterde nach Bedarf ausgesiebt. Das Grobe von der Zweigunterlage (siehe »Pflanzenkompost – Gärtnern ohne Dung« Seite 103) wird auf den gerade laufenden Komposthaufen gestreut. Der Kompost wird, so wie er ist, ohne weitere Beimengung von Erde und ohne sonstigen Dünger in Kistchen eingefüllt. Diese sind je nach Pflanzenart ausgewählt. Bei Kulturen, die lange im Kistchen stehen, z. B. Sellerie, wählen wir tiefe Kisten (zehn Zentimeter), bei Salat und Kohlgemüse können es auch flachere sein (sechs bis acht Zentimeter), da diese eine kürzere Anzuchtzeit haben. Für Tomaten, Gurken und Melonen sind auch Töpfe in geeigneter Größe sehr gut, außerdem tiefe Kisten, damit sie im oft heißen Frühjahr nicht so schnell austrocknen und sie genug Kompost zum Heranwachsen bis Ende April zur Verfügung haben. Tomaten für's Freiland dann Ende April in größere Töpfe pikiert ermöglicht noch viel Wachstum vor der Freilandpflanzung.

In großen Gärtnereien steht ein beheiztes Gewächshaus für die Pflanzenanzucht zur Verfügung. Wir sind ein kleiner Betrieb mit einem ungeheizten Haus, das wir

Salataussaat für die dreiwöchige Staffelpflanzung.

Hier wird Kohlrabi im Verband pikiert.

auch den Winter über geschickt nutzen. Wir stellen die allerfrühesten Aussaaten in Töpfe und Kistchen in unserer Wohnküche an die Fenster bis die Pflanzen gekeimt haben. Porree- und Zwiebelkistchen kommen gleich ins Gewächshaus, weil sie nicht so kälteempfindlich sind. Kohl- und Salatpflanzen werden in Kistchen pikiert und dann ebenfalls ins Gewächshaus auf die Stellagen gestellt. Auch Kohlarten und Salate sind unempfindlich. Sellerie und Tomaten brauchen dagegen ein bisschen länger. Diese lassen wir so lange wie möglich am hellen Fenster stehen, ehe sie dann auch ins Gewächshaus kommen.

Inzwischen sind die Tage etwas länger und wärmer und die Nächte milder. Bei ernster Frostgefahr für Sellerie, Tomaten und die empfindlichen Kürbis- und Gurkengewächse stellen wir nachts einen Elektrostrahler mit Verlängerungskabel ins Gewächshaus. Mit dieser kleinen Hilfe können wir ohne dauerhaft geheiztes Gewächshaus erfolgreich unsere vielen Jungpflanzen selbst anziehen.

Alle Kistchen und Töpfe stehen auf den Stellagen im Gewächshaus, während unterhalb am Boden die Aussaaten vom letzten Oktober z. B. Feldsalat, winterharter Pflücksalat, Winterpostelein usw. reichlich wachsen und wiederholt geerntet werden kann. (Siehe hierzu: »Ganzjähriger Gemüseanbau im kalten Kleingewächshaus« Seite 72.)

Im April werden alle Kistchen einmal gejätet, damit die Pflanzen im Endstadium noch kräftig wachsen können und zum Auspflanzen wildkrautfrei leicht mit Wurzelballen aus der Erde herausgenommen werden können. Es wird während der ganzen Anzucht nur mit von der Solaranlage temperiertem Wasser gegossen. Bei sehr trockenem Wetter tauchen wir die Behälter mitsamt der Erde und den Pflanzen einmal kurz ins Wasser, bis sie wieder vom aufgenommenen Wasser schwer sind. Wir fangen das Wasser in einer Wanne auf, indem wir die Kistchen über der Wanne abtropfen lassen, denn es ist bestes Kompostwasser zum Gießen. Zusätzliche Düngung oder irgendein Schutz gegen Krankheiten und »Schädlinge« sind nicht nötig. Unser Pflanzenkompost liefert alle nötigen Baustoffe und macht die Jungpflanzen kräftig und widerstandsfähig, was für eine problemlose Auspflanzung ins Freiland eine wichtige Voraussetzung ist.

Die genauen Aussaatzeiten und -mengen sowie die Sorten muss jeder selbst, je nach Lage, Möglichkeiten und Wünschen, herausfinden. Wir machen stets Notizen, um im Folgejahr zu wissen, ob unsere Anbauzeit und die Sortenwahl die gewünschten Resultate gebracht haben. Die gesammelten Erfahrungen werden im Folgejahr wieder eingebaut.

Ein Beispiel für die Abfolge der Jungpflanzenanzucht ist auf den folgenden Seiten abgedruckt.

Beispiele für die Jungpflanzenanzucht

Aussaatzeit	Pflanzenart	Pikiert
Feb./März	Sellerie	Ende März
Feb./März	Porree (3 Sorten)	dünn gesät
Feb./März	Gemüsezwiebeln	dünn gesät
Feb./März	Tomaten (mehrere Sorten)	Ende März
Feb./März	Kopfsalate für das Freiland	März
Feb./März	1. Satz Kohlrabi (früh)	März
Feb./März	Treibkopf- und Treibeissalat	März/April
März	2. Satz Kohlrabi	März/April
März	verschiedene Eissalate für das Freiland	März/April
März	Kohl (früh, mittel, spät)	März/April
März	Rotkohl, Wirsing	März/April
April	Rosenkohl, Grünkohl	April
April	1. Satz Zuckermais	
April	Kürbis	
April	1. Satz Rote Rüben (Rote Bete)	
April	1. Satz Gurken (Kasten)	
April	Gewächshausgurken	
April	Freiland- und Einlegegurken	
April	Zucker- und Wassermelonen	
April	Zucchini (gelb und grün)	
April	Kräuter (Basilikum …)	April
April	Blumen nach Wunsch	
April	3. Satz Kohlrabi (spät)	April/Mai
Mai	Gurken für die Herbsternte	
Mai	Zuckermais (spät)	
März-Juni	alle drei Wochen Pflück-, Kopf- und Eissalate, verschiedene Sorten, für die stufenweise Auspflanzung, welche die Ernte bis zum Herbst ermöglicht.	

Bemerkung: Fruchtgemüse in Töpfen anziehen

Jungpflanzen ins Freiland setzen

Mischkultur: Reihenabstand 40 cm

Auspflanzung	Pflanzenart	cirka Abstand
1. Satz April	frühe Kohlrabi, in der Reihe	20-25 cm
1. Satz April	früher Kopfsalat	25 cm
1. Satz April	Porree für Herbsternte	10 cm
1. Satz April	Rote Rüben (Rote Bete)	10 cm
1. Satz April	Rosenkohl für Herbsternte dazwischen event. frühe Kohlrabi	50-60 cm
1. Satz April	frühes Weißkraut bzw. -kohl	30 cm
2. Satz Mai	Kohlrabi Sommersorte	25 cm
2. Satz Mai	Eis- und Kopfsalate Sommersorte	30 cm
2. Satz Mai	Porree Wintersorte	10 cm
2. Satz Mai-Juni	Rosenkohl Wintersorte dazwischen evtl. frühe Kohlrabi	60 cm
Mai-Juni	Grünkohl – (Blätterkohl)	50 cm
Ab Mitte Mai	Stangen- und Knollensellerie	30 cm
1. Satz Mai	Freilandgurke je nach Sorte	50-70 cm
1. Satz Mai	Zucchini je nach Sorte	60-80 cm
Nach Mitte Mai	Tomaten – Freiland mit Überdachung	60 cm
Nach Mitte Mai	Zuckermais in Milchkultur, mehrere Reihen in der Nähe = Windbefruchter	30 cm
Nach Mitte Mai	Verschiedene Kräuter und Blumen	
Juni	2. Satz Zucchini für Herbsternte	
Juni	2. Satz Gurken für Herbsternte	

Direktsaaten ins Freiland:

Februar bis Ende April/Mai Gründünger aussäen:
Spinat, Senf, Phacelia, Weißklee
Ab Mitte März auch: Inkarnatklee und Erdklee

Saatzeitraum	Pflanzenart	wie	Abstand
Ende Feb.-Juni	Schnitt- und Pflücksalate	Reihen	
Feb./März und Juni-Sept.	Vogerlsalat	Reihen	
Feb.-Juni	verschiedene Karotten und Radies	Reihen	
April-Juni	Freilandkopf u. Eissalate stupfen		25-30 cm
April-Mai	Rote Rüben (Rote Bete), dünn	Reihen	
Ab April-Juli	Sommerrettiche stupfen, vereinzeln	Reihen	3-5 cm
April-Juni	Mangold stupfen wie Salate		15-20 cm
April	Wurzel- u. Blattpetersilie	Reihen	
April-Mai	Pastinaken – vereinzeln auf 3 cm	Reihen	
Mai-Ende Juni	Sommerkopf- und Eissalate		25-30 cm
Anf. Mai-Ende Juni	Buschbohnen verschiedener Sorten legen oder: Auf Horste zwischen Sellerie je	4 Körner	3 cm
Anf. Mai-Ende Juni	Stangenbohnen 8-10 Körner/Stange		80 cm
Mai Direktsaat	Gurken, Kürbis, Zucchini, Zuckermais		60-90 cm
Juni	Endivien, Zuckerhut, Knollenfenchel je	3-4 Korn	40-50 cm
Juli-Aug.	Chinakohl stupfen		40 cm
Juli-Aug.	Schwarzer u. weißer Winterrettich	Reihen	vereinzeln
Juli-Aug.	Winterpostelein Kultur wie Feldsalat	Reihen	

Nach verschiedenen Ernten:	Gründünger für Herbst u. Winter	Abstand
Ende Juli-Mitte Sept.	Phacelia, Winterwicke, Inkarnatklee	breitwürfig
Ab Aug.-Ende Sept.	Senf	breitwürfig
Juli-August	Erdklee, Bodenfruchtiger	

JUNGPFLANZEN ERFOLGREICH AUSPFLANZEN

Die Jungpflanzen stehen zur Abhärtung im Freien.

Margarete formt Wurzelballen für die Pflanzung.

Die angezogenen und pikierten Jungpflanzen stehen in den Kistchen mit Pflanzenkompost gerade so weit auseinander, dass es ihnen auch ohne vorgegebene Form möglich ist, Wurzelballen zu bilden. So können die Pflanzen am neuen Standort leicht weiterwachsen.

Die Beete werden zum frühestmöglichen Zeitpunkt vorbereitet. Dazu wird auf die 20 Zentimeter breiten Trittwege Weißklee gestreut und die fünf Kulturreihen eines Beetes mit einer Saat zumeist als Gründüngung bestellt (Siehe Plan Seite 35 und Bild Seite 42). Wir säen Spinat, Ackerbohnen und bei Bedarf auch Pflücksalate, alles zur raschen Begrünung des Bodens. Diese Reihen werden bis spätestens Anfang Juni abgehackt und es kann hier gemulcht werden.

Die auf einem Beet liegenden drei Hauptkulturreihen werden, wenn sie nicht gleich mit einer frühen Kultur bestellt werden, ebenfalls mit einer Gründüngung, hier aber als Voraussaat, bestellt. Bewährt haben sich Senf und Phacelia, wenn eine Kultur, z. B. Karotten, Rote Rüben (Rote Bete) und Ähnliches, bald darauf folgt und Inkarnatklee dort, wo zumeist im Mai die Pflanzungen beginnen. Auch Ackerbohnen sind gut, sie müssen aber tiefer gesät werden. Die Kleewege sind ab Mitte April meistens soweit gewachsen, dass sie ohne Schaden betretbar sind.

Vor dem Auspflanzen stellen Sie die Kistchen einige Minuten ins Wasser, damit der Pflanzenkompost gut durchfeuchtet ist. So können Sie jede einzelne Pflanze mit einem geschickten Handgriff samt Erde ablösen, dann mit leichtem Druck einen Wurzelballen formen und in eine zweite Kiste legen. Solch starke und schonend behandelten Jungpflanzen können bei Sonnenschein genauso wie bei bedecktem Himmel ausgepflanzt werden. Sie stehen spätestens am nächsten Morgen stramm und aufrecht in den Reihen. Nur Porree und Zwiebelpflanzen werden nicht pikiert, und haben dann zur Auspflanzung keinen Wurzelballen. Sie schaffen es jedoch auch immer, nach wenigen Tagen aufrecht zu stehen, falls sie nicht bei Sonnenschein gepflanzt werden. Da der Gartenboden ebenfalls gut mit Pflanzenkompost und Gründüngung sowie mit Steinmehl (Basaltmehl) und Holzasche versorgt ist, ist das gesunde Weiterwachsen der Pflanzen gesichert.

Mit einer Hacke wird der Reihe nach, im jeweiligen Pflanzabstand, die entsprechende Tiefe der Pflanzenlöcher gehackt. Der andere Teil der Gründüngung bleibt stehen. Die Pflanzlöcher randvoll eingießen und das Gießwasser absinken lassen. Ins Gießwasser kann zur Pflanzenstärkung auf 12 Liter Wasser eine kleine Menge Holzasche, die zwischen drei Fingern und dem Daumen Platz hat, gegeben werden, nicht mehr, sonst werden die Pflanzen leicht krank! (Holzasche enthält sehr viel Kalium und Phosphor, sodass es leicht zu einem Überschuss kommen kann. In der richtigen Menge stärkt es die Pflanzen. Sie können darüber hinaus noch eine kleine Menge EMa [= Ansatz einer EM-Stammlösung/Effektive Mikroorganismen], cirka eine halbe Tasse pro Gießkanne, dazumischen.)

Die Gründüngung

Diese bleibt nun noch so lange stehen, bis die Jungpflanzen angewachsen sind. Sie gibt Schutz vor zu viel Wind und zuviel Sonne. Außerdem wächst in dieser Zeit hier die erste Mulchschicht in Form der Gründüngung heran. Diese wird dann, sobald es für die Jungpflanzen zu eng wird, flach abgehackt und an Ort und Stelle

EINSAATARBEITEN

von Gründüngung als Voraussaat vor den eigentlichen Gemüsekulturen

Laub abrechen und hacken

Wege mit Stöcken kennzeichnen, Schnur aufstellen, Rillen ziehen …

… säen

… und die mit Hacken vertieften, eingesäten Rillen wieder abdecken.

Die Kulturreihen auf jede zweite Senfreihe gezogen

Senfgründüngung vom Weg aus hacken ...   ... Saatrille ziehen

dann kommen hier die Zwiebeln rein ...   ... anschließend wird etwas Kompost aufgebracht und damit die Rille verfüllt ...

... dann wird die nächste Kulturrille gezogen und so weiter

... auf der Inkarnatkleereihe Löcher hacken ...

... die Pflanzlöcher vom Weg aus eingießen.

liegen gelassen. Dieser Eigenmulch schützt den Boden und düngt, vor allem bei Leguminosen, durch die stickstoffreichen Wurzelreste. So haben wir auch weniger Abdeckarbeit im heißen Frühjahr und Frühsommer, wenn die jungen Pflanzen den Boden noch nicht ausreichend bedecken können und die Grasflächen für das Mulchmaterial noch höher wachsen müssen.

Im zeitigen Frühjahr wird die Gründüngung der Reihe nach angebaut, im auslaufenden Frühjahr und Frühsommer der Reihe nach abgehackt. Der Boden wird somit gleich bedeckt, was bis für die später nötige Mulchdecke mit jungem Gras oder Grasmulm ausreicht. Wenn die Düngerreihen daneben aus Spinat oder Ackerbohnen bestehen, spenden auch diese Reihen reichlich Mulch und düngen. Auf diese Weise haben wir stets ein Geben und Nehmen, das ineinander übergeht. Der Boden wird dadurch nie einseitig beansprucht. Er baut sich ständig auf und bringt erstklassige Qualität von Gemüse aller Arten, was wir und unsere Kunden sehr schätzen.

DER MISCHKULTURENGARTEN IM FRÜHJAHR

Im Frühjahr steht unser Mischkulturengarten sehr schön da, denn zwischen den Spinatreihen, die uns später als Gründünger dienen, stehen unsere Gemüsekulturen geschützt und entwickeln sich sehr gut. Dort, wo wir keine Kleewege angelegt haben, eignen sich außer Spinat auch Ackerbohnen als Gründüngung, eine Ernte ist davon allerdings nicht zu erwarten, da sie bis maximal zur Blüte stehen dürfen, sonst beengen sie die Kulturreihen (Siehe S. 36-40).

Jungpflanzen, wie hier Rotkohl, stehen zwischen Gründüngung und Spinat.

In den kleineren Gemüsekulturen jäten wir rechtzeitig an Sonnentagen, weil wir dann das Gejätete bedenkenlos an Ort und Stelle liegen lassen können, ohne dass die Gefahr des erneuten Anwachsens besteht. Das Wildkraut soll im Garten dort verrotten, wo der Boden es hervorgebracht hat. Diese Pflanzen wachsen genau da, wo der Boden sie auch braucht. Sie holen bekanntlich aus den Tiefen des Bodens viele Nährstoffe, nehmen sie in sich auf und, wenn sie dann verrotten, geben sie dieses wertvolle Gut, aufgeschlossen für weiteres Pflanzenwachstum, wieder an den Boden ab.

Wenn der Spinat, der uns übrigens nicht nur als Gründünger und reiche Ernte dient, sondern auch als Trittunterlage auf unseren Wegen zwischen den Kulturen, voll ausgewachsen ist und allzu sehr die Kulturen beschattet, hacken wir ihn flach ab; das machen wir auch, wenn er Blütenansätze zeigt. Die Bodenlebewesen nehmen ihn vollkommen auf.

Spinat und Ackerbohnen sind im Frühjahr herrliche Gründünger und noch dazu ein hervorragender Mulch; aus beiden wird ein ganz ausgezeichneter Humus gebildet. Der abgehackte Spinat kann ein paar Tage so liegen bleiben. Später wird diese Spinatmulchfläche dann mit jungem, gemähten Gras nochmals gemulcht. Es handelt sich also um eine doppelte Mulchpraxis. So ist der Boden wieder gut geschützt und die Kulturpflanzen haben den vollen Platz zu ihrer Entfaltung frei zur Verfügung.

Der Spinat, die Ackerbohnen und das junge Gras sind auch eine hervorragende Düngung. Einmal jährlich streuen wir Urgesteinsmehl und Holzasche zwischen die Reihen auf den Mulch. Man kann sogar auf den Spinat streuen und das Gras dann darauflegen. So wird die Mulchdecke zur Flächenkompostdecke und der Boden baut mit diesem Material gleich die Mineralstoffe mit ein, was dem Humusbildungsprozess sehr dienlich ist. Es ist wichtig, die Steinmehlgabe rechtzeitig vorzunehmen, ehe es zu eng wird zwischen den Reihen und man nicht mehr gut dazwischen gehen kann.

Ist der Boden humusarm, sollte man vor dem Mulchen auf den Spinat etwa einen Zentimeter dick Kompost streuen, vor oder nach der Steinmehlgabe. Kompostgaben zum Mulchen, erst später bei der Nachfrucht oder gar erst beim Gründüngungsanbau im Spätsommer, sind die besten Zeitpunkte.

Der Kompost enthält manchmal Wildkrautsamen, die uns in den noch kleinen und schwierig zu jätenden Kulturen unnötige Jätarbeiten bringen können. Wenn die Kulturen aber größer sind, kann das Jäten in Verbindung mit dem Mulchen viel besser bewerkstelligt werden. Der Mulch schützt außerdem den Kompost vor allzu großer Sonneneinstrahlung, die den Humus leicht »verbrennt« und sich

Steinmehl auf die abgeernteten Beete streuen.

wertstoffmindernd auswirken kann. Vom Wildkraut freier Kompost kann natürlich, wenn nötig, vor dem Anbau der Gemüsekulturen verteilt und gut einkultiviert werden; er ist dann mit der Erde gut vermischt und auch geschützt.

> Bei folgenden Kulturen wird der Mulch nur dünn aufgebracht: Salate, Karotten, Zwiebeln, Rote Bete, Sellerie und Pastinaken.
> Eine dickere Mulchschicht passt dagegen bei: Kohlgewächsen, Zucchini, Gurken, Tomaten, Kürbis und Bohnen.

Übrigens ist eine Mulchschicht in Gärten ohne Wege eine wunderbare Sache bei den Erntearbeiten. Die Füße bleiben sauber und der Boden wird nicht so stark festgetreten!

DAS FRÜHBEET IM JAHRESLAUF

Im Frühjahr 1974, dem ersten Frühjahr nach unserem Hofkauf, haben wir das erste Frühbeet mit 50 Quadratmetern Glasfläche gebaut. Wir haben hierfür ein Stück Wiese in Hausnähe ausgewählt, das den ganzen Tag Sonne hat und etwas südlich geneigt liegt. Die Grassoden haben wir nur flach abgehackt und sie mit dem anderen Material kompostiert. Die Längswände haben wir aus drei Zentimeter dicken Brettern gebaut, weil uns Beton zu hart und zu kalt erschien. In der Mitte haben wir auf eineinhalb Meter Abstand Pfähle aufgestellt, auf die wir oben ein 20 Zentimeter breites Brett mit eingeschnittener Kerbe als Auflage für die Fenster befestigt haben. Der obere Teil des Fensterrahmens hat genau in die Kerbe gepasst, so dass er nicht abrutschen konnte. Darüber haben wir noch ein ebenso breites Dachbrett befestigt, das wir auf etwa fünf Zentimeter Höhenabstand mittels einer U-förmig gebogenen Eisenfeder (Zwei-Millimeter-Blech) mit dem Auflagebrett verbunden haben. So wird der obere Teil des Fensterrahmens von oben leicht angedrückt und ist vor den Launen von Wind und Wetter geschützt. Als Seiten dienen je ein passendes Holzdreieck, das aus Latten genagelt und mit Plastik bespannt worden ist. Das ermöglicht mehr Lichteinfall, auch von den Seiten. Wo es viele Mäuse gibt, ist zu überlegen, ob bis auf die nötige Tiefe, unterhalb der Randbretter und Seiten, also rundherum, noch Mäusegitter senkrecht in den Boden gestellt werden sollten, damit die Zuwanderung von Mäusen verhindert werden kann.

Die von der Grasnarbe befreite Erde haben wir mit der Grabegabel und dem Kultivator gelockert ohne zu wenden und etwas Holzasche und ausgereiften Kompost daraufgestreut. Dann haben wir den Boden nochmals oberflächlich kultiviert, flach gerecht und gleich bebaut. Da wir in unserem kleinen Betrieb keine Tierhaltung haben, ist es uns vorgegeben, dass wir das Frühbeet ohne Mistpackung betreiben, also als Kaltbeet.

1985 haben wir als Arbeitserleichterung eine Unterflurbewässerung eingebaut. Das Wasser dafür kommt nicht eiskalt vom Brunnen, sondern seit 1986 lauwarm gemischt von einem in der Nähe installierten Sonnenkollektorboiler, was für die Pflanzenwurzeln, in der noch oft kalten Zeit, sehr wachstumsfördernd ist.

Solange der Boden im Frühbeet an der Oberfläche noch nicht genügend Humusgehalt hatte, gab es Schnecken. Im Laufe der Jahre hat sich der Boden jedoch so verbessert, dass die Schnecken schließlich nicht mehr gekommen sind. Jetzt wissen wir, dass man mit intensiver Bodenverbesserung, Humusaufbau, Holzasche- und Steinmehlgaben und Gründüngung das Schneckenproblem gezielt lösen kann. Im Frühbeet braucht der Boden nicht gewendet zu werden. Dies ist sehr hilfreich, weil somit der aufgebrachte Humus, der eine schneckenabweisende Wirkung hat, in den oberen Schichten bleibt. Durch das Gießen kommen die Nährstoffe der Komposterde in die tieferen Bodenschichten.

Der Anbau
Je nach Höhenlage und Witterung kann der Anbau im Frühbeet im Februar oder März beginnen. Liegt eine abgestorbene Gründüngung vor, wird sie abgerecht; steht noch eine Wintergründüngung, wird sie flach abgehackt, in der Sonne etwas abtrocknen gelassen, mit dem Gabelrücken abgeklopft, damit möglichst aller Humus am Ort bleibt und dann abgerecht. Das Abgerechte wird in Frühbeetnähe auf einen Haufen gesetzt und im Mai/Juni wieder als Mulch zusammen mit frischem Grün zum Fruchtgemüse gegeben. So bekommt der Boden alles zurück, was er geliefert hat. Dies schaltet Bodenmüdigkeit aus und bringt stets auf's Neue gutes Gemüse hervor.

Die Erde wird flach gerecht. Dann werden in 25 Zentimeter Abstand mit dem Reihenzieher Rillen gezogen, und nach dem im Winter erstellten Mischkulturenplan alles gesät und gepflanzt.

Einfacher Mischkulturenplan fürs Frühbeet
(Reihenabstand: 25 Zentimeter)
1. Reihe: Pflück-, Schnitt- und Eichblattsalat gesät, im Mai frühe Rote Bete
2. Reihe: Kopfsalat gepflanzt, dazwischen je 3 bis 4 Kopfsalatsamen gelegt
3. Reihe: Treibkopfsalat und Kohlrabi im Wechsel gepflanzt
4. Reihe: Treibeissalat gepflanzt, dazwischen Frühjahrskopfsalatsamen gelegt
5. Reihe: Treibsorte oder frühe Sorte Karotten und Treibradies gesät
6. Reihe: Kopfsalat gepflanzt, dazwischen ab Mitte bis Ende März 3 bis 4 Samen Sommereissalat gelegt und Frühlingszwiebeln danebengepflanzt

Frühbeet im Sommer: verschiedene Salate und Möhren

Für unseren Doppelkasten haben wir zwei solche Pläne. Zwischen den Pfählen stehen Treibsalate, die schnell den Platz räumen, sodass ab Mai dort die Tomaten gepflanzt und später am Brett, oberhalb der Balken, angebunden werden können. Nicht zu hohe Sorten sind hier am geeignetsten. Im Sommer, wenn die Frühbeetfenster weg sind, können die Tomaten hier gut in der Mitte stehen. Wie im Freiland rückt im Folgejahr die letzte Reihe nach vorn und alles wird um eine Reihe weiter geschoben.

Die Salat- und Kohlrabijungpflanzen sind von der Oktoberaussaat im ungeheizten Gewächshaus über den Herbst und Winter groß genug geworden und können in die Frühbeete ausgepflanzt werden, wo sie nun Platz für das volle Auswachsen bekommen. Auf den Anzuchtreihen im Gewächshaus bleiben so viele stehen, wie dort ebenfalls gut auswachsen können.

Zwischen den Hauptkulturreihen im Frühbeet, auf 12,5 Zentimeter, säen wir gleichzeitig Spinat, Feldsalat und Gartenkresse. Diese Kulturen wachsen schnell, bedecken den Boden und schützen den guten Humusboden vor der oft heißen Frühjahrssonne unter Glas. Die kurzlebigen Zwischenkulturen räumen wieder schnell den Platz, wenn die Hauptkulturen diesen benötigen und füllen. Feldsalat kommt auf Reihen, wo er etwas mehr Zeit und Platz hat, um bis in den Juni hinein mehrmals geschnitten werden zu können. Er ist ein guter Lückenfüller, wenn die Salate im Frühbeet zu Ende gehen, das Wetter im Freiland das Wachstum hemmt und daher hier die Salate noch nicht ausgewachsen sind. Die geernteten Zwischenreihen hinterlassen wieder Wurzelrückstände, die düngen. Überschüssiger Spinat wird auch hier an Ort und Stelle gemulcht. Die Reihen werden im Frühbeet, wie im Freiland, gut ausgenutzt.

Salat steht mit Kohlrabi im Wechsel. Kopf- und Eissalat werden in einem etwas weiteren Abstand als nötig gepflanzt. Dazwischen wird Salat gesät, der im Zwischenraum Platz zum Keimen und Wachsen hat. Anfang März nehmen wir hierfür frühe Freilandsorten, die sich unter Glas oder auch unter Vlies- und Folienschutz gut entwickeln.

Mitte bis Ende März/Anfang April säen wir Sommersorten von Kopf- und Eissalat, auf die dafür noch freigelassenen Zwischenräume in den Treibkopf- und Treibeissalatreihen. Diese verschiedenen Sorten von gepflanzten und gesäten Salaten sichern eine bis zu sechs Wochen dauernde Ernteperiode. Die im Kasten gesäten und dann übrigen Jungpflanzen können Ende April/Anfang Mai, am besten bei bedecktem Himmel und feuchter Witterung, weil sie keinen Wurzelballen haben, ins Freiland gepflanzt werden. Die Zeitangaben sind den jeweiligen klimatischen Verhältnissen anzupassen.

Das Frühbeet im Sommer

Ab Ende April bis Anfang Mai haben schon die meisten frühen Salate und die Spinat- und Kressezwischenreihen den Platz wieder geräumt. Nun kommen die im Gewächshaus vorkultivierten Sommerkulturen mit Wurzelballen und etwas reifem Kompost zwischen die noch stehenden späteren Salate, Karotten und Kohl-

Die Kapuzinerkresse füllt später im Jahr das Frühbeet auf.

rabi unter Glas in die Frühbeete. Hier im Halbschatten haben die noch zarten Sommerkulturpflanzen im Umpflanzstadium noch eine Weile Schutz vor zu starker Sonneneinstrahlung.

Als Sommerkulturen sind Buschtomaten, Gurken, Zucker- und Wassermelonen, Paprika und Basilikum, der sehr gut zu diesen Fruchtgemüsearten als Nachbar passt, zu nennen. Auch Bohnenkraut liebt es, im Frühjahr noch eine Weile unter Glas zu stehen. Alle diese Pflanzen haben nun genug Platz, um gut anzuwurzeln. Sobald die frühen Kulturen den Platz geräumt haben, was bis Anfang Juni alle schaffen, wird zwischen dem nun schon kräftig gewachsenen Fruchtgemüse flach gehackt. Jetzt kommt eine dünne Kompostgabe mit Holzasche und Steinmehl (Basaltmehl, Algenkalk) auf die ganze Fläche. Das neben dem Frühbeet auf einem

Haufen gelagerte Abgehackte vom Frühjahr (= Rohkompost) wird verteilt. Darüber geben wir Brennnesseln, Beinwell, Kleegras und auch einfach junges Gras als Abschluss. Der Boden unter diesem Flächenkompost bleibt immer lange feucht und spart Gießwasser und Gießarbeit. Die Mulchdecke verrottet bis zum Herbst fast ganz und liefert besten Humus, während all die herrlichen Fruchtgemüse und Kräuter gesund heranwachsen. Ist es im Juni auch nachts schön warm, kommen die Fenster dann weg. Sie sollten vor Regen geschützt bis zum Frühjahr abgedeckt gelagert werden.

Das Frühbeet im Herbst
Die Tomaten, Paprika und Kräuter stehen bis zum ersten Herbstfrost voll und kräftig da. Bevor uns der erste Frost erreicht, wird alles noch geerntet. Sterben die Gurken und Melonen im Spätsommer ab, braucht die Gründüngungssaat nur auf die nun dünne, übrig gebliebene Mulchdecke bei trockenem Wetter gestreut zu werden. Wo nötig, wird flach gehackt, sonst werden die Samen einfach mit dem Rechen zwischen den Restmulch gerüttelt. Dann wird ganzflächig eine dünne Schicht Kompost ausgebracht, Holzasche und Steinmehl als Schleier darüber gestreut und oben ganz leicht mit feinem Rasenschnitt, Kleegras oder ganz jungen Brennnesseln abgedeckt. So trocknet die Gründüngung nicht aus und kommt durch die feine grüne Schutzschicht leicht durch. Sollte es sehr trocken sein, dann sollte man ein paarmal kräftig gießen bis alles keimt und wächst. Dies ist dann genug Düngung für die frühen Kulturen, zu denen wir fast nie Kompost geben, weil dann eventuell Wildkrautsamen keimen, die bei den feinen Frühjahrskulturen mehr Jätarbeit bringen als nötig ist.
Wir haben erst im Laufe der Jahre genau herausgefunden, wie und wann am besten der Kompost ausgebracht wird. Sowohl bei den Kompostgaben zu dem Fruchtgemüse im Mai/Juni als auch zur Gründüngung im Herbst kann ohne weiteres vorhandenes Wildkraut keimen. Beide Male wird es wenig stören. Im Juni liegt der Mulch dick darüber und das Wildkraut keimt, kommt jedoch nicht durch. Bei Gründüngung im Spätsommer und Herbst wächst diese kräftig darüber. So schließt sich das Anbaujahr im Frühbeet, und die Herbstgründüngung bereitet den Boden bestens vor für den neuen Anbau im folgenden Frühjahr. So gepflegte und versorgte Frühbeetkästen benötigen keine Mistunterlagen im Frühjahr, außer man wünscht es. Da wir keine Mistpackung ins Frühbeet hineingeben, bleibt der Boden ungewendet, was für das Bodenleben und den stabilen Oberflächenhumusaufbau, der schneckenabweisende Wirkung hat, sehr vorteilhaft ist und Erdbewegungsarbeit spart. Auch das Umstechen im Herbst fällt weg, weil die Gründün-

gerpflanzenwurzeln und der natürliche Humusaufbau mit Hilfe der Kleinlebewesen im Boden für die Lockerung sorgt. Bei noch festen Böden, kann vor dem Gründüngungsanbau mit der Grabegabel oder mit dem Sauzahn eine Lockerung sehr gute Dienste tun.

BEWÄHRTE MISCHKULTUREN

Der kleine »Franck-Garten« dient bei Exkursionen von Haus- und Kleingärtnern, Schulklassen und Praktikanten als kleine Einheit. Wir haben ihn nach der großen Mischkulturen-Pionierin *Gertrud Franck* (†) so genannt. Dieser Garten ermöglicht einen schnellen Gesamtüberblick. Die Reihenlänge spielt hier keine Rolle. Diese richtet sich nach dem Flächenangebot des jeweiligen Gartens. Die Reihenabstände können 40 bis 50 Zentimeter betragen. Dabei muss überlegt werden, ob man Wege will oder nicht. Sind Wege erwünscht, dann reicht ein Reihenabstand von 40 Zentimeter und nach jeder dritten Reihe ein Abstand von 60 Zentimeter bis zur nächsten Reihe.

Gemüsereihen ohne Weißkleewege nach Gertrud Franck.

Beidseitig zur Kulturreihe hin lässt man 20 Zentimeter frei und streut auf den mittleren 20 Zentimeter-Streifen Weißklee. Dieser Streifen dient dem Darüberlaufen während der Vegetationszeit. Je nach Witterung im Sommer ist alle vier bis sechs Wochen der Klee so hoch, dass er im Zuge der Jätarbeiten mit abgerissen und gleich daneben gemulcht werden kann. Nicht ausreißen! Er wächst schön nach und liefert im Jahreslauf wertvolles Mulchmaterial. Außerdem bietet sich so bei regnerischem Wetter ein so verhältnismäßig sauberer Weg gut zum Begehen.

Im Laufe des Vorjahres wird überall, wo nur möglich, Winterwicke und Inkarnatklee bis Ende August, ab September bis in den November Roggen als Gründüngung gesät. So geht der Garten grün in den Winter und die Mineralstoffe sowie der wertvolle Humus bleiben geschützt erhalten. Auch kann das Bodenleben länger arbeiten als auf kahlen Böden.

Im Frühjahr wird mit einer breiten Hacke flach gehackt und alles mit einer umgekehrten Gabel flach abgeklopft. In der Sonne geht das am besten. (Große Flächen müssen mit Maschinen bearbeitet werden. Unsere 1.600 Quadratmeter große Gemüsefläche ist gerade noch mit der Hand zu bearbeiten.)

Das nun übrige Material kann man, möglichst mit wenig Erde, abrechen und zu einem Mulmhaufen aufsetzen. Schichtweise dazwischengestreutes Steinmehl sollte nicht fehlen. Dieser Mulm kann entweder zu Kompost ausreifen oder im Sommer wieder vor dem Mulchen zwischen den Kulturreihen ausgebracht werden.

Das abgerechte Beet wird nun mit einem Drei- oder Fünfzinkenkultivator durchkultiviert, dann flach gerecht. Der Reihenzieher wird auf 20 oder 25 Zentimeter eingestellt, je nachdem, ob mit oder ohne Kleewege angebaut wird. Anschließend wird alle 40 bzw. 50 Zentimeter Spinat eingesät. Die Reihen dazwischen sind die Kulturreihen. Nachdem die Spinatreihen gesät sind, wird anhand des Gartenplanes entsprechend ausgesät.

Auf die Vorgründungsreihen wird die Saat breitwürfig auf die spätere jeweilige Kulturreihe ausgebracht und oberflächlich einkultiviert. Die Spinatreihen sind auch für die späteren Aussaaten die Reihenanzeiger. Beim ersten Anbau im Frühjahr ist es bei größeren Flächen hilfreich, kleine Zweige oder Schilder als Markierung zu setzen. Wichtig ist es, stets die erste Reihe eines Gartenstücks ganzjährig zu markieren, da im Folgejahr die unterste Reihe nach oben und alles um 30 Zentimeter weiterrückt. Das muss gut gekennzeichnet sein, damit die gleichen Gemüsearten sicher um 30 Zentimeter oder, wer will, um 60 Zentimeter weiterrücken. Die 30 Zentimeter sind bei lange stehenden Sorten das Mindeste, damit der Fruchtfolgeabstand für empfindliche Arten auf jeden Fall gesichert ist.

Wir graben seit 1974 den Boden nicht um. Das Resultat ist eine wunderbare Bodenstruktur. Wer große Flächen bebaut, muss ein entsprechendes Arbeitsgerät zu Hilfe nehmen. Vom Spinat wird im Frühjahr so viel geerntet, wie gebraucht wird. Der Rest wird an Ort und Stelle umgehackt und dient als wertvoller Bodenverbesserer und liefert gleichzeitig die erste dünne Mulchschicht, bevor er in die Blüte geht und dem Boden wertvolle Stoffe entzieht.

Eine bewährte Mischkultur aus (von links nach rechts): Zwiebeln, Rotkohl, Karotten, Porree, Dill, Blumenkohl, Sellerie, Karotten, Zwiebeln. Im Hintergrund stehen Stangenbohnen am Gerüst.

Beispiel für einen Mischkulturenplan
Anbauzeit Reihe 1. Kultur   2. Haupt- und
                                                Nebenkultur

Anbauzeit	Reihe	1. Kultur	2. Haupt- und Nebenkultur
März u. April	1.	Vorgründüngung: Inkarnatklee	Rosenkohl und Salatgurken circa 80 cm Abstand
März u. April	2.	Vorgründüngung: Phacelia	Salat
März u. April	3.	Vorgründüngung: Gelbsenf	Spätkarotten
März u. Juni	4.	Vorgründüngung: Phacelia	Steck- oder Gemüsezwiebeln, dann Feldsalat
März u. Juni	5.	Erbse (früh)	Spätkohl und Eissalat im Wechsel*
März u. Mai	6.	Vorgründüngung: Inkarnatklee	Tomaten u. Stangenbohnen
März u. April	7.	Vorgründüngung: Gelbsenf	Rote Bete, lang oder rund
März u. Juni	8.	Früher Kopfsalat	Zuckerhut u. später Kohl im Wechsel
März u. Mai	9.	Vorgründüngung: Phacelia	frühe Buschbohnen, dann Chinakohl
März u. Mai	10.	Vorgründüngung: Gelbsenf	Karotten (spät) u. Radies
März u. Juni	11.	Erbsen (früh)	Zuckerhut u. Endivien
März bis Juni	12.	Vorgründüngung: Inkarnatklee	Frühkohl u. Spätkohl Wechsel*
März u. Juni	13.	Kopfsalat (früh)	Zuckerhut oder Endivien
März u. April	14.	Vorgründüngung: Gelbsenf	Karotten, späte Sorte und Radies
März bis Juli	15.	Vorgründüngung: Phacelia	Lagergemüsezwiebeln dann Feldsalat
März bis Juli	16.	Senf, dann Eissalat	Frühe Buschbohnensorten (Anfang Juli) Herbststernte
März u. Juli	17.	Karotten (früh)	Chinakohl aussäen und pflanzen
März u. April	18.	Vorgründüngung: Gelbsenf	Lauch (Porree)
März bis Juni	19.	Kopfsalat (früh),	Sellerie, dazw. Endivien
März u. Mai	20.	Erdklee oder Inkarnatklee	Einlegegurken u. Basilikum
März u. Mai	21.	Erdklee oder Inkarnatklee	Zuckermais
März u. Mai	22.	Erdklee oder Inkarnatklee	Zucchini

Nach jeweils 3 Kulturreihen kann der Weißkleeweg, siehe Seite 19, eingebaut werden.
* Frühkohl und Spätkohl im Wechsel bedeutet, dass Frühkohl in Spätkohlabstand gepflanzt wird. Er ist Juni/Juli erntereif. Ende Mai/Anfang Juni wird der Spätkohl dazwischen gepflanzt und füllt den Platz bis zum Herbst aus.

UNSER INDIANERGARTEN

Unser »Indianergarten« besteht aus Tomaten und Stangenbohnen, Zuckermais Gurken, Melonen, Kürbis und Rosenkohl in Mischkultur. Der Rosenkohl stammt zwar wie alle Kohlarten aus dem Mittelmeerraum und die Gurkengewächse wahrscheinlich aus den indischen Tropen, aber Tomaten, Stangenbohnen und Zuckermais haben ihren Ursprung in den südamerikanischen Andengebieten und sind von den dortigen Ureinwohnern kultiviert worden, weshalb wir auf den Namen »Indianergarten« kamen.

Stangenbohnen, die jahrelang am Gerüst an der gleichen Stelle angebaut werden, sind ein wesentliches Merkmal unseres „Indianergartens".

Alle Pflanzen haben etwa denselben Anbautermin um Mitte Mai herum, sodass vorher noch längere Zeit eine Gründüngung stehen kann. Entweder steht diese schon vom Vorjahr, z. B. nach Kartoffeln (diese Gründüngung können wir bis Ende April oder Anfang Mai wachsen lassen), oder es steht keine Gründüngung. Dann wird schon früher, Anfang April, die Beeteinteilung mit Weißkleewegen und Gründüngung, wie weiter unten beschrieben, bewerkstelligt.

Die Herbstgründüngung wird etwa zwei bis drei Tage vor dem etwas späteren Anpflanzen flach abgehackt bzw. bei größeren Flächen auch abgefräst, wonach sie ein paar Tage abwelken soll. Die abgehackten Schollen werden gut mit dem Rechen oder Gabelrücken ausgeklopft, abgerecht und daneben auf Haufen zum späteren Mulchen oder als Beimengung zu Graskomposthaufen gesetzt.

Weitere Elemente sind Zuckermais und Kürbis.

Wenn alles sauber und flach gerecht ist, legen wir folgendermaßen 120 Zentimeter breite Beete an: Wir ziehen über die ganze Fläche Reihen in 20 Zentimeter Abstand und teilen dann die Beete ein. Nach jeweils 1,20 Meter (6 x 20 Zentimeter) folgt ein 20 Zentimeter breiter Trittweg, der breitwürfig mit Weißkleesamen bestreut wird. Die Beete selbst haben dann fünf Reihen auf 20 Zentimeter Abstand. Nun bauen wir entweder zwei Reihen Ackerbohnen oder Spinat mit der Sämaschine und breitwürfig Inkarnatklee oder Bodenfrüchtigen Klee (Erdklee) auf den drei jeweils daneben liegenden Kulturreihen an.

Die Reihen, wo der Zuckermais schon Anfang Mai gelegt wird, bleiben nun, wenn es Ende April, Anfang Mai ist, frei. Wenn Zuckermais vorgezogen und erst später gepflanzt wird darf wie überall sonst eine Gründüngung wachsen, die zum Teil bis in den Juni hinein stehen bleiben kann. Für das Pflanzen hacken wir nur die

Pflanzstelle frei. Zucchini, Gurken, Melonen, Tomaten und Rosenkohl werden nach Mitte Mai im richtigen Abstand in die Gründüngung hineingepflanzt.

Die Gründüngung bleibt noch so lange als Wind- und Bodenschutz stehen bis die Kulturpflanzen gut angewachsen sind. Wenn sie zu stören beginnt, wird sie flach gehackt und an Ort und Stelle als Dünger gleich liegen gelassen. Hierauf wird noch etwas halb verrotteter Mulm oder halbfertiger Pflanzenkompost gestreut, auch Holzasche zur Kaliumversorgung, Steinmehl und als Abschluß eine dicke Mulchschicht aus Gras oder Kleegrasmischung. Auch Brennesseln und Beinwellblätter haben sich bestens bewährt. Nun ist das Stück für die ganze Vegetationszeit fertig.

Im Nachsommer, wenn die Melonen und Gurken zu welken beginnen, kann überall Winterwicke und Inkarnatkleesamen gestreut werden, im September und Oktober auch Roggensamen unter dem Zuckermais sowie zwischen Rosenkohl und Tomaten. Im Morgentau und im Halbschatten der noch stehenden Pflanzen keimt er bei nicht zu trockener Witterung. In der Keimzeit wird so lange gegossen bis die Wurzeln sich im Boden unter dem Mulch selbst versorgen können. So schließt sich der Kreis und die Gründüngung steht wieder bis zum Frühjahr, wenn dann auf diese Fläche wieder anderes Gemüse kommt.

Bewährte Kombinationen

Im Folgenden beschreibe ich die Leitpflanzen im »Indianergarten« und ihren Anbau. Wenn eine zarte Kleedecke lange stehen bleiben kann, ist es nicht nötig, früh räumende Vor-, Neben- und Zwischenkulturen wie Salate, Radies, Zwiebeln und Kohlrabis einzuplanen. Dennoch können, wenn der Boden gut ist und Platz für Frühkulturen benötigt wird, diese sinnvoll zu den allerdings rasch groß wachsenden Leitpflanzen gesät oder gepflanzt werden.

Auch Tomaten können viele Jahre am gleichen Platz stehen ohne das Nachteile entstehen. Wir versorgen sie gut mit Kompost.

Tomaten mit Stangenbohnen
Sie passen sehr gut an den Rand des Gartens, sodass der übliche Mischkulurenplan nicht gestört wird und man gut im Gras laufen und ernten kann. Tomaten und Bohnen können jahrelang am selben Platz, mit guter Kompostversorgung, wachsen.
Stangenbohnen lassen sich herrlich jahrelang auf einem Gerüst anbauen; dafür setzen Sie alle zwei bis drei Meter einen zwei Meter langen Pfahl und bringen darüber eine längere Stange in Augenhöhe als Querverbindung an. Dazu nehmen Sie Pfähle mit einer natürlichen Gabelung, in die die Querstangen hineingelegt und festgebunden werden können. Die Querstange muss kräftig genug sein, damit man die Tomaten später an Schnüren anbinden kann. Hierbei wird die Schnur zuerst am unteren Stängelteil der Tomatenpflanze mit einfachen Knoten, die nicht einschnüren, angebracht und danach auf die Länge bis über die Querstange abgeschnitten und daran befestigt. Von oben gesehen wird nun die Tomatenpflanze bis oben hin bei jedem Ausgeizen im Uhrzeigersinn um die Schnur gebunden. Bei jedem Pfahl befestigen Sie noch eine etwa zweieinhalb Meter hohe Stange für Stangenbohnen. Zu jeder Stange kommen drei verschiedenfarbige Sorten, neun bis 12 Stück in Summe, und zwar: ›Blauhilde‹ (blau), ›Neckarkönigin‹ (grün) und ›Neckargold‹ (gelb). Es sieht sehr hübsch aus, wenn die bunten Bohnen reifen. Wir verkaufen sie auch bunt. Es ist eine gute Mischkultur: die hochwachsenden Stangenbohnen und dazwischen die roten und auch gelben Tomaten. Für das Freiland eignen sich freilandtaugliche Sorten gut. Mit Regenschutz ist es noch sicherer.

Die Zwiebelschalenjauche für Tomaten und Kartoffeln
Ein Liter kaltes Wasser, 20 Gramm Zwiebelschalen fünf Tage stehen lassen. Dann von allen Seiten auf die Tomatenpflanzen sprühen. Das schützt vor Krautfäule. Ab Mitte Juni alle zwei bis drei Wochen vorbeugend sprühen. Die übriggebliebenen Zwiebelschalen können nochmals mit neuen Schalen ergänzt aufgegossen werden. Sehr gut ist es auch, die Tomaten damit alle drei Wochen zu gießen. Dabei wird die Zwiebeljauche drei bis fünfmal mit Wasser verdünnt. Brennnessel- und Beinwelljauche sind fünf- bis zehnmal verdünnt sehr gute Dünger.

Zucchini mit Zuckermais
Der Zuckermais wird Anfang Mai an Ort und Stelle auf die Beetmitte jeweils drei Körner in 80 Zentimeter Abstand gelegt. Die Zucchini sollte man Anfang April zu zwei bis drei Samenkörnern in einem Topf vor ziehen und die zwei bis drei Pflan-

zen dann nach Mitte Mai zwischen den Zuckermais auspflanzen. Dieser braucht kaum extra Platz, weil er hauptsächlich in die Höhe wächst. Zuckermais kann man auch Ende April/Anfang Mai in Töpfen vorziehen. Die Pflanzen wachsen sehr schnell heran und werden mit dem Ballen ab Mitte Mai bis Anfang Juni ausgepflanzt. Das Vorziehen bewährt sich besonders dort, wo Mäuse und Vögel die gelegten Maiskörner holen könnten.
Auch Stangenbohnen wachsen gut zusammen mit Zuckermais. Hierzu legt man drei bis vier Samen zu den Pflanzen, an denen sie sich dann hochwinden können.

Melonen mit Zuckermais

Hierbei kommt zwischen zwei Reihen Zuckermais eine Reihe Melonen oder Gurken. Den Zuckermais legt man etwa Mitte Mai als zweite Aussaat, damit die Erntezeit lange anhält. Auch hier kommen zwei bis drei Körner auf einen Platz in 80 Zentimeter Abstand. In der Mitte des Beetes werden die Melonen oder Gurken dann im Verband zum quadratisch gelegten Zuckermais gepflanzt. Im Halbschatten, der vom Mais gespendet wird, fühlen sie sich sehr wohl. Kleine Kürbissorten eignen sich auch sehr gut als Nachbarschaft zum Mais.

Rosenkohl und Gurken

Den Rosenkohl setzt man in 80 Zentimeter Abstand auf die Beetmitte und dazwischen die Gurken. So ist auch hier etwas Schatten und Windschutz durch den Rosenkohl gewährleistet. Die Kleewege werden ein paarmal im Sommer abgerupft oder geschnitten und daneben gleich gemulcht.
Wir haben viel Freude mit unserem »Indianergarten«, der uns immer wieder in eine eigentümliche Stimmung versetzt, einer unbewussten Erinnerung gleich.

YACONWURZEL – DIE SÜSSE KNOLLE DER INKAS

Die mit den Dahlien verwandte Yacon *(Smallanthus sonchifolius)* treibt aufrecht wachsende 0,8 bis zwei Meter hohe Stängel mit großen Blättern. Es handelt sich um eine anspruchslose, aber frostempfindliche Pflanze aus den peruanischen Hochebenen in den Anden. Sie gehört zur Familie der Korbblütler (Asteraceae).

Die Yacon wächst mannshoch.

Sie wächst auch in Mitteleuropa problemlos, sogar auf mageren Böden. Ein langer Sommer und mit Vliesabdeckung im Herbst bei Frostgefahr kann Yacon Rekordernten bringen. Die Knollen können 20 bis 30 Zentimeter lang und beinahe ein Kilogramm schwer werden. Die Pflanzen benötigen einen sonnigen Standort. Als Dünger nur etwas reife Komposterde und eine Mulchschicht geben, damit die Bodenfruchtbarkeit erhalten bleibt. Überdüngte Pflanzen schießen ins Kraut, was Standfestigkeit, Geschmack der Knolle und Haltbarkeit beeinträchtigt.

Krankheiten oder Läuse gibt es kaum. Die Blätter muss der Frost vor der Ernte zum Absterben gebracht haben, damit alle Kraft in den Knollen, Brutknöllchen und Stängel gespeichert ist. Es muss vorsichtig geerntet werden, weil die großen Knollen saftig und verletzbar sind. Bei der Ernte wird mit einer großen Grabegabel weit genug von der Pflanze entfernt eingestochen. Dann hebt man vorsichtig den Stängel ziehend heraus, der vorher auf 50 Zentimeter zurückgeschnitten wurde. Der Wurzelstock mit dem Brutknospenteil wird nach der Ernte trocken und frostfrei gelagert, damit er frei von Schimmel bleibt. Der Stängel wird ganz unten bei den Brutknospen abgeschnitten und mit den Blättern beim Kompostieren mitverwendet. Im Lager, falls Schimmel auftriff, mit Effektiven Mikrorganismen (EM) besprühen.

Zur Vermehrung dienen die an der Triebbasis sitzenden hellen Knospen. Aus jeder dieser Knospe entwickelt sich im folgenden Jahr eine neue Pflanze. Im März wird der Wurzelstock in alle diese Brutknöllchen aufgeteilt. Sie werden einzeln, kleine zu dritt oder zu viert, in Töpfe mit einem Durchmesser von 12 bis 15 Zentimeter in gute Gartenerde oder reife Komposterde gesteckt. Die Töpfe wollen frostfrei, hell und etwas warm, am Fenster mit Sonneneinfall zum Keimen und Wachsen aufgestellt werden. Nach den Maifrösten gehören sie ins Freie gepflanzt. Der komplette Wurzelballen vom Topf herausgeschüttelt, soll mit in die Erde gepflanzt werden. So wachsen die Pflanzen gut weiter, und zwar im Abstand von 60 bis 80 Zentimetern im Dreiecksverband, damit sie sich gut entwickeln können. Eine vorher vorgenommene Gründüngung auf den für die Yaconpflanzen vorgesehenen Pflanzreihen hat sich als zweckmäßig erwiesen. Beispielsweise mit Senf oder Inkanatklee etwa in der dritten Märzwoche breit ausgestreut. Gleichzeitig können

Die Yaconernte macht ein bisschen Arbeit.

Oben:
Der ganze Yaconwurzelballen wird ausgehoben.
Einzelne Yaconwurzeln überwintern bei uns.

dazwischen Puffbohnen, für die Sommerernte im noch zarten Zustand wie die Erbsen, auf sieben Zentimeter Abstand gelegt werden. Nach der Puffbohnenernte im Juni/Juli werden deren Stängel am Boden abgeschnitten und an Ort und Stelle hingelegt. Wo nötig jäten und noch gut auf die hingelegten Stängel Steinmehl streuen und mit Gras darauf mulchen. Die Yacon wächst hoch und macht mit ihren Blättern alles dicht, sodass bis zur Ernte keine weitere Arbeit nötig ist. So kann diese Pflanze auch als einjährige Hecke am Gartenrand stehen.

Ihre großen Knollen enthalten viel Inulin und schmecken daher etwas süß. Sie sind auch für Diabetiker geeignet. Aufgrund ihrer Inhaltsstoffe haben sie auch eine gute Wirkung auf die Darmflora.

Die knackige, saftige Knolle schmeckt roh pur, in Obst- oder in Gemüsesalate geschnitten, erfrischend. Gekocht oder gebraten schmecken sie auch ganz gut; man kann die fingerdicken Scheiben in Pfannkuchenteig backen. Die dünne Haut kann, sauber gebürstet, an der Knolle für den Verbrauch bleiben. Wir bauen diese süße Knolle aus den Anden seit Jahren mit Erfolg an.

Kräuter im Garten

Blühender Borretsch – er ist ein sehr wertvoller Bodenlockerer und Humusförderer.

Alle diese mehr oder weniger selbständigen Kräuter im Garten passen sich gut der Mischkultur und ihrem Umfeld an, wenn wir ihnen ein bißchen Aufmerksamkeit schenken. Beim ersten Jäten achten wir auf sie. Staudenkräuter lassen wir stehen, wo sie nicht stören und pflanzen sie an den Rand, wenn sie stören. Wir pflanzen sie auch an den Rand, wenn sie mitten im Beet stehen und wir sie dort nicht haben möchten. Einige dürfen auch mitten in den Beeten bleiben, weil sie da, wo sie sich von selbst angesiedelt haben, am längsten bleiben und am schönsten wachsen. Es sind dies z. B. Johanniskraut, Schafgarbe und die

Königskerze. Im Zuge der Gartenarbeit werden sie gehackt und gemulcht. Diese Kräuter müssen auch die Gelegenheit haben, sich wieder auszusäen.

Borretsch, Kamille und Dill können stellenweise in viel zu großer Dichte aufgehen. Dann werden sie weggehackt, und es bleibt nur so viel, wie nötig. Borretsch ist ein sehr wertvoller Bodenlockerer und Humusbildner.

Einige für uns noch erwünschte einjährige Kräuter bauen wir jährlich neu an, wie zum Beispiel Basilikum, das wir dann als Nachbarn zu den Gurken pflanzen und Bohnenkraut, das in die Nähe der Bohnen kommt. Es sät sich oft auch selbst aus. Petersilie, glatte und krause, darf natürlich nicht fehlen. Einjähriger Majoran kommt ebenfalls jährlich neu aufs Beet und ist sehr beliebt. Durch spätere Saaten von Dill in Spätkarottenreihen und allein stehend stellen wir sicher, dass es bis zum Herbst Dill gibt. Brennnesseln gab es auf unserem Hof kaum als wir ihn 1973 kauften. Wir haben sie vom Waldrand geholt und mit ihren vielen Ausläufern in Gruppen an verschiedene Plätze gepflanzt, wo sie nicht stören. Die Brennnessel ist eine sehr wertvolle Pflanze als Blutreinigungstee, als Mulchmaterial und als Kompostzugabe, und wenn wir sie lange stehen lassen, können sich bestimmte Schmetterlinge auf ihr entwickeln. Sie enthält sehr viele Mineralstoffe und Eiweiß und verbessert den Boden ganz beachtlich.

An halbschattigen und sehr humusreichen Stellen, wie auf gepflegten Baumscheiben und an Kompostplätzen, aber auch auf Schutthaufen, wächst gern die Gundelrebe (Gundermann). Dieses nur fingerhohe Lippenblütlergewächs, das auch das öftere Mähen mit der Sense gut verträgt und so die Brennnessel ablöst, erfreut uns von März bis Juli mit seinen stark duftenden violettblauen Blütchen. In Verbindung mit Ehrenpreis und Hanfnessel oder mit Engelwurz und Salbei ist Gundelrebentee immer gut für jung und alt, vor allem bei Husten, Atembeschwerden und Ausschlägen. So lindert sie die Leiden unserer Zeit.

Kräuter mögen ganz alt gedüngten Boden am liebsten. Stallmist kann man höchstens dann geben, wenn er völlig vererdet (= reiner Humus) ist und dann nur in geringen Mengen.

Die Kräuterliste kann lange fortgesetzt werden, und jeder Gartenbesitzer baut genau das an, was in seinem Lebensbereich gut wächst. Für viele Menschen ist auch ein extra Kräutergarten, wo alle Kräuter wachsen, wünschenswerter als die Verteilung im Gemüse- und Obstgarten. Am besten macht man beides und verstreut die Kräuter, die das vertragen, dort, wo sie nicht stören und baut andere an einem bestimmten Platz an, um dort schnell alle Kräuter griffbereit zu haben. Damit ist dem Menschen und den Pflanzen gleichermaßen gedient.

In einem bunten Mischkulturgarten haben auch, neben dem angebauten Gemüse, die an manchen Stellen natürlich wachsenden Kräuter Platz. Manche Kräuter, wie Borretsch und Dill, haben wir in den ersten Jahren ausgesät und nun stehen sie, auf fast allen Beeten verstreut, treu jedes Jahr da.

Kräuter und ihre Wirkung:
Borretsch (Gurkenkraut)
Blätter und Blüten haben Heilwirkungen. Er gehört zu den herzstärkenden Heilpflanzen wie Waldmeister, Veilchen, Melisse und Rose. Borretschtee ist blutreinigend und treibt durch den verursachenden Schweißausbruch Giftstoffe aus dem Körper. Darüber hinaus wirkt er fieberstillend und belebend, stärkt das Gehirn und macht fröhlich. Feuchtwarme Umschläge auf die Augen heilen deren Entzündungen. Die himmelblauen Borretschsterne sind, wie die Calendulablütenblätter, ein schöner Hingucker auf Salaten.

Borretsch

Dill
Er hat ähnliche Heilwirkungen wie Fenchel und Kümmel. Die Kräuter enthalten wohltuende ätherische Öle, die sich positiv auf die Verdauungsorgane auswirken und Blähungen vertreiben. Dill fördert die Milchbildung stillender Mütter. Dilltee aus Samen und auch Dillkraut beruhigt und gibt guten Schlaf. Neigen Säuglinge zu Schluckauf und Erbrechen, kann Dilltee Abhilfe schaffen. Grünes Dillkraut und die Samen können zu Salaten und Soßen genommen werden, ebenso zum Gurken einlegen. Diese Kräuter haben auch eine beruhigende Wirkung bei Blähungen.

Dill

Echte Kamille

Johanniskraut

Kamille

Sie ist die bekannteste und erprobteste Heilpflanze und kommt auf fast allen Standorten vor. Jede Art von Entzündungen und Eiterungen kann mit Kamillentee von innen und von außen positiv beeinflusst werden. Die schmerzstillende und krampflösende sowie beruhigende Wirkung ist ein unschätzbarer Wert dieser Heilpflanze. Auch als Grundlage für Kräutersalben und Kräuteröle tut Kamille beste Dienste. Sie wirkt auch beruhigend bei Schlafstörungen.

Johanniskraut

ist ein wund- und blutreinigendes Heilkraut. Die Heilkraft von Johanniskrautöl hält bis zu zwei Jahren an. Wichtig ist, das richtige Johanniskraut zu nehmen, da es auch nicht wirksame Arten gibt. Wenn wir die Blüten zwischen den Fingern zerreiben, werden diese blutrot. Zur Herstellung des Johanniskrautöls geben wir die Blüten in eine geräumige Flasche und schütten die drei- bis vierfache Menge reines Olivenöl darüber. Die Flasche wird gut verkorkt und sechs bis sieben Wochen an die Sonne gestellt. Die Flasche muss man öfter schütteln. In regenreichen, sonnenarmen Sommern können Sie die Flasche auch in Herdnähe stellen. Nach dieser Zeit erhält das Öl eine leuchtend rote Farbe. Nun wird es durch ein feines Tuch gegossen und die Pflanzenteile werden gut ausgepresst. Das nun reine Johanniskrautöl wird in einer dunklen Flasche dunkel und kühl aufbewahrt.

Zum Einreiben ist das Johannisöl ein Wundmittel und Hautpflegemittel (gegen Hexenschuss, Gichtschmerzen, Rheuma, Verrenkungen und Rückenschmerzen). Johannisöl kann auch innerlich angewendet werden, indem man zehn bis 15 Tropfen auf einen halben Teelöffel Wasser, nicht auf Zucker gibt. Bei Leibschmerzen, Koliken, Darmentzündungen, Bettnässen und Lungenverschleimungen tut dies gute Dienste. Der Teeaufguss ist ebenfalls vielseitig zu verwenden: Lungenverschleimung, Magenschleimhautentzündung, Bettnässen, Kopfschmerzen, Gelbsucht, Nervenschwäche, nervösem Herzleiden, Schlaflosigkeit, Überanstrengung und Blutarmut. Der Johanniskrauttee ist ein hervorragendes Mittel bei allen Unterleibsbeschwerden. Zitronenmelisse, Kamille und Johanniskraut gemischt, ergibt einen sehr guten Abendtee.

Schafgarbe

Sie ist neben Kamille eine der seltenen Heilpflanzen, die viele Heilwirkungen in sich vereint. Der frisch gepresste Saft, auf eine eiternde Wunde gegeben, wirkt sehr heilungsfördernd. Der hohe Gehalt an Bitterstoffen und ätherischem Öl macht die Schafgarbe zu einem besonderen Heilkraut für Magen und Darm. Sie behebt Appetitlosigkeit, beseitigt Blähungen, Magen- und Darmkrämpfe und unterstützt die Abheilung von Entzündungen. Der beachtliche Kaliumgehalt regt die geregelte Nierentätigkeit an. Der frische Schafgarbensaft beeinflußt das Herz günstig. Er muss jedoch wirklich ganz frisch genommen werden und darf nicht gären! Zur innerlichen Verwendung kaut man daher am besten die frisch gepflückten Blätter und Blüten, was den gesamten Organismus kräftigt.

Bärlauch

Bärlauch benötigt als eigentliche Waldpflanze Schatten, weshalb wir ihn unter die Himbeer- und Brombeersträucher gepflanzt haben (siehe »Brombeer- und Himbeerkultur mit Bärlauch«, Seite 132). Er kommt sehr früh im Frühjahr aus dem Boden und dient als Würzpflanze für viele pikante Speisen und Salate. Bärlauch enthält natürliches Antibioti-

Bärlauchblätter – passend zu vielen Speisen.

Schnittlauch

Zitronenmelisse

kum, das um diese Jahreszeit sehr gut vor Frühjahrsmüdigkeit schützt, vor allem durch seine reinigende Wirkung. Damit Bärlauch sich in Grenzen hält, müssen die Blüten vor der Samenreife auf den Kompost gebracht werden.

Ringelblumen (Calendula)

Ringelblumen säen sich jahrelang von selbst aus. In Form von Tee wirken sie heilend auf den Magen- und Darmkanal. Ringelblumensalbe unterstützt die Heilung von Wunden, heilt Entzündungen ab und schützt die Haut bei Sonnenempfindlichkeit. Die Blütenblätter können zum Salat gemischt werden.

Winterheckenzwiebeln und Schnittlauch

Winterheckenzwiebeln stehen im Kräuterbeet und am Gartenrand anspruchslos und schön da, ebenso viele schöne Schnittlauchstöcke, die jedes Jahr kräftig durchtreiben. Neben Bärlauch sind sie im zeitigen Frühjahr willkommen als weitere wohlschmeckende und erfrischende Zwiebelgewächse. Sie unterstützen die Blutreinigung und -erneuerung im Frühjahr. Winterheckenzwiebeln können zwanzig Jahre alt werden.

Zitronenmelisse

Seit 1976 steht bei uns Zitronenmelisse unverändert schön und gesund, am hinteren Rand, als Abschluß der Mischkulturengartenreihen im »Franck-Garten«. Sie ist ein besonderes Kraut mit positivem Einfluss auf die Milz und das Herz. Die feinen Stoffe der Melisse lassen Melancholie schwinden und beruhigen das Herz, was einen guten Schlaf sichert. Gelegentlich tragen Vögel die Samen auf andere Plätze, wo sie sich dann erneut schön entwickelt.

Salbei

Auch der Salbei steht bei uns schon so lange, genießt den Sonnenplatz bei den Frühbeetkästen und wächst ergiebig. Gesammelt werden die Blätter vor der Blüte. Salbei enthält verschiedene ätherische Öle, Bitterstoffe und vieles mehr. Er ist bekannt für seine unterstützende Heilwirkung bei Krankheiten der Atemorgane, lindert Kitzelhusten, Husten überhaupt und Erkältungen. Ein Dampfbad mit Holunder, Kamille und Salbei (inhalieren!) lindert sehr bald jede Art von Erkältung und Halsentzündung. Salbei wirkt auch verdauungsfördernd und stärkt den Magen.

Salbei

Liebstöckel

Der ausdauernde Liebstöckel (Maggikraut) steht allein, denn er gedeiht so am besten. Er ist ein sehr gutes Würzkraut für die Küche. Die Wurzel, frisch oder getrocknet, ist ein bewährtes Magenmittel bei Verdauungsbeschwerden sowie bei Magenschwäche. Liebstöckel hat wassertreibende Wirkung, die die Nieren unter-stützt in ihrer Arbeit. Er stärkt auch die Nerven. Schwangere Frauen dürfen die Liebstöckelwurzel allerdings nicht verwenden, und auch sonst darf die Wurzel nur in völlig fieberfreien Zustand genommen werden, da die Wirkung intensiv ist.

Liebstöckel

Mehrjähriger Majoran (Dost)

Der mehrjährige Majoran steht seit 1976 Jahren am selben Platz, ohne eine Krafteinbuße zu zeigen. Majoran ist ein krampflösendes und nervenbelebendes Kraut. Er ist

Majoran (Dost)

Beifuß

auch sehr beliebt und vielseitig in der Küche verwendbar. Außerdem wirkt er auch Blähungen entgegen, was ihn zu einem sehr brauchbaren Gewürz bei Bohnengerichten und überhaupt bei Hülsenfrüchten macht. Ein Majorantee-Vollbad von einer Dauer bis zu einer Stunde während der Geburtswehen, lindert die Eröffnungswehen und stärkt den gesamten Organismus. Ich habe das selber zweimal erfolgreich angewandt. Die Mäuse verschleppen den Samen, sodass er an verschiedenen Plätzen wächst. Er ist eine beliebte Bienen- und Hummelweide.

Beifuß und Wermut

Beifuß ist ein guter Nachbar für Johannisbeersträucher, ebenso Wermut. Werden die Pflanzen zu ausladend, werden sie klein geschnitten und zu den Johannisbeeren gemulcht. Wermut ist durch seine verdauungsfördernde Wirkung, trotz seines starken Geschmacks, sehr bekannt. Er regt Leber- und Gallentätigkeit stark an und wirkt auch Blähungen entgegen. Durch die Bitterstoffe wirkt Wermut auch blutreinigend, blutverbessernd und kreislauffördernd. Wermut darf nur in kleineren Mengen genommen werden, sonst ist die Wirkung zu stark, was besonders bei Nierenschwäche zu beachten ist. Während der Schwangerschaft sollte man ihn meiden. Beifußsamen getrocknet und gemahlen kann zur Kräutersalzmischungen gegeben werden.

Pfefferminze

Wegen ihrer vielen Ausläufer steht sie alleine am besten. Das Pfefferminzöl (auf Echtheit achten!) ist sehr beliebt als schmerzstillende Einreibung auf der Stirn. Pfefferminztee wirkt belebend und erfrischend. Er hat auch eine krampflösende Wirkung auf die inneren Organe, beseitigt nervöse Störungen und erleichtert die Wiedergewinnung des seelischen Gleichgewichts. Achtung! Verwendet man Pfefferminze zu häufig, kann es den Augen bzw. der Sehkraft schaden. In meiner Familie war Pfefferminztee der alltägliche Lieblingstee für viele Jahre und wir wurden alle Brillenträger. Die Zusammenhänge erfuhr ich erst als Erwachsene. Wenn die neue Ernte beginnt, können vorjährige, getrocknete Kräuter immer noch als Kräuterbäder Verwendung finden.

GANZJÄHRIGER GEMÜSEBAU IM KALTEN KLEINGEWÄCHSHAUS

Immer mehr Klein- und Hausgärtner stellen ein kleines Gewächshaus ohne Heizung auf. Dies ist eine wertvolle Gartenfläche, die das ganze Jahr geschickt genutzt werden kann. Im Gewächshaus beginnt das Gartenjahr beim ganzjährigen Betrieb im Herbst. Nun möchte ich darüber berichten, wie wir in unserem Kalthaus mit 30 Quadratmetern und von zwei Frühbeeten mit insgesamt 40 Quadratmetern Fläche über die kalte Jahreszeit möglichst viel Salat ernten können.

Mitten im Herbst werden im Gewächshaus sowohl Kopfsalat und Kohlrabi zur Jungpflanzenanzucht für die Märzpflanzung der Frühbeete als auch Pflücksalate, Winterpostelein und Gartenkresse für die laufende Versorgung im Winterhalbjahr gesät. Die günstigste Zeit hierfür liegt bei uns (auf 450 Meter Seehöhe) zwischen dem 10. und 20. Oktober. Unser im Jahr 1986 erstmals durchgeführter Versuch, in diesem Zeitraum Jungpflanzen auszusäen, gelang von Anfang an ohne Probleme. Inzwischen bestellen wir die zwei Hälften des Gewächshauses an zwei Terminen, um die Wintersalate in Abfolge ernten zu können; dies ermöglicht uns eine Dauerernte. Auch Feldsalat, Winterspinat und Blattpetersilie, die bis zum Frühjahr langsam heranwächst, eignet sich für die Herbstaussaat unter Glas.

Bis zum Oktoberanbau stehen im Gewächshaus viele Tomaten, einige Hausgurken und Paprika. Eine Gewächshaushälfte wird zum ersten, die andere zum zweiten Anbautermin geräumt. Die Pflanzen- und Mulchreste kommen auf den Gewächshauskompost, der stets im Frühsommer wieder als Rohkompost zwischen den neuen Tomaten usw. unter der Mulchdecke aufgeteilt wird. So kommen immer wieder alle Stoffe, die der Gewächshausboden geliefert hat und die wir nicht als Ernte benötigen, zurück. Tomaten mögen gerne ihren eigenen Kompost. Dies kann man bei einer biologisch richtigen Anbauweise berücksichtigen und beugt so der oft auftretenden Bodenmüdigkeit im Gewächshaus vor.

Der geräumte Boden wird flach durchgehackt, abgerecht und mit Steinmehl sowie

Kräuter, erstrangig Tomaten mit krauser Petersilie und Porree. Viele Salate, wie z. B. Winterpostelein, sind jetzt abgeräumt.

Die pikierten Pflanzenkisten auf der Gewächshausstellage.

Holzasche bestreut. Anschließend wird alles oberflächlich eingerecht. Dann werden mit dem Reihenzieher in 20 Zentimeter Abstand die Reihen gezogen. In unserem Gewächshaus haben auf jeder Seite sieben Reihen Platz. Für eine noch intensivere Ernte können dazu noch die auf jeweils zehn Zentimeter Abstand zu den Hauptreihen zugleich oder gleich danach gezogenen Zwischenreihen für die schnell ernterefe Gartenkresse genutzt werden. Zu den beiden Anbauzeitpunkten säen wir jedes Mal die Hälfte oder ein Drittel der Zwischenreihen gleich mit Gartenkresse ein. In die restlichen Reihen säen wir dann jeweils in Abständen von fünf bis sieben Tagen, z. B. die zweite Partie, wenn die Winterposteleinreihe keimt und sichtbar wird. Das erleichtert die Aussaat, weil dann genau erkennbar ist, wo die Kresse gesät werden muss. Zum ersten Saattermin am 10. Oktober berücksichtigen wir eine Saatreihe für die Jungpflanzenanzucht von Kohlrabi, weil diese eine etwas längere Entwicklungszeit haben, sowie für Petersilie und Frühlingszwiebeln.

Nach Mitte Oktober räumen wir die zweite Hälfte des Gewächshauses wie wir bei der ersten verfahren sind. Nun bauen wir zu den Wintersalaten eine Reihe Kopfsalate an, um Jungpflanzen für die Frühbeete im folgenden Frühjahr zu haben. Die Kopfsalataussaat wird zum zweiten Termin eingebracht, da die Jungpflanzen so bis zum Frühjahr genau richtig ausgewachsen und nicht zu groß sind. Sie frieren zwar oft im Kalthaus, doch nachdem sie Ende Februar/Anfang März auf die Reihen im Frühbeet ausgepflanzt werden, wachsen sie dennoch prächtig aus. Auf den Reihen im Kalthaus bleiben so viele Kohlrabi, Frühlingszwiebeln, auch Knoblauch wird bis Juni hier sehr groß und schön, und Kopfsalate stehen, um im Gewächshaus voll auswachsen zu können.

Wie oft und wie diese Aussaaten gegossen werden müssen, hängt vom Wetter ab und richtet sich nach der natürlichen Feuchtigkeit im Boden. Solange es warm und sonnig ist, wird öfter gegossen, im Herbst seltener und im Winter bei viel Niederschlag oft wochenlang nicht, da dann die aufsteigende Bodenfeuchtigkeit meist ausreicht. Wir haben im Herbst/Winter oft sechs Wochen Nebel. In nebellosen Lagen, beispielsweise auf über 600 Meter, wächst auch im Winter unter Glas alles noch besser und schneller. Bei zu viel Bodenfeuchtigkeit und langen Nebelzeiten kann es Probleme mit Pilzbefall am Boden und der Umfallkrankheit bei den Salat- und Kohlrabipflanzen geben. Der Boden darf nur mäßig feucht sein, so das er sich etwas trocken anfühlt. Gut bewährte Mittel sind Tees oder Brühen von Schachtelhalm, Knoblauch, Zwiebel und Brennnessel sowie Steinmehl und Algenkalk, die schon vor der Saat auf die Saatfläche gesprüht bzw. gestreut werden. Auch die nun weit und breit bekannten EM-Produkte können hier gute Dienste tun.

Über Winter wird der Boden durch eine Grünsaat geschützt.

Die Tomaten wachsen bis zum Gewächshausdach.

Die Tomaten werden für ihr Höhenwachstum mit Schnüren stabilisiert.

> **Verschiedene Varianten im Dauertest**
>
> Die Kopfsalatsortenwahl ist sehr wichtig. Geeignet sind folgende Varianten:
> – Treibkopfsalate für das Frühjahr
> – Treibeissalate für das Frühjahr
> – Eissalate für frühen Freilandanbau
> – Kopfsalate für frühen Freilandanbau
> – Kopfsalate, die im Freiland ganzjährig angebaut werden können.
>
> Ungeeignet sind folgende:
> –Winterkopfsalate (schießen unter Glas schnell)
> – Kopfsalate für Sommerkultur
> – Eissalate für Sommerkultur

Die Kopfsalatjungpflanzenreihe teilen wir mit Metallschildern in so viele Abteilungen ein wie wir Varianten anbauen. Wir schreiben all das genau auf, um stets beobachten zu können, was sich am besten eignet, wenn neue Sorten auf den Markt kommen, die wir dann auch gerne ausprobieren. Die genauen Aufzeichnungen führen stets zu sicheren Ergebnissen und schalten unnötige Fehlschläge aus. Der Frost im Winter schadet den Jungpflanzen nicht, sie wachsen bei Wärme wieder weiter.
Jede Reihe rückt um eine Reihe weiter und die letzte kommt auf die erste Reihe, wobei wir die jeweiligen Jungpflanzenreihen nur bis zur fünften Reihe verrücken, damit sie stets im vollen Lichteinfall stehen. Vor allem die Kohlrabi-Kresse-Petersilie-Frühlingszwiebelreihe als fruchtfolgeempfindlichster Teil des Plans muss stets weiterrücken, damit sie gesund wachsen kann.
Die Gartenkresse ist durch die stufenweise Aussaat bereits ab Ende Oktober bis Anfang Dezember erntebereit. Gartenkresse ist sehr vitamin- und mineralstoffreich und hat einen hohen Anteil an natürlichen Antibiotika. Sie stärkt die Abwehrkräfte des Körpers gegenüber Erkältungen, die zu Beginn der kalten Jahreszeit gerne auftreten. Nach der Kresseernte können, wenn nötig, diese Streifen gehackt werden oder bis zum Frühjahr so bleiben, denn Kresse wächst ja nach.
Winterpostelein (Winterportulak) ist gleich anschließend, Anfang Dezember erntereif und kann bis fast Ende April drei- bis fünfmal geschnitten werden, und dann nochmals im April samt seiner zarten Blüten. Danach dient er als Gründüngung am Gewächshausboden, indem er ganz einfach flach abgehackt wird. Es bleibt

Anbauplan

Vor Mitte Oktober: 1 Seite

1. Reihe	Frühlingszwiebeln
dazwischen	Gartenkresse
2. Reihe	Blattpetersilie
dazwischen	Gartenkresse
3. Reihe	Kohlrabi (frostunempfindliche Sorte)
dazwischen	Gartenkresse
4. Reihe	Winterpostelein
dazwischen	später Gartenkresse
5. Reihe	Pflücksalat, Eichblatt
dazwischen	später Gartenkresse
6. Reihe	Winterpostelein
dazwischen	später Gartenkresse
7. Reihe	Spinat
Mittelweg	

Nach Mitte Oktober: 2. Seite

Mittelweg	
1. Reihe	Knoblauch
dazwischen	Gartenkresse
2. Reihe	Schnittsalat (gelb)
dazwischen	Gartenkresse
3. Reihe	verschiedene Salate für Jungpflanzen
dazwischen	Gartenkresse
4. Reihe	Winterpostelein
dazwischen	später Gartenkresse
5. Reihe	Pflücksalat (gelb)
dazwischen	später Gartenkresse
6. Reihe	Feldsalat
dazwischen	später Gartenkresse
7. Reihe	Winterpostelein

Weg

alles liegen und düngt wieder. Winterpostelein darf nicht zur Samenreife kommen, denn die Samen im Boden bleiben jahrelang keimfähig, bis sie wieder Keimgelgenheit haben.

Pflücksalate sind ab Februar bis Mitte Mai mehrmals erntereif, und auch diese dienen schließlich abgehackt als Mulch für die Sommerkultur.

Um die Erntezeit von Kopfsalaten zu verlängern, bauen wir stets viele verschiedene Sorten an, die unterschiedliche Entwicklungszeiten haben. Wir pflanzen sie im Frühjahr ins glasbedeckte Frühbeet, wo sie für eine sechswöchige Ernteperiode zur Verfügung stehen, wozu auch die zugleich dazwischen gesäten Eichblatt- und Eissalate genommen werden. (siehe »Das Frühbeet im Jahreslauf«, Seite 45). Der erste zur gleichen Zeit gesäte Freilandsalat folgt schon bald darauf. Auch in Frühbeeten können Feldsalat und Gartenkresse als Zwischenreihen evtl. Salaterntelücken füllen helfen. Im Frühling angebauter Feldsalat schießt erst im Juni und kann daher öfter geschnitten werden.

Die Hauptdüngung erfolgt sowohl im Gewächshaus als auch im Frühbeet im Mai/Juni, wenn alle frühen Kulturen geerntet sind. Reifen Kompost streuen wir nach Bedarf etwa ein bis zwei Zentimeter überall zwischen die schon stehenden Sommerkulturen, ebenso Rohkompost. Darauf geben wir etwas Steinmehl (Basaltmehl), Algenkalk und Holzasche. Dann decken wir alles mit Brennnesseln und

Gras zu. Wie schon erwähnt, ist es vorteilhaft, solche Kompostgaben zu diesem Zeitpunkt auszubringen, weil nun keimende Wildkrautsamen die Kulturen nicht beeinträchtigen. So werden im Frühjahr auch die Treibkarotten, die zwischen den Salat- und Kohlrabireihen im Frühbeet gleichzeitig gesät wurden, ohne viel Beikraut aufgehen. Dies erspart uns einiges an Jätarbeit, die üblicherweise bei frühen Aussaaten anfällt. Voraussetzung ist, dass wir hier auch im Vorjahr Wildkraut nicht zur Samenbildung kommen ließen.

Während die im Oktober gesäte Wintermischkultur am Gewächshausboden wächst und gedeiht, kommen der Reihe nach auf die zwei Stellagen oberhalb die gesäten und pikierten Jungpflanzen in Kistchen für die großen Freilandgärten und für die Nachfrucht unter Glas. Sinkt die Außentemperatur im April unter null Grad Celsius, und stehen im Gewächshaus Aussaaten und Pikiertes von frostempfindlichen Pflanzen, heizen wir an den Tagen und Nächten, wo es kritisch ist. Dazu benutzen wir ein elektrisches Heizgerät mit Verlängerungskabel.

Der Sommerbetrieb

Im Juni, wenn alle Kohlrabi und alle Salate das Gewächshaus geräumt haben, stehen die Sommerkulturen frei und gut da. Jetzt wird, wie schon erwähnt, der Gewächshauskompost als Mulm am nochmals flach gehackten, aber nun nicht abgeräumten Boden obenauf verteilt. Wenn nötig, wird noch etwas Reifekompost ausgestreut, zusammen mit Steinmehl (Basaltmehl), eventuell Algenmehl und Holzasche, soweit vorhanden. Sehr gut ist es, darauf junge Brennnesseln und Beinwellblätter zu geben. Kleegras oder sonstiges feines Gras dient als Abschluss. Jedoch darf es keine Samenträger dabei geben, sonst gibt es Gras zu jäten im Winter bei den Feinkulturen. Die Tomaten und Gurken werden jetzt angebunden, damit die Mulcharbeit auch hier im Gewächshaus gut durchgeführt werden kann. Die Sommerkulturen füllen das Gewächshaus bis Oktober voll aus – so schließt sich der Kreis.

Diese Anbauform haben wir in keinem Buch gefunden, sondern sie durch gezielte Versuche entwickelt, und sie ist von Anfang an sehr zufriedenstellend für uns und unsere Kunden gewesen, die das frische Grün im Winter und die vielen Salate so zeitig im Frühjahr sehr schätzen.

WIE DER MISCHKULTURENGARTEN IN DEN WINTER GEHT

Ein möglichst immer grüner Garten ist das Ideal jedes Mischkulturengärtners. Dieser Grundsatz wird rund um das Jahr im Auge behalten. Im Herbst bei der Ernte von Lagergemüse, die so spät wie es die Witterung erlaubt, durchgeführt wird, bleibt alles, was nicht benötigt wird, an Ort und Stelle liegen als »Dankeschön« an den Boden. Genau da, wo es gewachsen ist, nimmt es der Boden wieder am bereitwilligsten auf, denn es ist sein eigenes hier hervorgebrachtes Produkt. So wird der Boden zur üblichen Düngung dazu auch mit einer Art Selbstdüngung versorgt. Er holt mit Hilfe der Pflanzen aus tieferen Schichten Stoffe nach oben, die ihm dann durch die belassenen Pflanzenrückstände wieder zur Verfügung stehen. So bleibt der Boden fruchtbar und wird nicht unnötig strapaziert. Zum Beispiel streuen wir bei der Wurzelgemüseernte das Laub wieder genau auf die entsprechenden Reihen. Auch das Blattgemüse wird an Ort und Stelle so weit geputzt, wie es für die Lagerung am besten ist.

Ist dann Ende Oktober der Garten, soweit wie bis dahin nötig, abgeräumt, kommt nun auf alle Plätze, wo zukünftig Gemüse für die Lagerung angebaut werden soll, die jetzt noch mögliche Gründüngung. Wir nehmen dafür Kompost, Steinmehl, Holzasche, und wenn vorhanden, eine leichte Gras- oder Brennnesselabdeckung. Normaler Roggen oder Grünroggen findet hier einen guten Platz. Er wird auf die feinen liegen gelassenen Gemüserückstände gestreut. Grobe Rückstände wie Kohlblätter mulchen wir zu den noch weiter stehenden Rosenkohl, da auf diese Blätter die Gründüngesamen keine Wachstumsmöglichkeiten hätten, wohl aber auf den feinen Karottenblättern. Kompost, Steinmehl und eventuell Holzasche werden dann darüber gegeben. Anschließend wird mit jungen Brennnesseln oder feinem Gras dünn abgedeckt. Auch altes Heu – ohne Samen – eignet sich, sogar Stroh, wenn man sonst nichts hat. So ist der Boden gut versorgt und es sieht ordentlich aus.

Der Roggen wächst schön und schnell heran und begrünt und lockert den Boden über den Winter. Außerdem hat der Roggen, wie andere früh gesäte Gründüngungen auch, die wunderbare Eigenschaft, den Boden vor Auswaschung der Nährstoffe über Winter zu schützen. Dann kann in einem so behandelten Boden das Bodenleben viel länger seine so wichtige Arbeit verrichten, weil durch den Schutz von oben die Erdwärme gespeichert wird.

Eine wichtige Maßnahme nach der Ernte: Die Beete mit Laub abdecken. Eine Laubabdeckung verhindert auch die natürliche Begrünung mit Wildwuchs und fördert gleichzeitig den Humusaufbau.

Die Abdeckung mit Laub statt Roggeneinsaat, nach der späten Herbsternte, praktizieren wir seit Jahren als zweite Variante der Einwinterung des Gartens. Die Weißkleewege werden im November, sobald das Laub fällt, flach abgehackt, damit im folgenden Frühjahr der Kleeweg wieder frei ist. Das abgehackte Material bleibt an Ort und Stelle liegen und verrottet über den Winter. Die für die Laubabdeckung in Frage kommenden Flächen werden auch mit Kompost, Steinmehl, Holzasche und zur Abwechslung auch mal mit Algenkalk bestreut. Die Fläche kann schön grau sein. Der noch vorhandene Mulch und die Ernterest, wie Blätter, bleiben liegen. Brennnessel und Beinwellblätter und auch Gras gibt es immer noch bis vor dem ersten starken Frost. Diese werden gemäht und auf der Fläche verteilt. Darauf kommen dann fünf bis sieben Zentimeter verfügbares Laub von Hecken und Bäumen, wo es nicht fehlt. Zum Beispiel Linde, Birke, niedere Haselnuss, Ahorn u. a.. Laubbäume und Sträucher wie z. B. Eichen- und Walnussblätter enthalten viel Gerbsäure, die wachstumshemmend ist und sollten daher nur in kleinen Mengen verwendet werden. Die Obstbäume und auch die Walnuss sowie die veredelten, fruchttragenden Haselbäume brauchen ihre Blätter zur Eigendüngung. Das Laub sollte unter diesen Bäumen unbedingt liegen bleiben. Im Frühjahr vor dem Anbau wird das Laub abgerecht und einige Meter vom Gartenbeet entfernt, mit Steinmehl vermischt, schichtweise als Mulmkompost aufgesetzt. Falls vorhanden, können am Boden Maisstängel, Kohl und Rosenkohlstrünke mit Wurzeln am Boden als Unterlage dienen. In der Bodenfeuchtigkeit verrotten diese am besten und bringen etwas Luftzufuhr von unten her. Die Laubabdeckung hält die gesamte Bodenfeuchtigkeit vom Winter in der Erde, was für die Frühjahrsaussaaten sehr willkommen ist. Unter dieser Laubabdeckung verrottet alles, was im Herbst am Boden lieben blieb und als Düngung gegeben wurde. Diese Laubabdeckung verhindert auch die natürliche Begrünung mit Wildwuchs auf den freien Flächen, wo erst später angebaut wird.

So wird auch der ständige Bodenaufbau im Humus in der niederschlagsreichen Zeit nie aussetzen. Nur schwere Böden müssen vor der Einsaat auch noch mit Grabegabel oder Sauzahn gelockert werden, bei großen Flächen eventuell mit einem Grubber. Die beste Art der Bodenbearbeitung muss jeder an Ort und Stelle selbst herausfinden. Wir haben einen Granitverwitterungsboden, und da müssen wir nicht extra lockern oder den Boden wenden (pflügen). Dies ist sehr wertvoll, da die Bodenstruktur so erhalten bleibt und der Humus in den oberen Schichten seine guten Dienste tun kann.

In den vielen Jahren unserer Mischkulturenpraxis hat der Boden auf diese Weise schon einen hohen natürlichen Humusgehalt, was die Dauerfruchtbarkeit für immer sichert. Dies können wir beruhigt behaupten, da unsere Bodenfruchtbarkeit in all den Jahren sich ständig verbessert hat. Mit dieser Art der Bodenpflege haben wir sogar das uns in den Anfangsjahren sehr belastende Schneckenaufkommen für immer überwinden können. Auch andere »Schädlinge« treten kaum auf, weil das natürliche Gleichgewicht für die Bodengesundheit und daraus für die Pflanzengesundheit sorgt.

Alljährliche Gaben von Stein-, Basalt- und Algenmehl sowie Holzasche sind neben dem Pflanzenkompost sehr wichtig. Sie tragen zur Neutralisierung der vielen Säuren bei, die durch den Regen in den Boden gelangen. Manchmal wird die Meinung vertreten, dass man den Boden nur sich selbst überlassen muss, damit er sich regeneriert. Wer dann aber Ernten erwartet, wird Enttäuschungen erleben, denn das Sprichwort sagt: »Wo nichts hinkommt, kommt nichts her.« Das gilt auch für die Bodenpflege. Es muss für einen Ausgleich zwischen Geben und Nehmen gesorgt werden. Dieses Naturgesetz gilt auch in anderen Bereichen.

FRISCHES IM WINTER

Während der gesamten Vegetationszeit haben wir uns mit Hilfe von naturnahen Methoden redliche Mühe gegeben, reichlich und qualitativ hochwertige Früchte und Gemüse zu ziehen und zu pflegen. Vieles wurde schon im Laufe der Vegetationszeit verwendet. Das meiste aber wird eingelagert.
Unser Klima mit einer mehrmonatigen Vegetationsruhe fordert von uns eine zweckmäßige und gute Lagerung der dafür geeigneten Frucht- und Gemüsearten, damit diese uns bis ins Frühjahr hinein als wertvolle Nahrung dienen können. So schließt die Ernte vom Vorjahr an die frühen Ernten des neuen Gartenjahres lückenlos an.
Für das Dörrobst, das uns vor allem im Frühjahr sehr willkommen ist, sammeln und ernten wir süße Birnen, Haus- und Spätzwetschgen und mittelfrühe Äpfel. Es sind alles Früchte, die in der Vollreife geerntet werden und frisch nur begrenzt lagerfähig sind. Wir waschen und entkernen die Zwetschgen und schneiden sie dabei in die Hälfte. Die Äpfel werden vom Kerngehäuse befreit und wie Birnen auch in schmale Spalten geschnitten. Davon legen wir etwa drei Kilogramm auf ein Geflecht aus Peddigrohr in einem Holzrahmen von circa 50 x 60 Zentimeter. Wir nennen das eine Trockenhürde. Zwetschgen werden schräg aufrecht hineingestellt, so dass nur ihre Fruchtschalen das Geflecht berühren. Vier bis fünf solcher Hürden mit je drei Kilogramm geschnittenem Frischobst schieben wir nun im Abstand von zehn Zentimeter übereinander in einen Holzkamin. Hier wird mit einem 500-Watt-Elektroheizer, der zur besseren Luftverteilung einen Ventilator hat, Warmluft bis zu plus 40 Grad Celsius erzeugt, die durch das Trockengut streicht und nach oben abzieht. Die Hürden werden alle sechs bis acht Stunden untereinander gewechselt, damit alles gleichmäßig trocknen kann. Äpfel und Birnen trocknen in ein bis zwei Tagen, je nach Witterung und Luftfeuchtigkeit der Außenluft. Zwetschgen brauchen mindestens zwei Tage, und es werden nie mehr als zwei bis drei Hürden mit ihnen gefüllt.

Frische Kohlköpfe auf der Hausbank.

Karotten im Winterlager auf engstem Raum geschichtet.

Dieses Trockenobst ist durch die schonende Trocknung fast so wertvoll wie Frischkost. Es wird anstelle von Süßigkeiten genommen, für Früchtebrot, Fruchtkugeln und – eingeweicht mit Wasser – für das Müsli. Das Trockenobst muss in Papier- oder Stoffsäcken, darüber einen Plastiksack, gut zugebunden, in einem kühlen, trockenen Raum aufbewahrt werden, weil sonst Schimmel entsteht; auch Schraubgläser und Dosen sind geeignet. So hält es sich gut über das Jahr.

Ab Mitte Oktober, wenn es auch schon einmal Frostnächte gibt, sind Lageräpfel und Lagerbirnen pflückreif. Sie zeigen ihre Reife an, indem sich der Stiel, der sie mit dem Baum verbindet, ganz leicht ablösen lässt. Das gepflückte Obst wird vorsichtig in Kisten gelegt, wobei das Fallobst für die Saftherstellung und den Frischverzehr in eigene Kisten kommt. Es soll rundherum Luft bekommen, daher legt man kein bzw. nur gelochtes Papier hinein. Es wird dann nach Sorten sortiert im Lagerraum kühl und bei offenem Fenster gelagert. Besteht Frostgefahr bis in das Lager, lässt man die Fenster geschlossen und sorgt auf andere Weise für Lüftung, indem die Fenster in der Mittagszeit alle paar Tage eine Zeitlang geöffnet werden. Der Raum soll weitab von Heizungen liegen und möglichst keinen Betonboden aufweisen. Unser Lagerraum hat einen gestampften Naturlehmboden. Die Äpfel halten hier, wenn es reichlich gibt, bis in den nächsten Juni hinein, wenn wir wieder neue Früchte wie Erdbeeren und Kirschen ernten können. Die Kisten mit Äpfeln stehen auf luftigen Holzstellagen. So ist eine ständige Kontrolle leicht möglich.

Obst und Gemüse darf man nicht im selben Raum lagern. Obst gehört an die frische Luft, was auch schon sein Wachstum am Baum deutlich macht. Im Keller bei Wurzeln und Kohlgemüse ist es fehl am Platz. Äpfel bringen z. B. Kohlgemüse sehr schnell zur vollen Reife und dann zur Fäulnis. Andererseits lassen die erdige Luft im Keller und das Kohlgemüse mit seinem arteigenen Geruch Birnen und Äpfel nicht lange unbeschadet. Trennt man Obst und Gemüse und lagert sie sauber, dann ist eine lange Haltbarkeit gesichert, vorausgesetzt, dass die Obstkulturen nicht mit Frischmist oder Jauche gedüngt worden sind, was Wurmbefall und Fäulnis fördert und die Haltbarkeit deutlich herabsetzt und Krebsknoten an den Bäumen verursacht.

Die Wurzelgemüseernte soll so spät wie möglich durchgeführt werden. Alles Gemüse wächst und reift noch gerade in der letzten Zeit vor der Ernte beachtlich. Die meisten Zuckerstoffe werden noch in diesem letzten Wachstumsstadium gebildet. Dies ist sowohl bei Obst als auch bei Gemüse erst innerhalb des Reifungsprozesses möglich. Gerade dieser Reifungsprozess bringt auch alle Gemüse und alles Obst in ihr arteigenes Gleichgewicht. Gut ausgereifte Produkte haben einen

Sellerie, Yacon, Kohlrabi und Topinambur im Lager.

Karottenernte im Spätherbst.

Frisch geernteter Kohlrabi abfahrbeit für den Verbrauch.

viel höheren und harmonischeren Nahrungswert und enthalten eine ausgewogene Fruchtsäure, die sich im Körper schließlich in Basen wandelt. Dies aber nur, wenn es frisch, d. h. roh gegessen wird. Gekochtes Obst wirkt stets säurebildend im Körper.

Die Blätter der Wurzelgemüse sind zur Erntezeit schon mehr oder weniger in herbstlicher Verfärbung. Die Wurzeln werden mit der Grabegabel ausgehoben, das Laub abgedreht oder abgeschnitten und wieder auf die Reihe, wo es gewachsen ist, ausgestreut. So bekommt der Boden das wieder zurück, was wir nicht als Erntegut benötigen.

Sellerieblätter werden bis auf die kleinen Herzblätter abgenommen, die äußeren als Mulch hinterlassen wie auch ein Teil der vielen Wurzeln, die durch einen Rundstich mit dem Messer um die Knolle, gleich in der Erde verbleiben. Die schönen großen Sellerieblätter zur Mitte hin werden getrocknet. Das Trockengut wird im noch warmen Zustand fein zerrieben und gesiebt, das Feine vom Groben getrennt, in Gläser oder Dosen luftdicht verpackt und im Winter als pikante Würze genommen. Alles Blattgemüse wie Zuckerhut, Chinakohl und auch alle Kohlarten und Porree bleiben noch so lange wie möglich im Garten. Gelegentliche Frosttemperaturen bis minus vier Grad Celsius können sie vertragen. So bleiben sie lange frisch. Erst wenn stärkerer Frost und Schnee zu erwarten sind, kommt dieses Gemüse ins Lager. Nur Winterkohl, Rosenkohl, Grünkohl und Winterporree verbleiben dann noch im Garten.

Auch bei der Gemüseernte wird gleich sortiert. Zu kleine oder gesprungene Wurzeln oder Kohlköpfe werden ausgesondert und zum baldigen Verbrauch genommen. Manches davon kann milchsauer eingelegt werden. Aus einem Teil Karotten kann man Saft machen und so den Speiseplan erweitern.

Das Gemüse wird bei uns im Keller mit Erdboden unterhalb des Wohnhauses gelagert. Dieser ist kühl, feucht und frostfrei. Zwei Fenster auf ebener Erde sichern die Luftzirkulation. Karotten, Pastinaken, Rettiche, Rote Bete und Kartoffeln werden einfach auf dem natürlichen Boden mit Abteilungen für die verschiedenen Arten flach aufgeschüttet. Wenn es viele Wurzeln gibt, liegen diese ohne weiteres bis zu 80 Zentimeter hoch, aber ohne Erde dazwischen. Direkt am Naturboden stellen wir der Reihe nach die Sellerie, die mit ihren grünen Herzblättern schön aussehen. Wir brauchen keine Erde, keinen Sand oder gar Torf für die Einlagerung. Der Sellerie bekommt vom Naturboden die nötige Feuchtigkeit. Auf diese Weise können wir den ganzen Winter für den Verkauf und den Hausgebrauch die Wurzeln ohne großen Aufwand – und durch die luftige Lagerung ohne große Verluste durch Fäulnis – bis ins Frühjahr hinein frisch vom Lager holen. Bei trockener

Witterung werden Wurzeln mit luftdurchlässigen Jutesäcken bedeckt. Kohlgemüse, Zuckerhut und Chinakohl sind luftig gelegt und gestellt gelagert. Da sehen wir auf einen Blick, wo die reifesten Salate und Kohlköpfe sind, um diese immer als erstes zu nehmen. So haben wir auch hier wenig Verluste.

Alles hält gut, bis es aufgebraucht ist, sowohl die Wurzeln als auch das Blattgemüse. Wir sind stets darauf bedacht, alles so gut wie möglich zu erhalten, um die Ernte auch voll nutzen zu können. Wer keinen Erdkeller hat, muss auf Erdmieten, Frühbeete und Ähnliches für die Lagerung ausweichen und, wo nötig, Mäusegitter verwenden. Für kleine Mengen werden auch Steinguttöpfe für Wurzelgemüse gute Dienste tun. Zuckerhut und Chinakohl stehen oder liegen in Holzkisten, welche in einem luftigen kühlen Raum stehen. Achtung: Holzschimmel entsteht leicht in feuchten Kellern.

DAS WINTERSALATSTÜCK

Für uns ist es sehr wichtig, dass wir ganzjährig frischen und lagerfähigen Salat haben. Aber sicher nicht nur für uns, deshalb beschreibe ich kurz, wie uns das gelingt:

Zeitig im Frühjahr wächst Salat schon unter Glas für die Ernte im April und Mai. In unserem Frühjahrsfreilandanbau berücksichtigen wir stets die verschiedenen Salate als Folgesaaten in zwei bis vier Wochen Abstand. Damit der Herbst- und Winterbedarf auch mit Salaten abgedeckt werden kann, haben wir seit Jahren mit Erfolg ein so genanntes Wintersalatstück in unserem Gartenplan berücksichtigt. Der Anbau beginnt hier am 10. Juni und die Pflanzzeit geht bis Ende Juli.

Zur Bodenvorbereitung steht entweder schon eine Gründüngung vom vergangenen Herbst oder wird in diesem Frühjahr angebaut. Die bei uns obligatorische Kompost- und Steinmehlgabe erfolgt schon bei der Gründüngungsaussaat. Die kaliumreiche Holzasche kann, wenn noch nicht geschehen, auch noch vor der Salatbestellung gegeben werden. Ist der Boden noch von der Vorkultur her mit allem gut versorgt, reicht allerdings die Gründüngung allein aus. Ab dem 20. März bis Anfang Mai bewerkstelligen wir die Frühjahrsgründüngung gleichzeitig mit der Beeteinteilung. Eine eventuelle alte Restgründüngung vom Herbst hacken wir auch zu diesem Zeitpunkt weg, weil sie sonst zu alt wird.

Die Vorbereitung der Beete erfolgt wie immer in unserem Mischkulturengarten: Die Flächen werden flach gehackt, dann lassen wir sie etwas abtrocknen, anschließend werden die Schollen ausgeklopft, danach rechen wir alles ab und setzen das Material auf Haufen. Wenn es nötig ist, kultivieren wir die Fläche und ziehen anschließend das Beet schön glatt. Zum Schluss ziehen wir alle 20 Zentimeter mit dem Reihenzieher Rillen. Gleichzeitig säen wir breitwürfig die Weißkleewege auf 20 Zentimeter Breite. Auf die zwei so genannten Düngerreihen am Beet, links und rechts von der Mitte, säen wir entweder Ackerbohnen oder Spinat für eine spätere Ernte. Auf den Kulturreihen, wo Chinakohl und Winterrettich erst gegen Mitte Juli angebaut werden, säen wir Erbsen und Buschbohnen, die bis dahin wieder die Reihen räumen. Auf allen Anbaureihen, die ab dem 21. Juni Kulturen tragen sollen, streuen wir im April/Mai etwas Inkarnatklee. So begrünt sich der Boden wieder sehr schnell. Hier am Winterstück bauen wir vor und nach dem längsten Tag viele verschiedene Salate in Mischkultur an. Wer mit der Hand sät, kann auf derselben Reihe Kopfsalate und Endivien, Zuckerhut und Eissalate im Wechsel aussäen. Das machen wir auch so, und es spart sehr viel Platz, weil der Kopfsalat erntefähig ist, wenn Zuckerhut, Endivien und Chinakohl den ganzen Platz zur vollen Entwicklung benötigen. Es sieht auch hübsch aus, wenn beispielsweise ein roter Salat mit spätem Eissalat oder Endivien usw. im Wechsel steht. Wir nehmen zu diesem Anbau fünf Endiviensorten und noch mehr Kopfsalate, einen Zuckerhut und dazwischen stehen z.B. von selbst angesiedelt stellenweise:

Beispiel für das Wintersalatstück

Anbauzeit	Reihe	Kultur
Juni	1.	Zuckerhut und Eissalat im Wechsel
	2.	Radicchio für die Herbsternte und späte Endivien
	3.	Zuckerhut und Sommerkopfsalat
April	Kleeweg	
April u. August	4.	frühe Erbsen oder Markerbsen, dann schwarzer Rettich
Juni	5.	frühe Endivien wegen späterem Rettich daneben und Kopfsalat
Mai u. August	6.	frühe Buschbohnen, dann Chinakohl und übrige Salate von anderen Reihen pflanzen
	Kleeweg	
Juni	7.	Zuckerhut und Radicchio für die Herbsternte
Juni - August	8.	großer, später Eissalat, später Chinakohl oder Zuckerhut (Juni)
	Kleeweg	
Juni	9.	späte Endivien und Kopfsalat
Juni	10.	Endivien und Kopfsalat
Mai - August	11.	Buschbohnen, dann Chinakohl und Kopfsalat von anderen Reihen
Juni	12.	Zuckerhut und Eissalat
	Kleeweg	

(In kühlen Zonen sind fallweise Ende April und Mitte Juli, statt Mai und August zu wählen, damit alles rechtzeitig ernteif wird.)

Johanniskraut, Calendula, Schafgarbe und Königskerze als Kräuter, die hier am selbst erwählten Standort bestens wachsen, sowie etwa zwei Chinakohlsorten als weitere Kulturpflanze. So haben wir eine sehr lange Erntezeit von diesem Salatstück, eben bis in den Winter hinein und zum Einlagern.

Wo vor den späten Salatsorten, Erbsen und Bohnen stehen, wird deren Kraut einige Tage vor dem Anbau abgehackt und am Platz liegen gelassen, damit der Boden möglichst alles zurückbekommt. Der Boden nimmt die selbst hervorgebrachte Masse am selben Platz ganz schnell wieder auf, sodass sie dann vor der Neueinsaat von Rettich und Chinakohl nur zur Seite gerecht zu werden braucht. Somit stört eine so mit Leguminosenstroh gemulchte Reihe nicht, auch wenn auf der Nebenreihe schon kleine Salate stehen, die ja keinen dicken Mulch haben dürfen. Die Düngersaaten bleiben so lange stehen bis die Kulturpflanzen davon beengt und damit gestört werden. Dann hacken wir sie ab und lassen sie auf den Düngerreihen liegen. Darauf wird nun dünn feines Gras gelegt, das nicht nur düngt, sondern die Fläche auch noch verschönert. Die Salate wachsen heran und der Boden hat auf den Düngerreihen mit eigener Grünmasse und durch das monatliche Mulchen mit dem Klee der Trittwege sowie etwas herbeigeschafftem feinen Gras einen guten Dünger für sich selbst geschaffen. So können auch Selbstversorgergärtner mit sehr wenig Grünland genügend mulchen. Die Grünsaaten sind nicht teuer und geben dem Boden so viel Gesundheit und Kraft, die auf uns Menschen durch das Gemüse zurückkommt. Eine herrliche Symbiose!

Im Sommer säen wir vieles an Ort und Stelle und verringern damit die Schossgefahr bei vielen Salaten. Eine andere Möglichkeit ist: In vorgeformte Pikierplatten zu säen und dann alles vereinzeln und später an Ort und Stelle mit dem so vorhandenen Wurzelballen zu pflanzen. Wo Lücken entstehen, kann später bei nassem Wetter von Plätzen, wo zu viele Pflanzen aufgegangen sind, verpflanzt werden.

Ein gut überlegter Plan ist Voraussetzung für jede erfolgreiche Arbeit, so auch für unsere. Säen wir beispielsweise Feldsalat mit der Maschine, kommt nur eine Gemüseart auf die Reihe. Im Mischkulturengarten steht er als Nachfrucht ab Mitte Juni in Folge. Man muss überlegen, wie viel von was überhaupt gebraucht wird und dann einen eigenen, passenden Plan erstellen. Die Sortenwahl ist ebenfalls eine Erfahrungssache, die von Gegend zu Gegend verschieden ist. In den Jahren, in denen wir Schnecken hatten, war es schwierig, die vielen feinen Salate anzubauen. Dies ist nun durch unsere gute Düngerwirtschaft mit Gründüngung und Pflanzenkompost vorbei, und die Salate stehen schön da. Das Wintersalatstück wechselt fast jährlich seinen Platz reihum im Garten. Dabei achten wir darauf, dass Chinakohl nicht auf Kohlreihen zu stehen kommt und umgekehrt. Kartoffel- und Fruchtgemüsestücke vom Vorjahr sind gute Orte für den Wintersalatanbau. Das Wintersalatstück kann aber auch erfolgreich jahrelang am selben Platz verbleiben, wenn auch hierbei auf entsprechende Entfernung der Kreuzblütler und auch der Erbsenreihen geachtet wird. Auch das haben wir schon mit Erfolg in den vielen Jahren hier praktiziert.

GESUNDE PFLANZEN DURCH GESUNDEN BODEN

Um gesunde Pflanzen heranziehen und pflegen zu können, müssen Klima, Standort, Bodenbeschaffenheit sowie Sortenwahl und die Nachbarpflanzen genau beachtet werden. Stimmen alle diese Voraussetzungen, dann liegt es vielfach an uns, wie gut die Pflanzen gedeihen. Dies können wir dann in Form von Bodenpflege und Düngung sowie mit der artgerechten Pflanzenpflege bestens beeinflussen. Eine ganz wichtige Rolle spielt dabei die gesamte Umwelt mit all den Vögeln und Kleinlebewesen, die insgesamt für das biologische Gleichgewicht sorgen. Diese Umwelt gedeiht umso besser, je natürlicher wir unsere Arbeits- und Lebensweise gestalten.

Jakobus beim Aufsetzen eines Komposthaufens.

Eine gesunde Umwelt erleichtert uns den Pflanzenschutz ganz enorm. Eine geschädigte Umwelt hingegen kann uns den Pflanzenschutz sehr erschweren. Da bleibt Pflanzenschutz oft nur Symptombeseitigung und bringt uns bei der nächsten Gelegenheit neue Probleme. Extreme Witterungseinflüsse beeinträchtigen zusätzlich die Pflanzenwelt.

Den Boden sollte man so wenig wie möglich wenden, damit der natürliche Humusaufbau gesichert ist. Eine einseitige tierische oder pflanzliche (mit Pflanzenjauche) Stickstoffüberdüngung fördert das schwammige Pflanzenwachstum, verbraucht sehr rasch die Humusvorräte im Boden und macht die Pflanzen krankheitsanfällig. Eine schlechte Haltbarkeit ist die unangenehme Folge. Pflanzen, die auf disharmonischen Bodenverhältnissen wachsen, haben einen entsprechenden Geruch, der die arteigenen »Schädlinge« anzieht. Diese sind im Grunde von der Natur als »Ordnungspolizei« eingesetzt und machen uns aufmerksam auf begangene Fehler.

Der Boden, auf dem wir erfolgreich gärtnern wollen, muss reich an Humus und Mineralstoffen sein, was wir am besten durch jährliche Gaben an ausgereiften und mit Mineralstoffen (Basaltmehl, Holzasche, Algenkalk, Bodenkalk) angereicherten Kompostgaben und eingebauten Gründüngungen erreichen. Der Bodenzustand muss so beschaffen sein, dass möglichst alle für die jeweiligen Kulturpflanzen nötigen Stoffe im Boden zur freien Entnahme verfügbar sind. Die eigene Auswahlmöglichkeit der Pflanzen sichert am ehesten ein gesundes Pflanzenwachstum. Wasserlösliche Handelsdünger nimmt die Pflanze unfreiwillig mit dem für sie nötigem Wasser auf, was bei unsachgemäßer Verwendung den Pflanzenstoffwechsel leicht aus dem Geleichgewicht bringt. Dabei ist der Weg über das Angebot der Nährstoffe im Humus der sichere und von der Natur vorgezeigte.

Schnecken machen vielen Gartenbesitzern, die keine chemischen »Schädlingsbekämpfungsmittel« anwenden, Sorgen. Auch wir kämpften einige Jahre gegen sie an und mussten langsam aber sicher lernen, die Ursache für die Schneckenplage zu ergründen. Es sollte ja nicht immer nur bei Symptombekämpfung bleiben.

Harter, humusarmer, nach Regen leicht verschlämmter Boden sowie Mangel an Mineralstoffen und Kalk, sind die Ursachen. Es gilt am Humusaufbau des Bodens intensiv zu arbeiten, sowie Basaltmehl, Holzasche, Bodenkalk und eventuell Algenkalk in Verbindung mit Mulch dem Boden zuzuführen.

Die Schnecken sind von Natur aus dafür da, den Boden mit ihrem Schleim und später im Herbst mit den absterbenden Körpern aufbauen zu helfen. Wenn man dies einmal deutlich erkannt hat, kann man daran gehen und selbst den Boden so schnell wie möglich wieder in Ordnung bringen. Ist dies einmal gelungen und wird dieser Stand laufend beibehalten, erübrigt sich die weitere Arbeit der Schnecken, unabhängig von nassen oder trockenen Jahren. Schnecken räumen auch gerne auf mit Pflanzen, die sich nicht wohlfühlen und im Ungleichgewicht wachsen, was verschiedene Gründe haben kann, die man herausfinden muss, um gezielte Maßnahmen durchführen zu können. Die zu reichliche Zufuhr von stickstoffhaltigem Rohkompost, welcher eben noch fertig verrotten muß, kann Fäulnisbakterien in den Boden bringen. Auch das zieht die Schnecken an. Sie wollen Ordnung schaffen. Alle natürlichen Vorgänge stehen unter dem kosmischen Naturgesetz und wirken unfehlbar. Allein der Mensch hat seinen freien Willen und kann die Naturgesetze aus ihrer Bahn bringen – mit allen Folgen, die er wieder in Ordnung bringen muß.

Der Mulch dient nur dort als willkommenes Versteck für die Schnecken, wo auch der Boden sie anlockt und die darauf wachsenden Pflanzen. Die Pflanzen werden nur dort von Schnecken gefressen, wo der Boden den bereits genannten Zustand hat und eben nicht ganz im Gleichgewicht ist. Wo noch Schneckengefahr besteht, was sich über einige Jahre hinziehen kann, ist halbverrotteter Kompost oder Mulm als Mulch besser geeignet als Frischpflanzenmulch. Halbverrotteter Mulch mit Basaltmehl bestreut, zieht keine Schnecken an, Frischmulch jedoch schon. Sobald der Boden im Gleichgewicht ist, ist auch Frischmulch kein Anziehungspunkt für Schnecken. Unser Garten ist seit 1989 stets schneckenfrei, unabhängig von Mulch und Witterungsverhältnissen. Selbst die Gartenbeete umgebenden Grasränder und nahegelegenen Wiesen, wo es noch die natürliche Anzahl von Schnecken gibt, sind keinerlei Gefahr. Wir sind sehr dankbar, dass wir die Ursache der Schneckenplage so deutlich erkannt haben und geben dies gerne weiter. Das oft empfohlene Zerschneiden und Überbrühen der Schnecken, die dann wieder im Garten verteilt werden, lockt weitere Schnecken an, da diese die Reste teilweise selbst wieder verzehren. Ethisch und ästhetisch ist diese Methode problematisch. Besser ist es, die Schnecken immer rechtzeitig abzusammeln und sie im Wald an Stellen auszuschütten, wo sie keinen Schaden anrichten können.

Schäden durch Karotten- oder Zwiebelfliege, Selleriefliege, die auch Pastinaken befällt, oder auch Sellerierost sind sehr unangenehm. Die Ursachen hierfür liegen in der unsachgemäßen Düngung, der Missachtung der Fruchtfolge und einer zu dicken Mulchschicht, die zu nah an die Kulturreihen gelegt wurde, was vor allem für Karotten und Pastinaken unverträglich ist. Am ehesten verträgt Sellerie den dicken Mulch. Auf Sandboden kann die Mulchschicht dicker ausfallen als auf unserem lehmigen Boden, denn er führt mehr Luft für den Abbau des Mulches. Frische Düngung mit unreifem Pflanzen- oder Mistkompost, auch wenn dieser

Das klein gehackte Strauchwerk liefert den Kohlenstoffanteil im Kompost.

Der Komposthaufen fertig zum Verteilen.

Der reife Kompost wird sorgfältig gesiebt.

schon im Herbst ausgebracht und vielleicht sogar eingegraben wurde, garantiert im Folgejahr die genannten »Schädlinge«. Auch frische Kalkung ist hier ungeeignet.
Wir bauen empfindliche Kulturen auf altgedüngtem Boden an. Wenn noch Düngung im Anbaujahr benötigt wird, dann geben wir nur voll ausgereiften Pflanzenkompost für diese Kulturen, am besten zeitig im Frühjahr mit einer Gabe Urgesteinsmehl. Den Wurzelgemüseanbau nehmen wir dann erst drei bis vier Wochen später vor, sodass diese Maßnahme ihre gute Wirkung hinterlässt. Die Kulturen sollten nur alle vier Jahre auf dem gleichen Stück stehen, denn schon allein das ist eine wichtige Pflanzenschutzmaßnahme. Selbst die an sich sehr vorteilhafte Karotten-Zwiebel-Mischkultur kann die Notwendigkeit einer Fruchtfolge nicht aufheben. Daher gut planen und die Reihen weiterrücken.
Erdflöhe lieben harten, trockenen, humusarmen und etwas sauren Boden. Hier können sie gut hüpfen und die unzähligen Löcher in die bevorzugten Kreuzblütlergewächse machen. Holzasche, Basaltmehl, Algenkalk oder milder Bodenkalk und gut ausgereifter Kompost mit Mulch darüber lockern den Boden und bringen ihn wieder ins Gleichgewicht. Auch Mischkulturen, mit möglichst vielen Blattsalaten (Spinat, Pflück- und Kopfsalate), bilden ein feuchteres Kleinklima und machen es so den Erdflöhen schwer. Es gibt immer einen Grund für ihr Auftreten. Gesund wachsende Pflanzen, gleich nebenan, lassen sie ganz in Ruhe. Eine Überdüngung mit zu konzentrierter Holzasche lockte die Erdflöhe an und die richtig gegossenen Kohlpflanzen daneben blieben völlig schadenfrei. Da war ich erstaunt.
Blattläuse und verschiedene Arten von saugenden »Schädlingen« kommen verstärkt bei einem Ungleichgewicht in der Pflanze vor, was vom Boden und auch vom Wetter abhängig ist. Durch sorgfältige Bodenpflege und bei einigermaßen normaler Witterung bleibt der Blattlausbefall aus oder so gering, dass kaum Schaden auftritt. Bei guten Bodenverhältnissen wird der Blattlausbefall erst später auftreten. Die Pflanzen sind dann schon groß und gut entwickelt und nehmen keinen Schaden dadurch. In einer einigermaßen harmonischen Umgebung entwickeln sich auch die »Nützlinge« und helfen mit, die »Schädlinge« in Schach zu halten, zum Beispiel Vögel, Schlupfwespen, Schwebfliegen, Florfliegen und Ohrwürmer. Etwa ein Tag alter kalt angesetzter Brennnesseltee hat noch die Wirkung der Ameisensäure. Dieses Brennnesselwasser pur auf die Pflanzen rundum sprühen vermindert de Blattlausbefall. Bei größerer Trockenheit sollen Kohlgewächse genug gewässert werden, weil sonst der zu konzentrierte Pflanzensaft die Blattläuse anlockt.
Kohlgewächse sind Starkzehrer, und das verleitet zu kräftiger Düngung, was unsachgemäß durchgeführt, z. B. mit Frischmist und Jauche, die Pflanzen anfällig für

Krankheiten und »Schädlinge« macht. So führt eine Anzucht in unreifer, triebiger Komposterde zu Schwarzbeinigkeit. Wie schon beschrieben, geschieht bei uns die Jungpflanzenanzucht mit großem Erfolg mit gut reifer Komposterde, die nur aus pflanzlichem Material besteht. Kohlpflanzen wachsen gesund und kräftig auf Böden, die mit reifem Kompost gedüngt sind. Beim Mulchen hat es sich bewährt, wenn hier zuerst halbverrottetes Material um die Kohlgewächse verteilt wird. Darüber kommt Frischmulch. Dieser bis zu zehn Zentimeter dicke Flächenkompost, auf den wir noch Basaltmehl streuen, tut weitere gute Dienste. Er sichert die Gesundheit, den Ertrag, hält die Feuchtigkeit im Boden und düngt den Boden für das folgende Jahr.

Maulwurfsgrillen (Werren) und Drahtwürmer fressen die Wurzeln der Jungpflanzen ab und höhlen Wurzelgemüse aus. Beide mögen harten Boden. Sie werden von eingegrabenen Grünmassen und Grasnarben angelockt. Auch wir hatten im ersten Jahr Maulwurfsgrillen und viele Drahtwürmer. Erstere waren schnell weg, die Drahtwürmer erst nach und nach. Soll ein Grasumbruch gemacht werden, dann schält man am besten erst ganz flach und lässt die Grasschollen an der Oberfläche verrotten, ehe tief umgegraben wird. Bei kleineren Flächen nimmt man am besten die Grasnarbe weg und kompostiert sie für sich mit Basaltmehl (Steinmehl) und Kalk, eventuell mit Brennesseln dazwischen.

Kartoffelkäfer treten gern bei Stickstoffüberdüngung auf. Darüber hinaus macht Mineralstoff- vor allem Magnesiummangel, das Kraut für den Käfer anziehend. Man soll auf gesundes Pflanzgut achten, den Boden mit reifen Düngern düngen und ihn mit reichlich Basaltmehl, Holzasche und eventuell Algenkalk bestreuen. Als Mulch dient wie beim Kohl halbverrottetes und frisches Material. Auch der Krautfäule trotzen gut und ausgewogen versorgte Kartoffeln, die bei langanhaltender feucht-warmer Witterung leicht auftritt, ganz oder viel länger als in Ungleichgewicht wachsende Kartoffelbestände. Durch unseren Kartoffelbau ohne Häufeln (siehe Seite 146) haben wir keine Probleme mit dem Kartoffelkäfer.

Wühlmäuse und **Feldmäuse** halten sich in lehmhaltigen und schweren Böden leichter als in sandigen, wo die Gänge und Höhlungen kaum Halt finden. Sie haben in der Natur etliche Gegenspieler, wie z. B. Iltis, Marder, Dachs und viele andere, weshalb man Unterschlupfmöglichkeiten für diese Tiere schaffen sollte, beispielsweise Zweighaufen oder Baumhöhlen. In Jagdgebieten werden diese natürlichen Feinde oft fast ganz ausgerottet, was das Mäuseproblem verschärft. Der Geruch von zur Hälfte mit Wasser verdünnter Pflanzenjauche (Brennnessel, Kohl, Zwiebelgewächse usw.), die man von Zeit zu Zeit in die Löcher gießt, vertreibt die Mäuse etwas. Auch leere Flaschen halb im Mäusegang eingegraben mit der Öffnung schräg in die stärkste Windrichtung schauend, sind nützlich aufgrund des verursachendes starkes Windgeräusches. Als weitere Maßnahmen haben sich Holzruß vom Kamin und Holzasche vom Holzofen bewährt. Eine Handvoll in die Mäuselöcher füllen und wieder mit Erde bedecken.

Tomatenkrankheiten, wie das Vergilben und das Abfallen der Blätter und das Braunwerden der Früchte sowie Läusebefall, ist in Kulturen, die in humosem, mineralstoffreichem, gut mit Kompost versorgtem Boden stehen, nicht so oft anzutreffen. Monatliches Besprühen mit Schachtelhalmtee schützt und stärkt die Pflanzen zusätzlich. Wichtig ist es, die Freilandtomatenpflanzen Mitte bis Ende Juli oder auch Anfang August, je nach Höhenlage, zu entspitzen, damit noch alle Früchte vor Einbruch der Herbstkälte einigermaßen ausreifen können. In niederschlagsreichen und kühlen Gegenden ist Regenschutz angebracht, um der Kraut- und **Braunfäule** der Tomaten vorzubeugen. Weite Pflanzenabstände beachten, damit Sonne und Luft rundum herankönnen. Die Zwiebelschalenjauche ist einer weitere gut funktionierende und sowohl bei Tomaten als auch bei Kartoffeln vorbeugend gegen Krautfäule anwendbare Maßnahme. Ein Liter kaltes Wasser mit 20 Gramm Zwiebelschalen fünf Tage stehen lassen und pur auf die Pflanzen rundum sprühen. Am besten schon ab Mitte Juni (siehe auch Indianergarten Seite 56).

Die empfindlichen Kürbisgewächse stammen aus den tropischen Klimazonen. Gurken, Melonen, Kürbis und Zucchini brauchen dieser Herkunft entsprechend viel Wärme, Wasser und Windschutz. Eine für das Klima passende Sorte ist bei diesen Gewächsen besonders wichtig, um gesunde Früchte in reichlichen Mengen ernten zu können.

Der **Echte Mehltau** ist eine gefürchtete Krankheit und lässt die Pflanzen zu früh absterben. Reichliche Humusversorgung mit Mineralstoffen und öfter mit Schachtelhalmtee, bei bedecktem Himmel fein über die Blätter gebraust, schützt und stärkt. Sehr günstig für die Kürbisgewächse ist die Pflanzung zwischen Halbschatten spendenden Pflanzen wie Zuckermais und Rosenkohl. Während der Vegetationszeit sollte man öfter Reifekompost und Basaltmehl mit viel Wasser vermischt zu den Wurzeln – nicht auf die Blätter – gießen, auch Brennnesselwasser und stark verdünnte Kräuterauszüge und Kräuterjauchen. Bedenkt man all die Sorgen und Mühen, die kranke Pflanzen mit sich bringen, sieht man sogleich ein, dass es am klügsten ist, erst den Boden sorgfältig auf die bestmögliche Weise zu versorgen und dann auf gesundem Boden gesunde Nahrung zu produzieren. Die Gesundheit des Bodens überträgt sich auf das Pflanzenwachstum, sodann auf die Tierwelt ringsumher und dies alles wirkt sich gut auf den Menschen aus.

GARTENPRAXIS
VORGRÜNDÜNGUNG IM FRÜHJAHR ERSPART JÄTARBEIT

Da wir ohne Einsatz von chemischen »Unkrautbekämpfungsmitteln« und ohne Abflammgerät arbeiten, haben wir uns im Laufe der Jahre immer wieder überlegt, wie wir bei feinen Aussaaten möglichst viel Jätarbeit sparen können. Da die Gartenarbeit von den Witterungsverhältnissen abhängig ist, müssen wir so flexibel und so geschickt wie möglich die Arbeit einteilen, um sie bestmöglich und zeitgerecht erledigen zu können. Vom Frühjahr bis zum Herbst gibt es viele verschiedene Aussaaten. Ein im Winter erstellter, gut übersichtlicher Gartenplan ermöglicht es uns, während des ganzen Jahres weit genug vorausblicken zu können. So wissen wir, wann was und wo anzubauen ist. Wir überlegen auch, in welcher Zeit zu den verschiedenen Kulturen die Kompostgaben ausgebracht werden sollen. Der Hauptprüfstein dabei ist, ob die im Kompost vorhandenen Wildkrautsamen nach dem Ausbringen des Kompostes keimen dürfen ohne dabei Mehrarbeit durch Jäten zu verursachen. So wird der reife Kompost stets dann gegeben, wenn entweder gleichzeitig eine Gründüngung angebaut wird oder Pflanzen gesetzt und bald gemulcht werden. Beide Male stört eventuell keimendes Wildkraut nicht, weil es durch Grünwuchs oder Mulch stark unterdrückt wird.

Eine andere Variante ist die Voraussaat. Liegt der Zeitpunkt der Kultursaat noch zwei oder mehrere Wochen entfernt und ist der Platz dafür bereits frei, dann wird der Boden saatfertig gemacht, bei Bedarf jetzt Kompost gegeben und eine kurze (Senf) oder längere (Inkarnatklee, Erdklee oder Ackerbohnen) Vorgründüngung gesät. Diese können bereits ab Ende Februar bei genügend abgetrocknetem Boden zwischen den gleichzeitig gesäten Spinatreihen breitwürfig ausgesät werden. Jetzt stören keimende Wildkrautsamen nicht. Zum Anbautermin der jeweiligen Kultur ist das Wildkraut mit dem Senf so weit entwickelt, dass es leicht mit der Pendelhacke bei der Wurzel abgetrennt werden kann und in der Sonne sogleich verwelkt. Das Ganze wird etwas zur Seite gerecht und die Aussaat kann in einen Boden erfolgen, der relativ frei von Wildkraut ist. Das ist zum Beispiel für Feldsalat, Karotten, Rote Rüben, Pastinaken, Petersilie und ähnliche eine sehr entscheidende Hilfe und spart viel Zeit für die Pflege, während die Kulturen heranwachsen. Voraussaaten von Senf und Phacelia praktizieren wir vor den Frühjahrsaussaaten von Wurzelgemüsen und Zwiebelgewächsen, wie es im Gartenplan (siehe »Bewährte Mischkulturen«, siehe Seite 36 und 52) vorausgedacht wurde. So müssen nur die ganz früh angebauten Gemüsekulturen frühzeitig gejätet werden.

Bei vorgesehener Pflanzung kann eine Voraussaat, wie z. B. Inkarnatklee, auf derselben Reihe stellenweise noch länger verbleiben, indem wir nur die Pflanzlöcher für die Pflanzung freimachen und die restliche Gründüngung noch stehen bleibt bis sie stört. Das ist z. B. bei Sellerie, Salaten, Kohlarten und Fruchtgemüsen möglich. Es ist ein großer Unterschied, ob die später zu bebauende Gartenfläche ohne schützenden Grünwuchs auf den Anbau der Kulturreihen wartend daliegt, oder ob sie vor der Sonne geschützt und begrünt ist. Außerdem ist die Bodendurchwurzelung noch zusätzlich nützlich. Mit diesen Frühgründüngungsmaßnahmen hat man Jätarbeit gespart und gleichzeitig dem Boden mit den Voraussaaten einen guten Dienst getan. So stehen die Jungpflanzen dann erst einmal inmitten von zarter Gründüngung statt am kahlen Gartenboden (siehe Seite 42).

ENTSPANNTE HALTUNG BEI FEINEN JÄTARBEITEN

Der Gartenbau fordert von jedem Menschen vor allem eine zumeist gebückte Haltung. Die Wirbelsäule, die Säule des Lebens, ist dabei am meisten beansprucht. Viele Menschen werden von Kreuzschmerzen geplagt, wenn sie sich bei der Gartenarbeit viel bücken. Da wir selbst unsere große Gartenfläche nun schon seit 1974 in Handarbeit bebauen und vorher auch im Gartenbau gearbeitet haben, haben wir versucht, die für den Rücken schonendste Arbeitshaltung herauszufinden, besonders für die Jätarbeit in feinen Kulturen wie Karotten, Rote Rüben, Pastinaken, Petersilie, Feldsalat und Ähnlichem.

In diesen Kulturstreifen sind wir zwar bemüht, durch unsere Frühjahrsvoraussaaten die Jätarbeit zu verringern, dennoch gibt es noch genug davon. Außerdem besteht bei den ganz frühen Kulturen, von denen wir so früh wie möglich ernten wollen, keine Möglichkeit zur Voraussaat.

Im Handel gibt es Knieschützer aus Kunststoff. Fachgeschäfte für Gartenzubehör führen sie oder können sie besorgen. Mit solchen Knieschützern können wir uns leichter am Boden mit beiden Knien hinknien. Die Kulturreihe links und rechts von den Kleewegen werden von hier aus gejätet, die Mittelreihe auch, wenn dort eine leicht zu pflegende Kultur steht. Bei feinen Kulturen knien wir links und rechts von der Kultur mit je einem Knie. Ist der Boden trocken genug, stütze ich mich auch noch mit den Unterarmen am Boden ab. Sonst stütze ich die Unterarme je auf einen Oberschenkel, während ich auf den Fersen hocke.

Diese Arbeitshaltung, bei langsam vorangehenden Jätarbeiten, ist entspannt, der Rücken ist dabei immer gerade und nicht gekrümmt und somit sehr entlastet. In dieser Haltung kann ich stundenlang beschwerdefrei feine Jätarbeit verrichten. Die Oberschenkel stelle ich abwechselnd gerade oder beuge sie. Manchmal stelle ich auch einen Fuß auf und stütze den Oberkörper auf das Knie, vor allem bei Gartenbeeten mit Hanglage.

Die zweite Variante ist das Hocken, wobei der Rücken ebenfalls gerade bleibt. Dies kann nicht jeder, da es für manche Leute die Blutzirkulation in den Beinen zu sehr absperrt. Aber es gibt eine Reihe von Menschen, die im Hocken lange und problemlos arbeiten können.

Bei Hackarbeiten sollten Sie darauf achten, dass der Hackenstiel lang genug ist, um gerade dabei stehen zu können. Hackarbeiten mit krummen Rücken belasten die Wirbelsäule sehr stark und die Wirbel nutzen sich ab mit all den bekannten unangenehmen Folgen bis hin zum leichten oder stärkeren Verschieben.

In diesem Zusammenhang sei noch erwähnt, dass der Mineralstoffhaushalt im Körper eine große Rolle spielt. Bei üblichem Zucker und Weißmehlgebrauch, auch bei zu viel gekochter und erhitzter Nahrung, je nach Empfindlichkeit des einzelnen Menschen, ist der Rücken von vornherein schneller überlastet. Dasselbe gilt für alle Gelenke. Zucker und Weißmehl rauben Kalk und andere Mineralstoffe aus dem Körper, ebenso Vitamine und Spurenelemente, da sie selbst isolierte Stoffe sind und für die Verarbeitung im Stoffwechsel die ihnen fehlenden Stoffe benötigt werden. Mit Schüsslersalzen kann im täglichen Leben vieles ausgeglichen werden. Diese sind in der Apotheke erhältlich. Beratung, Literatur und auch eventuell Kurse sind nötig, um sie gezielt einsetzen zu können. Die eigene Erfahrung bringt mit der Zeit dann Sicherheit. Diese Nahrungsergänzung ersetzt aber nicht die Grundlage der gesunden Lebensführung und Ernährung.

Auch durch psychische Überlastung wird der Körper strapaziert. Aber da ist die Gartenarbeit, schonend und in Ruhe durchgeführt, ein Segen. Gerade die Jätarbeit verlangt von uns viel Geduld und Durchhaltevermögen. Wir können diese Zeit nützen, um innerlich mit uns und der Welt in Einklang zu kommen, in der wir leben. Jätarbeit kann wie eine Meditation in der Natur sein. Die Arbeit in und mit der Natur ist heilend und gesundend für den Körper, die Seele und den Geist des Menschen. So betrachtet ist die Gartenarbeit ein Segen in der heute oft stressgeplagten Zeit.

PFLANZENKOMPOST – GÄRTNERN OHNE DUNG

Alles Pflanzenmaterial, das zur Verfügung steht, kann zu Kompost verarbeitet werden.

Tierischer Dünger ist für Aufbau und Erhalt der Bodenfruchtbarkeit nicht nötig. Die Düngung mit pflanzlichen Materialien erspart den energieaufwendigen Umweg über das Tier. Kompost ist ein wichtiges Element im Land- und Gartenbau. Alles Pflanzenmaterial, das zur Verfügung steht, kann zu Kompost verarbeitet werden. Wir legen als luftige Unterlage gehäckselte oder auf etwa 30 bis 40 Zentimeter kurz gehackte Erlenzweige oder sonstige Zweige vom Heckenschnitt am Boden etwa 25 Zentimeter hoch und bis anderthalb Meter breit aus. Die Länge ergibt sich nach Bedarf. Darauf kommt eine Lage grobes, stängeliges Pflanzenmaterial. Darüber legen wir angewelktes Grün von Brennnesseln, Beinwell oder andere zarte Blattkräuter und bestäuben es mit etwa zwei Handvoll Steinmehl je Quadratmeter. Nun folgen eine zehn bis 20 Zentimeter dicke Schicht Gras oder feiner Heckenschnitt und eine dünne Schicht lehmige Erde oder Tonmehl wie Bentonit. Eine Zeit lang kommen hierauf Küchen- und Gartenabfälle.

Sind genug Küchenabfälle, etwa zehn Zentimeter hoch darauf, dann können wir wieder Steinmehl daraufstreuen und mit Brennnesseln, Gras und Beinwellblättern die nächste Schicht weiterbauen. Im Winter nehmen wir auch etwas altes Gras oder auch Laub, das wir im Herbst daneben bereitlegen. Dann kommen wieder Küchenabfälle. Wir streuen auch einmal etwas fertige Komposterde oder den Siebrest dazwischen zum Impfen, auch normale Gartenerde oder Humuserde, falls welche irgendwo bei einem Aushub angefallen ist. Nur Lehm darf nicht zu viel hinzukommen, weil er klumpt und sich dann kein lockerer Kompost bildet, wie wir ihn haben wollen.

Kräuterabfälle, Zwiebelschlotten und Zwiebelschalen vom Putzen sind bestens geeignet für die Kompostwürmer. Zwischendurch kommt wieder eine dünne Lage mit feinen Zweigen zur Belüftung. So bauen wir den Kompost im Laufe der Zeit bis der Haufen etwa einen Meter hoch ist. Da er sich, wenn er mit Küchenabfällen langsam aufgebaut wird, schon in der Bauzeit setzt und sich unter Umständen gar nicht erhitzt, soll kein Wildkraut mit Samen dazukommen.

Über den Winter muss der fertige Kompost mit altem Gras, Schilfrohr, Laub oder Stroh abgedeckt werden, am besten schön gewölbt oder spitz, damit das Wasser abläuft. Plastik lässt zu wenig Luft durch, Kompostvlies dagegen ist gut geeignet. Etwa im Mai holen wir die aussortierten, zu kleinen, extra dafür aufbewahrten Kartoffeln aus dem Keller; auch alte gekeimte Kartoffeln eignen sich. Nun werden alle Komposthaufen, die das ganze Jahr liegen sollen, von der Abdeckung befreit und mehrere von diesen Kartoffeln über den Komposthaufen gestreut und dann wieder ganz zugedeckt. Der über Winter geführte Komposthaufen wird wiederum mit frischem, ab Mai vorhandenem Material wie Brennnesseln und Beinwell fertiggebaut. Hier werden ebenfalls kleine oder alte Kartoffeln darübergestreut und dann mit frischem Gras zugedeckt.

Die Kartoffeln wachsen durch die Abdeckungen durch und beschatten so den Komposthaufen im heißen Sommer. Außerdem ist die Kartoffel eine Pflanze, die alles schnell umsetzt und sich daher gut als Kompostierhilfe eignet, denn sie bildet vor allem Kraut, weniger Knollen. Das Kraut stirbt im Spätsommer am Komposthaufen ab und verrottet. Umsetzten ist hier nicht nötig, weil der Aufbau luftig ist.

Zwei solcher Komposthaufen sind dann im Spätherbst soweit reif, dass sie zusammen auf einen spitzen Haufen geschaufelt werden, dicht mit Heu, Schilf, Laub oder Stroh dachförmig zugedeckt über den Winter gehen und im Frühjahr gesiebt als fertige Komposterde zur Verfügung stehen. Das Ausgesiebte kommt wieder zu neuen Komposthaufen dazu oder zu den Obstkulturen wie Erdbeeren und Beerensträucher. Der Kompost reift also zwei bis zweieinhalb Jahre je nach Beschaffenheit des Materials.

Wir bauen auch reine Graskomposthaufen. Gut ist es hier, viele Brennnesseln und grobstängelige Beinwellstauden unzerkleinert dazwischen zu geben. Auch Ackerbohnenstroh oder etwas Kleeschnitt eignen sich, falls keine Brennnesseln oder Beinwell als Stickstoffspender zur Verfügung stehen. Als erdiger Zusatz kann hier auch vom Garten abgehacktes und abgerechtes Wildkraut von den Beetvorbereitungen im Frühjahr dazukommen. Diese Kompostiermethode ist sehr arbeitssparend. Wir lassen dem Komposthaufen insgesamt bis zu drei Jahren Zeit, was bei Pflanzenkompost reicht. In Jahren mit regenreichen, feuchtwarmen Sommern geht es auch schneller.

Günstig ist es, die Komposthaufen wieder auf dieselben Plätze zu setzen, weil dort die nötigen Lebewesen vorhanden sind. Käuflich zu erwerbende Bakterienkulturen verwenden wir hierbei nicht. Nur wer schnell sein Kompostmaterial verarbei-

Schicht für Schicht wird der Komposthaufen aufgesetzt.

Nach der Ernte im Herbst wird die Komposterde verteilt.

tet haben will, benötigt diese und muss dann oft umsetzen und lüften. Wir setzen einmal luftig auf und lassen dann die Natur mit ihren besten Helfern, den Regen- und Kompostwürmern, die wichtigste Arbeit tun. Das ist energie- und zeitsparend.

Die reife Pflanzenkomposterde ist, ohne Zusatz von irgendwelchen anderen Düngern, ein garantiert gutes Erdsubstrat. Wir erleben immer viel Freude bei der Jungpflanzenanzucht (siehe »Jungpflanzenanzucht« Seite 30).

Gemüsebau mit Pflanzenkompost vermeidet von vornherein »Schädlings«- Befall. Tierische Dünger scheiden noch lange Zeit Gerüche aus, die sämtliche Pflanzen-»Schädlinge« besonders anziehen, was auch wir am Anfang hier erfahren haben, als wir einen mehrere Jahre alten Mist von unseren Vorgängern mit Erde vermischt und als Erdsubstrat verwendeten. Wer bisher Stallmist im Garten unverrottet eingesetzt hat, sollte diesen auch kompostieren. Wird Stallmist zu wenig kompostiert oder gar frisch im Herbst eingearbeitet, bringt dies sehr oft viele Probleme mit sich. In der freien Natur fällt nie so viel Mist auf einem Platz an. Mit der Verwendung von reinem Pflanzenkompost können wir uns vor Problemen mit Karottenfliegen, Zwiebelfliegen und Kohl-»Schädlingen« schützen. Gereifter Mistkompost muss oberflächlich ausgebracht und nur leicht eingearbeitet werden. Nur so hilft er, den Boden zu beleben und damit zu verbessern. Er darf aber nicht tiefer in den Wurzelraum kommen, wo er noch immer einen starken Geruch des Tierischen hat und somit »Schädlinge« geradezu anzieht. Gereifter Mistkompost ist eben noch lange nicht belebte Erde!

Wer Viehwirtschaft betreibt, möge stets darauf achten, dass der Mist schon im Stall oder später am Misthaufen mit Steinmehl bestäubt und mit Stroh vermischt und nachher gut kompostiert wird. Kompostierungshilfsmittel stehen heute zur Verfügung. Dasselbe gilt für die Jauche. Hier gibt man am besten Steinmehl in die Grube und verwendet Jauche umsetzende Mittel. Die Belüftung der Jauche ist sehr wichtig. Vorsicht ist geboten bei tierischen Düngern aus konventioneller Landwirtschaft, bei der Mineraldünger und Pestizide im Futteranbau und Antibiotika in der Fütterung angewendet werden. Alle diese Stoffe finden sich auch noch in den tierischen Hinterlassenschaften!

Mit Hilfe der Sonne schenkt uns die Natur alljährlich eine Menge Blatt- und sonstige Grünmasse, die als Strom der belebenden Energie dient. Aus diesem Grund verwenden wir nur reinen Pflanzenkompost als Erdsubstrat, in dem Pflanzen gesund heranwachsen können. Kranke Pflanzen versuchen wir nicht zu retten, denn sie sind für uns ein Zeichen dafür, dass wir etwas falsch gemacht haben. Wir lernen daraus, sorgfältig zu arbeiten und nur ganz reife Komposterde zu verwenden.

Wenn ein Gartenbeet schon im Frühjahr Kompost benötigt, dann wird (hier auch ungesiebt) reifer Kompost etwa einen Zentimeter dick ganzflächig ausgestreut, mit dem Kultivator oberflächlich eingearbeitet und flachgerecht. Holzasche und Steinmehl sollte man, wenn nötig, nach dem Rechen dünn ausstreuen. Dann bauen wir Gründüngerreihen wie Spinat und Ackerbohnen und Salat, Erbsen und Steckzwiebeln schon an, jedoch noch nicht Karotten, Petersilie, Rote Bete, Pastinaken und sonstige »feine« Pflanzen. Auf diese Streifen kommt für kurze Zeit Senf oder Phacelia. So kann noch vor dem Anbau das meiste Wildkraut keimen, auch das, was der Kompost eventuell mitgebracht hat.

Mulchen mit Pflanzenkompost

Zum Mulchen wird nicht ganz reifer Pflanzenkompost nur oberflächig auf die Erde zwischen den Reihen gestreut, die Kompost benötigen, wie z. B. Gurken, Tomaten, Zucchini, Sellerie, Kohlarten, Zuckermais und Melonen. Dieser Kompost bleibt liegen. Es wird mit frischem, etwas angewelktem Gras ohne Samen darüber gemulcht oder auch mit halbverrottetem Gras vom Vorjahr, das mit Steinmehl bestreut auf Haufen überwintert hat. Auch das abgerechte, auf Haufen gesetzte Material von der Beetvorbereitung im Frühjahr, kann hier wieder verwendet werden.

Mulchmaterial gibt es in verschiedenen Formen. Um empfindliche Kulturen wie Wurzel- und Zwiebelgewächse zu mulchen, bieten sich feines Kleegras und auch normaler Grasschnitt ohne Samen an. Es darf aber nur dünn gemulcht werden. Darüber hinaus können wir altes Gras mit Samen, verregnetes Heu, stängeliges und grobes Material von wilden Rändern und Ecken sammeln und schichtweise, mit Steinmehl dazwischen, auf ein bis eineinhalb Meter Breite und etwa einen Meter hohe Haufen mit der Gabel aufschütten und verteilen. Hier kann zwischen dem Heu und den Stängeln auch gut alle 20 Zentimeter eine dünne Schicht von dem im Frühjahr Abgehackten dazwischengestreut werden, wie bereits erwähnt. Der schön locker aufgesetzte Haufen erwärmt sich zunächst, wird bei Trockenheit noch öfter benetzt werden müssen, und setzt sich dann, nach einigen Wochen, auf ein Drittel der ursprünglichen Höhe. Vor dem Winter soll er auf kleinere und oben spitz zulaufende Haufen umgesetzt werden, damit der Regen ablaufen kann und die Haufen nicht zu nass werden. Auch Kompostvlies tut gute Dienste. Mit Laub, was im Herbst sowieso viel anfällt, können alle Komposthaufen spitz bzw. halbrund zugedeckt werden.

Im folgenden Jahr haben wir davon Laub- und Grasmulm als rasch bodenverbesserndes und Schnecken abschreckendes Mulchmaterial gewonnen. Wenn solche Haufen zwei bis drei Jahre liegen, sind sie reine Humuserde und für die direkte Bodenverbesserung, oberflächlich eingearbeitet, verwendbar. So gepflegter Boden, der an der Oberfläche viel Humus enthält, ist unserer Erfahrung nach Schnecken abweisend. Durch unsere Düngungsmethode haben wir unseren gesamten Garten frei von Schneckenschäden bekommen. So schließt sich der Kreislauf der organischen Düngesubstanzen, und die Pflanzenwelt ist bestens versorgt und damit auch Tier und Mensch.

Gründüngung und Pflanzenkompost

Wird ein Beet oder eine Reihe frei, wo keine weitere Frucht folgt, weil es schon später im Jahr ist, oder weil nächstes Jahr hier ein besonders guter Boden gebraucht wird, säen wir eine Gründüngung ein. Als erstes wird flach gehackt, damit der Grünwuchs abwelkt. Schwere Böden werden bei dieser Gelegenheit tiefer gelockert ohne zu wenden. Dann wird der Boden für die Aussaat der Gründüngung vorbereitet, wobei alles Abgewelkte liegen bleiben kann und nur die Schollen mit einem Rechen oder Kultivator geebnet werden. Danach werden die Gründüngungssamen ausgestreut. Falls der Boden nicht schon kürzlich Kompost

Gründüngungsplan

Aussaat ab August bis Anfang September

Alexandrinerklee, Perserklee	friert ab
Sommerwicke, Ackerbohne	friert ab
Gelbsenf, Phacelia	frieren unter 8 Grad Celsius ab
Spinat, Feldsalat	überwintern und können bei Tauwetter geerntet werden
Winterraps	überwintert bis -15 Grad Celsius

Aussaaten je nach Lage bis Mitte oder Ende September

Winterzottelwicke, Inkarnatklee	überwintert
Landsberger Gemenge	überwintert
Gelbsenf	friert unter 8 Grad Celsius ab
Winterroggen	überwintert

Aussaaten bis Mitte Oktober

Winterroggen	überwintert

bekommen hat, wird gut oder halb verrotteter Kompost gestreut. Hinzu kommen Steinmehl und Holzasche, anschließend wird nur dünn mit feinem Gras oder Klee zugedeckt. Das bewährt sich seit Jahren bei uns.

Sollte es nach dem Anbau dieser Gründüngung nicht regnen, soll, wenn möglich gegossen werden. Ansonsten warten die Samen auch auf den nächsten Regen oder keimen schon durch die nächtliche Feuchtigkeit und vorhandene Bodenfeuchtigkeit.

Durch die Gründüngung ist der Boden für den neuen Anbau bestens vorbereitet. Wenn sie überwintert hat, wird sie flach abgehackt, mit dem Gabelrücken abgeklopft und das Abgerechte auf einen Haufen gesetzt, um es im Juni wieder zum Mulchen zu benutzen. Liegengelassen wird es zu bester Gartenerde. Da dieses Material sehr erdreich ist, eignet es sich auch vorzüglich als Beimengung zur Kompostierung von Grünschnitt, Heu und Stroh. Vor allem Stroh verrottet allein nur sehr schwer. Wird Material hinzugekauft, muss auf Herkunft aus ökologischem Anbau geachtet werden.

Im Kasten ist unser Gründüngunsplan abgebildet. Es ist zu beachten, dass man Gelbsenf wie auch Raps und Ölrettich wegen der Fruchtfolge mit Kohlgewächsen nicht blühen läßt. Die Angaben der Aussaatzeiten sind eine Richtlinie und weichen je nach Klima und Lage ab.

DAS MULCHEN

Der große Vorteil von Mulch besteht im Bodenschutz und der Bodenverbesserung in Form von Humusaufbau durch das langsam verrottende Mulchmaterial. Es regt gleichzeitig das Bodenleben an, fördert es und hält den Boden lebendig. Die sich selbst überlassene Natur zeigt uns in vorbildlicher Weise, wie durch die naturgesetzlichen Vorgänge der Erdboden zu den verschiedenen Jahreszeiten die jeweils geeignete Bodenbedeckung bekommt.

Mulchen ist Bodenbedeckung in den verschiedensten Formen und Möglichkeiten. In der freien Natur liegt der Boden über den Winter bedeckt da, mit abgestorbenen Grasresten sowie mit Laub von den Bäumen und Sträuchern. Der Naturboden geht so geschützt in den Winter, bevor der starke Frost übers Land zieht. Besonders günstig ist es, wenn auch noch Schnee darauf fällt. Er dient als weiterer Schutz für den Boden, in dem unzählige Kleinlebewesen leben. Aber selbst bei Kahlfrost hat die Natur gut vorgesorgt durch die Bedeckung mit organischem Material, das sie in der warmen Jahreszeit so üppig hervorbringt. So kann das Bodenleben noch lange bis in den Spätherbst hinein aktiv bleiben.

Wir Menschen haben uns diese natürliche Vorgabe im Gartenbau zunutze gemacht. In der Mischkulturenführung ist eine Bodenwendung im Herbst nicht nötig. Dies ist sehr vorteilhaft für die natürlich aufgebaute Bodenstruktur, da wir so das Bodenleben und die Bodenschichten in ihrem natürlichem Aufbau und den dazu-gehörenden Lebensprozessen so wenig wie möglich stören, was die Fruchtbarkeit des Bodens auf Dauer sicherstellt. So gesehen nimmt das Gartenjahr seinen Anfang schon in der ausklingenden Vegetationszeit.

Wir beginnen bereits im August nach der Ernte der bis dahin reifen Gemüsearten den Boden bestmöglich auf den Winter vorzubereiten. Hierzu hacken wir ihn nur

Hier wird Beinwell/Comfrey *(Symphytum officinale)* großflächig abgemäht.

Anschließend wird das Mähgut auf die Beete verstreut. Das blattreiche Kraut eignet sich sehr gut zum Mulchen.

flach durch, ohne den Restmulch und die Erntereste, außer großen Kohlblättern und Ähnlichem abzuräumen und säen den jeweils gewünschten Gründüngungssamen breitwürfig aus. Bei Bedarf verteilen wir Rohkompost darüber und streuen Steinmehl, Algenkalk und Holzasche obenauf. Daraufhin wird der Boden dünn mit feinem Gras bedeckt, was ihn und die Samen vor der noch heißen Sommersonne schützt und die Samen durch die aufsteigende Bodenfeuchtigkeit sicher keimen lässt. So fahren wir nach jeder Ernte der jeweiligen Gemüseart bis Mitte Oktober mit den für die entsprechende Zeit passenden Gründüngungen fort. Der Boden geht mit einer Gründecke in den Winter, die entweder bleibt oder abfriert. Dort, wo nach Mitte Oktober keine Gründüngung mehr gesät werden kann, weil

Ein gut gemulchtes Mischkulturenbeet im Sommer. Der große Vorteil von Mulch besteht im Bodenschutz und in der Bodenverbesserung.

die Ernte später erfolgte, bleiben die Erntereste gleichmäßig verteilt liegen. Obenauf kommt eine dünne Gras- und/oder Brennesselschicht, auch altes Heu ohne Samen ist sehr geeignet. Wir wählen, was um diese Zeit eben noch vorhanden ist. Ein so versorgter Boden ist reich an Bodenleben. Das um diese Zeit reichlich fallende Laub eignet sich nun bestens als Abdeckung, wodurch darunter das Bodenleben noch lange arbeiten kann und alles bis zum Frühjahr aufgearbeitet ist. Nur das Laub bleibt, weil es schwerer verrottet und schützt den Boden bis zum Anbau. Erst dann wird es abgerecht und mit Steinmehl als Mulmhaufen aufgesetzt (siehe Seite 80).

Mulchen während der Vegetationszeit ist ebenfalls sehr wichtig. Je nach Kulturart fällt die Mulchschicht dünner oder dicker aus. Frucht- und Kohlgemüse mögen dicke Mulchschichten, auch die Kartoffel. Blatt- und Wurzelgemüse sowie Zwiebelgewächse werden wegen Fäulnisgefahr nur dünn gemulcht, besonders in Gegenden mit viel Niederschlag und bei schweren Böden. Weniger Gefahr besteht bei wenig Niederschlägen und mehr sandigen und leichten Böden. Da kann auch dicker gemulcht werden. Auf sandigen Böden bewährt sich erfahrungsgemäß auch Strohmulch gut.

Humus, die Nahrung der Pflanzenwelt, verbrennt in der Sonnenhitze. Daher ist das Mulchen während der ganzen Vegetation so wichtig. Im Frühjahr wird diesem Anspruch durch die Zwischen- bzw. Nebenreihen der Kulturreihen in Form von Spinat und Ackerbohnen und durch die Voraussaaten Senf oder Inkarnatklee Folge geleistet. Diese Gründüngerpflanzen wachsen schnell, begrünen und schützen den Boden, bevor es möglich ist zu mulchen. Sie bieten gleichzeitig den ersten Mulch, indem sie vor der Blüte flach abgehackt werden und an Ort und Stelle liegen bleiben (siehe Seite 42).

Ab Mai/Juni folgt dann anderes Mulchmaterial: Feines Kleegras, Brennnesseln und Ähnliches, was eben vorhanden ist. Ab Juni/Juli liefern dann zusätzlich die eingebauten Kleewege monatlich dort feines Mulchmaterial, wo wieder Bedarf vorhanden ist. So können auch Hausgärten mit wenig Grasland Mulchmaterial im eigenen Garten erzeugen, was von großen Wert ist.

Das Mulchen im Obstgarten

Hier wird das rundum abgemähte Gras im Mai in Kreisform ab einem halben Meter vom Stamm entfernt, um den Baum bis etwas außerhalb der Kronentraufe gelegt. Wo eine Gründüngung unterhalb des Baumes steht, wird außerhalb dieser ein Mulchring in etwa einem halben Meter Breite angelegt. Dies geschieht im Mai in dickeren und später bis Ende Juli nur in dünneren Mulchlagen, wobei eine einmalige Gabe von 300 bis 400 Gramm Steinmehl pro Quadratmeter gestreut wird. Im August werden bei Mäusegefahr die Obstbäume nicht mehr frisch gemulcht, damit die Mäuse hier nicht ihr Winterquartier einrichten. Das fallende Laub jedoch bleibt unbedingt beim Baum im Herbst liegen. Dies ist eine Art Selbstdüngung, die dem Baum gehört. Sie hält ihn gesund und stark, besonders dann, wenn wir auch Steinmehl Algenkalk und Holzasche, soweit vorhanden, geben. Auch Gaben von reifem Kompost, je nach Obstbaumart und Alter einmal jährlich oder einmal in zwei Jahren verabreicht, versorgen den Boden nachhaltig. Wenn darauf Brennnesseln wachsen, können wir diese als Dauerbegrünung belassen. Sie zeigen an, dass ein fruchtbarer Boden entstanden ist! Sie werden von Zeit zu Zeit abgemäht und an Ort und Stelle gemulcht.

Das Mulchen im Ackerbau

Hier bezieht sich das Mulchen eher auf Bodenschutz in Form von möglichst viel Begrünung. Beispielsweise begrünen Wintergetreide und auch Raps den Boden.

Darüber hinaus begrünt Zwischenfruchtbau den Boden, schützt ihn vor der Sommerhitze, belebt durch die Durchwurzelung und düngt ihn auch noch. Zumeist ist es eine abfrierende Zwischenfrucht, die im Winter für Bedeckung sorgt. Beim neuerlichen Anbau wird sie flach eingemulcht und so dem Ackerboden als Ganzes zugeführt, wie z. B. Gelbsenf, Ackerbohne, Phacelia, Buchweizen oder ein geeignetes Gemenge, je nachdem wie lange Zeit bis zum nächsten Anbau vorhanden ist. Die abfrierende Gründüngung ist die ideale Lösung für schonenden und bodenbelebenden Ackerbau.

Weithin bekannt ist die Untersaat von Rotklee bei Gerste, wobei der Rotklee dann ein Jahr lang für Futterzwecke verwendet wird. Beim Maisanbau kann eine Untersaat von Weißklee erfolgen, nachdem der Mais aufgelaufen ist, eine gewisse Höhe hat und gestriegelt wurde. Dies verhindert das Abschwemmen des Ackerbodens bei starken Gewitterregen oder Dauerregen. Denn beim relativ weiten - Abstand der Maispflanzen, bleibt viel freie Bodenfläche, die nun durch einen Bewuchs beschützt ist und in einem viel besseren Zustand aus dem Maisanbau hervorgeht als bei Monokultur. Eine Alternative zu Maisanbau für Futterzwecke besteht in einem einjährigem Gemenge mit unter anderem Sonnenblumen, Futtererbsen und Buchweizen.

Versuchen Sie einfach, was sich wo am besten eignet, bis bestimmte Gründüngungen, die art- und zeitbedingt abgestimmt sind, gezielt eingesetzt werden können. All dies ist mehr denn je gefordert im Dienste der Erhaltung der Bodenfruchtbarkeit und des Umweltschutzes. Das Saatgut für Groß- und Kleinanbauer ist direkt oder auf Bestellung in landwirtschaftlichen Lagerhäusern innerhalb von zwei bis drei Wochen erhältlich und natürlich auch in speziell dafür eingerichteten Samenhandlungen.

DIE VORTEILE DER KLEEWEGE

Weißkleeblüten mit Hummel.

Bevor der Frühling ins Land zieht, sollten wir uns darüber klar werden, ob wir Kleewege mit Weiß- oder Erdklee aussäen wollen oder nicht. Die Kleesamen sind in guten Samenhandlungen oder über landwirtschaftliche Lagerhäuser zu beziehen. Da die Samen oft erst bestellt werden müssen, sollte man ein bis zwei Wochen Wartezeit einplanen.

Weißkleewege lassen sich bereits ab März einsäen, sobald wir den ersten Frühanbau durchführen. Weißklee ist wenig frostempfindlich in der Keimzeit. Erdklee, auch Bodenfrüchtiger Klee genannt, ist empfindlicher beim Keimen, daher kann dieser besser erst ab April, sobald es wärmer wird, erfolgreich ausgesät werden. Am besten sät man auf den frühesten Anbauplätzen Weißkleewege und dort, wo später angebaut wird, Erdkleewege. Da ohnehin nicht der ganze Garten auf einmal bestellt wird, kann dies bereits in der Planung berücksichtigt werden. Der Weißklee ist auch im Keimstadium und als ganz kleine Pflanze, bei vorsichtigem Betreten, robust und unempfindlich. Erdklee ist durch seine Samengröße (wie Wickensamen) etwas empfindlicher und sollte eher dort verwendet werden, wo man nicht gleich wieder laufen muss und allgemein weniger darauf geht.

Die Vorteile der Kleewege sind vielseitig: Durch das umlaufende System im Mischkulturengartenplan kommt der Kleeweg im Verlauf von vier Jahren auf der Gesamtgartenfläche einmal an jede Stelle. Klee durchwurzelt den Boden sehr gut und sammelt während der gesamten Vegetationszeit Stickstoff im Boden, da er zu den Leguminosen gehört und in Gemeinschaft mit Stickstoff sammelnden Wurzelbakterien lebt. So hat der Klee eine gute Düngewirkung während der gesamten Vegetationszeit, aber auch für die im Folgejahr angebauten Gemüsearten durch die Wurzelmassen, die nach dem Abhacken oder Abfrieren im Frühjahr im Boden verbleiben und beim Verrotten allmählich die angesammelten Nährstoffe zur Verfügung stellen. Dort, wo der Klee wächst, bildet der Wurzelanteil während der ganzen Vegetationszeit auch einen Trittschutz, sodass der Boden nicht verdichtet wird, wenn wir darauf laufen oder mit dem Schubkarren oder ähnlichem darüberfahren. Desweiteren hat der Kleeweg den sehr großen, praktischen Vorteil, dass wir bei jeder Witterung den Gartenboden betreten können, ohne dadurch Erdklumpen an die Schuhe oder Stiefel zu bekommen, wenn wirklich einmal der Regen lange anhält und etwas geerntet werden muss. So verschlämmt auch die Erde am Weg nicht durch Dauer- oder Gewitterregen. Der Kleeweg ist imstande, das Regenwasser aufzunehmen, ohne dass bei Regengüssen Bäche an den Wegen entstehen, die gleichzeitig die Humuserde wegschwemmen und den Boden verdichtet hinterlassen.

Schon bei der Aussaat im Frühjahr darf der Samen nicht breiter als 20 Zentimeter – ausreichend für den Weg – breitwürfig ausgesät werden. Durch das Schnurspannen und das Reihenziehen sind die beiden Begrenzungslinien, zwischen denen sich der Kleeweg befinden soll, sehr deutlich erkennbar. Den dazwischen gleichmäßig dicht ausgestreuten Klee arbeiten wir nur mit Hilfe eines Metallrechens oberflächlich ein. Dabei entsteht lockere Erde an der Oberfläche, die das Austrocknen des Bodens unterhalb verhindert. Durch die Winterfeuchtigkeit im Boden keimt der Klee sehr schnell.

Bereits im Mai/Juni, bei den ersten Jätarbeiten, ist der Klee, außer in extrem trockenen Frühjahrsmonaten, soweit gewachsen, dass er das erste Mal geschnitten oder vorsichtig abgerupft werden kann. So leistet er bei den gejäteten Kulturreihen als erste Mulchschicht beste Dienste. Beim ersten Abrupfen muss man vorsichtig sein, da in diesem Stadium der Klee noch nicht so gut verwurzelt ist und vor allem bei Nässe ausgerissen werden könnte. Er würde dann nicht mehr nachwachsen. Ab diesem Zeitpunkt ergibt der Kleeweg etwa alle vier bis sechs Wochen eine Mulchmasse in der Menge, die jeweils zum Mulchen einer Kultur, neben dem Kleeweg, ausreicht. Das ist ein Segen, da es für manche Gärten oft schwierig ist, geeignetes und ausreichend Mulchmaterial zu beschaffen. Die Kleewege liefern einen guten Teil davon, und es stammt aus dem Garten selbst.

Der Klee rankt im Laufe des Sommers gerne ein bisschen nach links und rechts zu den Kulturreihen. Bei Kohlgemüse, Fruchtgemüse, Zuckermais und Sellerie stört das nicht. Bei Karotten, Roten Rüben, Zwiebelgewächsen und Salaten dagegen behindert der Klee das Wachstum mehr oder weniger. Da genügt es, im Zuge der von Zeit zu Zeit ohnehin anstehenden Hackarbeit auch am Kleeweg entlang zu hacken.

Steht auf den Wegen Weißklee, so überwintert dieser. Er ist bereits im zeitigen Frühjahr, bevor er nochmals kräftig zu wachsen beginnt, flach abzuhacken, noch besser schon vor dem Winter, da die Wege im neuen Anbaujahr um 30 Zentimeter weiterrücken. Erdklee blüht schon im ersten Jahr und ist nicht ausdauernd wie Weißklee. In den meisten Fällen ist er bis zum Frühjahr abgefroren. Weißklee blüht erst im zweiten Jahr und um diese große Blühfreude mit Bienenbeflug nicht unbedingt im Gemüsebeet zu haben, erneuern wir die Gartentrittwege auch gerne. Bei Jätarbeiten mit Bienenflug am Kleeweg wird man leicht gestochen. Außerdem braucht eine Pflanze zum Blühen auch Kraft und im Garten dient der Kleeweg der Bodenverbesserung. Hier muss er nicht blühen. Im übrigen Garten, besonders am Hauptgrasweg, wo viel gegangen und gemäht wird, wächst und blüht der mehrjährige Weißklee besonders gerne. Hier steht er aber nicht als Reinkultur, sondern in einer natürlichen Mischung mit Gräsern und Kräutern, wo dann keine Kleemüdigkeit entstehen kann. Diese feine Kleegrasmischung ist ein ideales Mulchmaterial im Garten. Ebenso eignet sich der feine Rasenschnitt als dünne Mulchschicht zwischen den Gemüsereihen und wenn noch was übrig ist, auch zwischen Kräutern, Blumen und Beerensträuchern sowie bei Obstanlagen, wo er beste Verwendung findet. Durch die Feinheit ist es wichtig, Rasenschnitt dünn zu mulchen, dick ergibt es Schimmel und Fäulnis.

Als Düngung für Klee ist besonders Holzasche aber auch Steinmehl (Basaltmehl), Algenkalk und auch Bodenkalk sehr gut, da Klee kalkhaltigen Boden braucht. Bei einem pH-Wert von 6,0 und darüber reicht oft schon die normale Kompostgabe aus, worin ohnehin Steinmehl und ähnliches enthalten sind.

Unsere Kleewege dienen uns nun schon seit vielen Jahren, und wir möchten nicht mehr ohne diese gärtnern, so viele Vorteile bieten sie uns. In Gärten wo auch Kinder mit dabei sind, sind die Kleewege sehr dienlich. Die Kinder wissen dann genau, wo sie laufen dürfen und laufen sehr gerne barfuß auf diesem sich weich anfühlenden Weißkleestreifen. All denen, die die ersten Versuche damit machen, wünsche ich viel Erfolg (siehe Seite 28 und 38).

GANZJÄHRIGER SALATANBAU

Das grüne Blatt hat in der menschlichen Ernährung einen sehr wichtigen Platz, weil es alle lebensnotwendigen Stoffe für den Zellenaufbau und die Zellerneuerung liefert sowie das für die Blutbildung so wichtige Eisen in idealer Verbindung enthält. Der in allen grünen Blättern enthaltene Pflanzensaft Chlorophyll verbessert das Blutbild und beugt Krebs vor und unterstützt die Heilung. Chlorophyll liefert uns das leicht aufnehmbare und für den menschlichen Körper verwertbare Eisen, welches Anämie verhindert. Es schafft das nötige basische Milieu und entgiftet und reinigt die Leber, beseitigt unangenehmen Körper- und Mundgeruch, lindert Zahnfleischprobleme, verbessert das Sehvermögen, fördert die Wundheilung und wirkt heilend auf Entzündungen. Chlorophyll sorgt für gesundes Blut und Darmflora, da es fast identisch mit unserm roten Blutfarbstoff, dem Hämoglobin, ist. Die grünen Blätter zählen in erster Linie zum Grundnahrungsmittel der menschlichen Ernährung. Genau genommen liefert uns das stärkste und größte von Pflanzen lebende Tier, der Elefant, den sicheren Beweis dafür. Also verwenden wir die für den Menschen passenden Wildkräuter (*Weihsbrodt, R.* und *B.,* 2013) und bauen fleißig unsere guten Salat und anderes grünes Gemüse an.

Salate faulen bei unsachgemäßer Düngung leicht. Man braucht altgedüngten Boden mit Zusatz von Pflanzenkompost, oder vollkommen ausgereiften Pflanzen- oder Mistkompost. Damit sichert man sich gesunde Salate. Wir verwenden nur Pflanzenkompost im Obst- und Gemüsebau und können durch die Beachtung aller genannten Punkte ohne starke Fäulnis bedenkenlos Salate hintereinander im selben Jahr anbauen. Aber alle Jahre denselben Salatplatz mit Salat zu bebauen ohne Misch-kultur, wäre auch mit Pflanzenkompost nicht machbar. Auch die Sortenwahl ist in diesem Zusammenhang wichtig.

Salataussaat nach zwei Wochen.

Die jungen Salatpflänzchen werden pikiert (vereinzelt.)

Der Anbau von verschiedenen Sorten zum selben Anbautermin ermöglicht stets eine lange Ernteperiode. Die Salate stehen einerseits als Zwischenfrucht im Wechsel auf derselben Reihe mit z. B. Spät-, Rosen-, Grünkohl und Sellerie. Bis diese den Platz ganz ausfüllen ist der Salat geerntet und der Platz genützt. Andererseits stehen sie als Nachbarreihen für Gemüse, die erst später den vollen Platz benötigen, z. B. Gurken, als Vorfrucht für späte Kulturen wie Endivien und Chinakohl und als Nachfrucht von frühem Gemüse wie Erbsen.

In einer Reihe bauen wir verschiedene Salate an. Bei uns stehen stets Endivien, Zuckerhut, Chinakohl und Eissalate mit verschiedenen Kopf-

Pflücksalat nach der ersten Ernte.

Auf den frei gewordenen Reihen stehen Salate.

salatsorten im Wechsel. So können wir die späten Salate in weitem Abstand bauen, der mit schneller wachsenden Kopfsalaten genutzt wird, bis die späten Salate den vollen Platz brauchen. So stehen diese dann weit genug voneinander entfernt, was Fäulnis vermeidet. Wir haben bei einigermaßen normaler Witterung keine Probleme mit Salatfäule. Die Aussaat an Ort und Stelle führt zu einem gleichmäßigen Wachstum ohne Umpflanzschock, mit der Möglichkeit der besseren Pfahlwurzelbildung, was die Pflanzen stabiler macht. Dadurch besteht auch weniger Schossergefahr und die Salate sind früher erntereif, was besonders in den Sommermonaten wichtig ist. Frühe Freilandsalate ziehen wir zum Teil vor. Auch späte, wenn die dafür geplanten Reihen mit anderen Gemüsen bewachsen sind.
Mit dem Mulchen muss man bei Salaten vorsichtig sein. Sie vertragen keinesfalls viel frisches Gras als Mulch, höchstens ganz dünn als Sonnenschutz für den Boden und damit die nötige Feuchtigkeit leichter erhalten bleibt.

Terminübersicht
Im Februar/März beginnt der Frühbeetanbau mit den verschiedensten Salaten. Pflück- und Schnittsalate werden gesät. Gepflanzt werden frühe und Treibsorten von Kopfsalaten und zwar so weit, dass auf derselben Reihe Frühjahrs- und Früh-

sommersorten dazwischengesät werden können. Dies ergibt eine hervorragende Anschlussernte! (»Ganzjähriger Gemüseanbau im kalten Kleingewächshaus«, siehe Seite 72). In dieser Zeit beginnt auch die Jungpflanzenanzucht für die Freilandpflanzung. Auf den Zwischenreihen im Frühbeet, zur schnellen Bodenbedeckung und für baldige Ernte, wird Spinat und Gartenkresse in zwei bis drei Sätzen im Fünf-Tage-Rhythmus gesät, ebenso etwas Feldsalat, der im Frühjahr unter Glas oder Folie sehr schnell wächst und bis Juni mehrmals geschnitten werden kann. Dieser Feldsalat kann bei länger anhaltender Frühjahrskälte eventuell auftretende Salatengpässe im Freiland überbrücken helfen.

Gleich anschließend tätigen wir je nach Witterung den ersten Freilandanbau mit Spinatreihen für die Ernte, als Dünger und als Markiersaat sowie mit Schnittsalaten, Pflücksalaten und etwas Feldsalat als erste Salatreihen. Ende März bis Anfang April säen wir frühe Kopfsalatsorten direkt an Ort und Stelle sowie eine Frühjahrs-Eissalatsorte, die später erntereif ist und somit länger stehen kann. Damit ist wiederum die Erntezeit verlängert, und Salatlücken können geschlossen werden.

Mitte April säen wir Frühsommersorten und verschiedene Eissalate, wieder an Ort und Stelle als auch in Vorzuchttöpfe. Ende April, Anfang Mai werden dann Chicoréewurzeln angebaut für die Treiberei im Spätherbst und Winter.

Ab Mai bis Juli gibt es eine breite Anbaupalette. Alle geeigneten Sommer- und Eissalate kommen nun zur Platzausnutzung im Wechsel auf die Reihe. Juni/Juli bis Anfang August, je nach Höhenlage, ist die Zeit für Endivien, Zuckerhut (ab Mitte Juni) und Chinakohl (ab 20. Juli). Wir verwenden auch hier bei jeder Art mehrere Sorten für Frischverbrauch und Lagerung. Auch hier stehen, wie eingangs erwähnt, Kopfsalate dazwischen. Endivien, Zuckerhut und Chinakohl ernten wir bei milder Witterung, wenn es nur zeitweise bis minus vier Grad Celsius sind, erst im November (Das war 1994 sogar erst am 11. Dezember!) frisch vom Garten für das Lager. Eine so späte Ernte ist, wenn möglich, sehr gut, weil dann das Eingelagerte lange frisch bleibt, wenn kein Kühlraum vorhanden ist.

Feldsalat bauen wir ab Mitte Juni bis August im Freiland an, mit Ernte ab Ende August bis Anfang April. Er ist mit allen Gemüsearten verträglich und dient als Vor-, Zwischen- und Nachfrucht. Den Boden sollte man möglichst zehn Tage vor der Saat vorbereiten damit das meiste Wildkraut keimt. Feldsalat wird doppelreihig oder breitwürfig gesät, da er so den Platz am besten ausfüllt, der Boden darunter feucht bleibt und nicht austrocknet.

August bis September ist auch die Zeit für den Winterkopfsalatanbau. So säen wir für die Ernte im Frühjahr den ersten Freilandkopfsalat. Die Septembersaat von Spinat sichert eine Ernte vom Spätherbst bis in das Frühjahr hinein. Die Ernte muss bei bzw. nach Sonnenschein durchgeführt werden, damit die Pflanzen im Gleichgewicht sind und das in den Geweben gespeicherte Nitrat weitgehend abgebaut worden ist. Bei pflanzlicher Düngung ist kaum Nitrat vorhanden, jedoch bei tierischer Düngung.

Im Oktober beginnt der Anbau im ungeheizten Gewächshaus. (»Ganzjähriger Gemüseanbau im kalten Kleingewächshaus«, siehe Seite 72). Am Ende des Monats beginnt auch die Chicoréetreiberei, und zwar im Dunkeln bei plus 10 bis 18 Grad Celsius, die satzweise bis Januar fortgeführt wird.

So schließt sich der Kreis, und wir beginnen wieder mit Pflanzungen und Aussaaten im Frühbeet. Es ist ein Segen, dass es so viele verschiedene Arten und Sorten gibt. Es dauerte einige Jahre, bis wir diese lückenlose, vielfältige Salatversorgung durch das ganze Jahr gut in die Praxis umsetzen konnten. Da wir ohne ein geheiztes Gewächshaus arbeiten, ist dies jedenfalls eine beachtliche Leistung über die sich unsere Kunden und wir immer freuen.

ZWIEBELN UND KNOBLAUCH

Die Zwiebel gehört zu den ältesten Kulturgewächsen der Erde und wuchs bereits im Nilschlamm. Für die meisten Zwiebelgewächse ist die vegetative Vermehrung charakteristisch, der Knoblauch zeigt dies besonders deutlich. Die geeignetsten Bodenverhältnisse finden Zwiebelgewächse im lößhaltigen Boden vor. Schwere tonhaltige Böden beeinträchtigen durch ihre Dichte die Haltbarkeit und zu sandige Böden bringen nicht die gewünschten Erträge. Mit der Kompostwirtschaft kann hier vieles ausgeglichen werden. Genügend Wasser während der Hauptwachstumszeit, ohne Staunässe, sowie viel Sonne fördern das Wachstum.

Die Düngung muss ausgewogen sein. Zwiebelgewächse vertragen keine Mistdüngung, auch nicht im Herbst zuvor. Sie bekommen frühzeitig braune Blätter, Fäulnis und werden leicht von der gefürchteten Zwiebelfliege befallen. Gut ausgereifter Kompost sowie Holzasche und Steinmehl (Basaltmehl) mit einer abgefrorenen Gründüngung im vorigen Herbst, z. B. Senf oder Ackerbohnen sowie die bewährte Laubabdeckung nach den spätesten Ernten (»Das Mulchen«, siehe Seite 110), bieten den Zwiebelgewächsen die bestmöglichen Voraussetzungen für ein gesundes Wachstum und einen hohen Ertrag. In der Mischkultur sind (schon bei der Planung!) vier Jahre bis zum nächsten Zwiebelanbau einzuhalten, bei alleinigem Anbau fünf bis sechs Jahre.

Bestand im Herbst zuvor keine Möglichkeit zu dieser Düngung, dann kann man auch noch Kompost in die Pflanzrille oder nach der ersten Jätarbeit zwischen den Reihen einen reifen Kompost verteilen, Steinmehl darauf streuen und das Ganze dünn mit feinem Gras, Klee oder auch Brennnesseln mulchen. Bei großen Flächen sollte man vor dem Anbau den Kompost oberflächlich leicht einarbeiten, weil das spätere Dazwischenstreuen hier zu aufwendig wäre. Achtung: Dicken Mulch vertragen Zwiebelgewächse nicht!

Es hat sich bewährt, während der Frühjahrsmonate zur Stärkung der Pflanzen ein paarmal mit Schachtelhalmtee alle Zwiebelkulturen zu übersprühen.

Die einzelnen Kulturen
Von **Knoblauch** haben wir zwei Sorten: Den üblichen Knoblauch ohne Luftkugeln oder Thermidrome *(Allium sativum)* und eine Sorte, die Luftknoblauchkugeln bildet, die gleichzeitig mit den Zehen im Boden reif werden, Winterknoblauch genannt und über 30 Jahre weiter vermehrt. Wir lassen von diesem Luftknoblauch, der am obersten, eingeringelten Ende der hier harten Knoblauchstängel wächst, so viel stehen wie wir für den neuen Anbau im kommenden Herbst benötigen. Was nicht als »Luftknoblauch« benötigt wird, schneiden wir bereits im Mai im Ansatz ab. Die ganze ausgereifte Knoblauchpflanze wird bis etwa Anfang Juli geerntet und als ganze Pflanze luftig unter dem Dach zum Nachreifen und Trocknen dünn aufgelegt. Nach wenigen Wochen werden von unten die Zehenknollen und von oben die Luftkugeln abgeschnitten und getrennt in Kisten aufgehoben. Die Stängel werden kompostiert. Diese Luftknoblauchkugeln können bereits wieder im September/Oktober in etwa ein bis zwei Zentimeter Abstand auf einer Reihe ausgepflanzt werden. Sie wachsen bis zum nächsten Juli zu sehr schönen, etwa kirschgroßen, runden Kugeln aus nun ohne Samenstängel, bei Hitze teilweise auch mit diesen. Sie werden wieder geerntet und im Herbst anstelle von Knoblauchzehen gesteckt und ergeben im folgenden Jahr schönen Knoblauch mit Luftknoblauchkugeln für neues Saatgut.
Diese Art von Kulturführung verjüngt den Knoblauch und spart das Pflanzgut von Orginalzehen, die dann stets alle verwendet werden können. Den übrigen Rest stecken wir noch zwischen die neuen Erdbeeren, wo sie mitwachsen dürfen. Bei dieser Art der Knoblauchzucht müssen sowohl einjährige Knollen als auch Luftknoblauch immer im Anbau sein! Bei uns ist die aus Sibirien stammende **Winterheckenzwiebel** nicht so bekannt. Bei ihr dienen die Schlotten im zeitigen Frühjahr als aromatische und vitaminreiche Würze, wenn es sonst noch keine frischen Zwiebeln gibt. Zu Beginn werden sie wie Säzwiebeln aus Samen gezogen und ausgepflanzt. Die winterharte Heckenzwiebel bleibt aber mehrere Jahre am selben Platz stehen. Unsere stehen schon mehr als zwölf Jahre am selben Ort. Dort holen wir immer wieder Horste im August heraus, teilen sie und setzen die Pflanzen einzeln oder horstweise gleich wieder ein, oder geben sie an Menschen weiter, die sie kennenlernen möchten. Man pflanzt im Abstand von 30 Zentimeter. Geerntet werden nur die Schlotten bis etwa Mai/Juni. Dann blühen diese Zwiebeln und wir lassen sie jetzt in Ruhe, damit sie wieder Kraft auftanken kön-

Ein prall gefülltes Mischkulturenbeet. Links sieht man die gut entwickelten Sommerzwiebeln in einer Doppelreihe.

Die Zwiebelernte ist schon voll im Gange. Es stehen nur noch vereinzelte Exemplare in der Reihe.

nen. Außerdem sind die Schlotten in diesem Stadium hart. Im Herbst treiben sie wieder ihre zarten Schlotten aus, die wieder verwendet werden können. Für Kompostgaben und leichten Mulch nach dem Jäten sind sie dankbar. So können sie viele Jahre auf dem selben Platz gut gedeihen.

Wintersteckzwiebeln können in günstigen Lagen im Herbst gesteckt und ab Mai geerntet werden.

Weiße Frühlingszwiebeln werden im August/September im etwas geschützten Frühbeet oder im Oktober im ungeheizten Gewächshaus gesät und dann weiter unter Glas, Folie oder Vlies auch im Freiland im Frühjahr weiter kultiviert. Sie ermöglichen eine frühe Zwiebelernte ab Juni.

Schalotten stammen aus dem vorderen Orient und wurden dort schon im Altertum angebaut. Sie wachsen sehr gerne auf sandigem Boden. In günstigen Lagen können sie mit etwas Winterschutz von Reisig bereits im September/Oktober gesteckt werden. Sie brauchen 20 x 15 Zentimeter Platz. In kühleren Lagen ist der Anbau Ende März/Anfang April sicherer. Schalotten zeichnen sich durch eine gute Lagerfähigkeit aus. Sie werden nur vegetativ vermehrt.

Die eigentliche **Küchenzwiebel** wird dagegen nur durch Samen vermehrt. Sie kann einjährig und zweijährig kultiviert werden. Die zweijährige Kultur geschieht durch dichtes Aussäen im Mai von für Steckzwiebeln geeigneten Sorten, wie beispielsweise ›Stuttgarter Riesen‹. Die dicht gesäten Zwiebelchen bedrängen sich und sterben in Minigröße bereits im Juli/August ab. Wenn das Laub ganz abgestorben ist, werden sie geerntet, getrocknet und über Winter kühl und trocken aufbewahrt. Im März/April ziehen wir mit einer Hacke eine etwa zehn Zentimeter breite, flache Rille und stecken die Zwiebeln im Abstand von fünf bis acht Zentimeter im Verband als eine zehn Zentimeter breite Doppelreihe.

Für die einjährige Kultur eignen sich ganz besonders milde Gemüsezwiebelsorten (z. B. ›Exhibition‹), die bereits ab Mitte Februar bis Anfang März dünn gesät in Kistchen anzuziehen sind. Gegen Ende April werden sie als Jungpflanzen ins Freie gepflanzt. Lagerzwiebeln gibt es in verschiedenen Sorten: frühe und späte, kurze und solche mit langer Haltbarkeit. Gemüsezwiebeln eignen sich auch sehr gut zum Frischverzehr, da sie nicht so scharf sind wie übliche Küchenzwiebeln. (= Lagerzwiebeln)

Die Ernte der Zwiebeln ist entscheidend für ihre Haltbarkeit. Die Zwiebelschlotten müssen unten, am Anfang der Knolle, ganz zusammengeschrumpft sein. Nur ein solch reifes Stadium sichert die bestmögliche Haltbarkeit entsprechend der jeweiligen Sorteneigenschaft. Bei trockenem Wetter nehmen wir sie heraus, lassen sie nachtrocknen und flechten dann Zöpfe oder schneiden die eingetrockneten Zwiebelschlotten nicht zu knapp an der Zwiebelknolle ab und stellen sie luftig und frostfrei in flachen Kisten auf. Erst bei völliger Trockenheit füllen wir sie in größere Kisten oder Zwiebelsäcke ab.

Gut kultivierte Zwiebeln und Knoblauch halten bis zur neuen Ernte, wenn man in der Zwiebelsortenwahl darauf achtet, dass die am längsten lagerfähige als letzte zur Verwendung kommt und an die erste erntefähige wieder anschließt. Die Winterheckenzwiebel liefert dazu noch ihr frisches Grün.

Zwiebelgewächse besitzen nicht zu unterschätzende wertvolle Stoffe und haben Heilwirkungen und Schutzwirkungen, die der Gesunderhaltung dienen. Der mäßige, doch regelmäßige Gebrauch der Zwiebel fördert die Verdauungsvorgänge.

PORREE (LAUCH)

Porree gehört zur Familie der Liliengewächse wie Zwiebeln und Knoblauch. Die Porreearten ermöglichen einen langen Erntezeitraum von Herbst bis Winterende. Wir bauen seit vielen Jahren folgende drei Sorten von Porree mit bestem Erfolg an: ›Hilari‹, ›Hannibal‹ und ›Blaugrüner Winter‹.
Zeitig im Frühjahr (März) säen wir alle drei Sorten, in Kistchen aufgeteilt, dünn aus. Die Saat- und Pflanzenanzuchtserde besteht aus gutem, mindestens zwei- bis dreijährigem Reifekompost, der vielfältig zusammengesetzt ist, aber nur aus reinem Pflanzenmaterial (Zartes und Gröberes) besteht. Wir sieben und füllen ihn so wie er ist in handliche Holzkistchen. Da wir den Porree nicht pikieren, achten wir besonders auf dünne Aussaat, damit die Jungpflanzen bis zur Auspflanzung Ende April genug Platz für die optimale Entwicklung haben.
›Hilari‹ ist eine sehr starkwüchsige frühe Herbstsorte. Der Schaft misst bei guter Kulturführung im Mischkulturenanbau und auf Doppelreihen oft 40 Zentimeter und mehr und das ohne extra tief zu pflanzen oder anzuhäufeln. ›Hilari‹ ist ab September erntereif und verträgt im ausgereiften Stadium nur wenig Frost. Wir ernten diese Sorte stets vom Land weg, sodass beim Einbruch stärkerer Fröste beinahe alles verbraucht ist.
›Hannibal‹ schließt gleich an ›Hilari‹ an. Er hat ein gedrungenes Wachstum und einen kurzen Schaft und ist etwas stabiler bei Wintereinbruch. Nach Schneefall kann er gut bis minus zehn Grad Celsius unter der Schneedecke geschützt schadlos überstehen. Dieser Porree wird bis Weihnachten verwendet.
›Blaugrüner Winter‹ steht schadlos bis in den Februar hinein auf dem Land und wird von dort weg geerntet. Bei Schneedeckenschutz kann er weit unter minus zehn Grad Celsius überdauern. Bei stärkerem Kahlfrost holen wir ihn mit Wurzeln ausgegraben herein. Dieser Porree ist etwas kleiner als die beiden anderen, dafür um so haltbarer. Wir bauen ihn so früh an wie die beiden ersten, weil er so am besten auswachsen kann. In wärmeren Gebieten geht es auch etwas später.
Die so spät als möglich mit Wurzelballen geernteten Porree werden mit etwa zwei Zentimeter Wasser, welches zeitweise nachzufüllen ist, in große Eimer kühl ge-

stellt und nach und nach verbraucht. Das ist die beste Lagerung. Porree ist der Zwiebel ähnlich, was Düngung, Bodenzustand und Kultur betrifft. Mistgaben, auch vom vorangehenden Herbst, verträgt Porree nicht. Dadurch wäre eine hohe Krankheits- und »Schädlings«anfälligkeit gegeben. Tiefgründige humusreiche Gartenerde, mit Steinmehl (Basaltmehl) und Holzasche verbessert, leistet beste Dienste. Empfehlenswert ist eine Gründüngung im Herbst mit vorausgegangener Kompostgabe, oder eine Kompostdüngung im Frühjahr, die oberflächlich eingearbeitet wird. Wenn dies schon im März durchgeführt wird, dann bekommt Porree eine Vorgründüngung von Senf. Diese lockert und schützt den Boden bis zu seiner Pflanzung.

Zur Kultur geben wir ausgereifte Komposterde und legen darüber eine dünne Mulchdecke mit frischem oder angewelktem Gras und Kräuterschnitt. Auch Grasmulm vom Vorjahr (altes Gras oder Heu), im Freien auf dem Boden in einem halbverrottetem Zustand gebracht, eignet sich bestens als dünne Mulchschicht. Angerottetes Material bildet keine Fäulnis mehr und zieht keine Schnecken an. Der Mulch düngt, verhindert das Austrocknen des Bodens und schützt den Humus vor Sonnenhitze.

Die Porreepflanzen stellen wir in mit der Hacke vorgezogene Rillen, indem wir erst eine ziehen, den Porree einlegen und zurechen und dann gleich darunter die zweite ziehen, den Porree im Verband zur oberen Reihe einlegen und evtl. mit Kompost zudecken. Diese beiden Rillen liegen dann genau links und rechts der gedachten Kulturreihe. Dies ergibt einen circa zehn Zentimeter breiten Streifen von Porree, den wir als Doppelreihe bezeichnen. Hiermit werden die 40 Zentimeter Reihenabstand bestens ausgenützt und dies kann auch bei allen anderen Zwiebelgewächsen so praktiziert werden. Wer bei ›Hannibal‹ und ›Blaugrüner Winter‹ besonders auf längere Schächte Wert legt, muß diese Sorten in tiefer gezogene Rillen setzen, bei ›Hilari‹ ist das nicht nötig.

Porree eignet sich nicht nur für gekochte Gerichte, er kann auch fein geschnitten zu Salaten gegeben werden. Auch in dünne Scheiben geschnitten auf Brot ist er sehr schmackhaft. Porree ist wie die Zwiebel eine gute Ergänzung zu kaliumhaltiger Nahrung wie Kartoffeln, da die Zwiebelgewächse viel Natrium enthalten und so einen Ausgleich in der Ernährung schaffen. Zwiebelgewächse sind auch sehr gut gegen Sodbrennen. Die Zwiebelgewächse binden schädliche Stoffe im Körper an sich und scheiden sie aus.

Zwiebelgewächse sind wie Naturmedizin in kleinen Mengen heilkräftig. Im Übermaß schaden sie und können Blähungen verursachen. Jeder Mensch muß sein eigenes Maß herausfinden.

Lauch wächst doppelreihig gut.

Lauch und Tagetes sind passende Nachbarn zu Tomaten.

FRÜHKOHL KANN ZWEIMAL WACHSEN

Frühkohl (Frühkraut, Spitzkohl) ist in den meisten Gärten bei guter Kulturführung bereits im Laufe des Monats Juni erntereif. Wir nutzen seine Wachstumsfreude vom zeitigen Frühjahr bis zum Wintereinbruch aus, indem wir ihn zweimal wachsen lassen und so zweimal ernten können – und dies von einem Anbau! Eine frühe Sorte eignet sich besonders gut dafür. Mittelfrühe Sorten wachsen nicht schnell genug, um bis zum Herbst zwei-mal erntereif zu werden. Höchstens in besonders günstigen Lagen wäre das einen Versuch wert.

Wir bauen die Sorte frühzeitig, Anfang März, unter Glas an, pikieren dann und pflanzen sie bereits in der zweiten Aprilhälfte ins Freiland, sobald die Witterung

Küchenfertiger Spitzkohl

es erlaubt. Beim Gießen der neu gepflanzten Frühkohlpflanzen geben wir eine kleine Menge (was zwischen Daumen und zwei Finger genommen werden kann) Holzasche auf 15 Liter Wasser gut vermischt als Start. Holzasche hat viel Kalisalze und fördert den Transport der Nährstoffe, was für ein schnelles und problemloses Anwachsen sorgt.

Den Frühkohl, der zweimal wachsen soll, setzen wir allein auf die Reihe, ohne Sellerie oder Ähnliches dazwischen. Wir achten darauf, dass die Nachbarreihe bis zum Herbst nicht zu viel Platz benötigt, damit der Kohl auch im zweiten Wachstumsstadium genug Platz und Licht zur Verfügung hat. Als Nachbarreihe eignen sich Salate, Rote Bete, kleinlaubige frühe und mittelfrühe Karotten, auch frühe, nicht zu hohe Erbsen, Feldsalat sowie die Kleewege, von denen aus der Kohl sehr gut gepflegt, gemulcht und geerntet werden kann.

Frühkohl bevorzugt eine dickere Mulchdecke. So hat Wildkrautwuchs keine Chance, der Boden trocknet nicht aus und der Kohl holt sich aus diesem Mulch, der unter seinem schützendem Blätterdach gut feucht bleibt und rasch zu Humus abgebaut wird, viele Nährstoffe.

Diese Art des Anbaus hinterlässt, obwohl es sich um eine anspruchsvolle Kultur handelt, einen humusreichen und tief durchwurzelten Boden für das Folgejahr, wo Wurzelgemüse eine gute Bodengare vorfindet und prächtig wächst.

Im Juni schneiden wir die erste Ernte von schön ausgewachsenen Köpfen. Wir lassen die Umblätter stehen und schon nach kurzer Zeit fängt der Strunk an, neue Triebknospen zu bilden. Diese lassen wir einige Zentimeter auswachsen, dann schneiden wir rundum so viel heraus bis nur noch drei bis vier schöne Kohlkopftriebe dastehen. Diese haben dann wieder genug Platz für volles Wachstum am alten Krautstrunk der ersten Ernte. Diese zweiten Frühkohlköpfe erreichen nochmals einen Teil der Größe der ersten und sind besonders zart.

Sie eignen sich sehr gut für frische Salate. Da die ersten Herbstfröste kein Problem sind wie beim üblichen Spätkohl, kann er so spät wie möglich geerntet und noch, zum baldigen Verbrauch, kurzfristig eingelagert werden. Auch für die Sauerkrautherstellung ist dieser Kohl, wenn in größeren Mengen vorhanden, sehr gut verwendbar.

BROMBEER- UND HIMBEERKULTUR MIT BÄRLAUCH

Himbeeren und Brombeeren stehen in unserem Gartengelände ungefähr in der Mitte als breiter Streifen. Das ist ein idealer Platz, in Bezug auf die Sonneneinstrahlung. Nebenbei sorgen diese Beerenkulturen für ein günstiges Kleinklima für die Gemüsebeete, die sich in der Nähe befinden. Denn durch die großen Hecken am äußeren Rand ist der Wind nicht zu scharf.
Diese Anlage haben wir im Frühjahr 1978 gepflanzt. Die Ruten wurden auf 50 Zentimeter zurückgeschnitten. Das regt den Neuaustrieb an, der im gleichen oder erst im Folgejahr kommt. Dieser Austrieb ist vom Vorhandensein der Adventivknospen am Wurzelhals abhängig. Pro Meter kann man zwei bis drei starke Himbeerruten pflanzen. Brombeeren werden als Stock und in etwa drei Metern Abstand gepflanzt.
In den ersten Jahren bilden die Himbeeren viele Wurzeltriebe, sodass sich nach einigen Jahren ein durchgehender breiter Streifen ergibt, der wie ein geschlossenes Band dasteht. An beiden Seiten befindet sich ein Grasstreifen, von dem aus die Ernte und Pflege der Anlage sehr gut erfolgen kann.
Im Mai gehen wir durch die Anlage und ziehen alle großen Wildpflanzen aus. Brennnesseln wachsen bei uns besonders gerne, weil sie hier viel Humus vorfinden. Mit Handschuhen lassen sie sich gut ausziehen und sogleich an Ort und Stelle mulchen. Alle paar Jahre bekommt die Anlage auch Pflanzenkompost oder Waldhumus aus unserem nahe gelegenen Wald. Der Humus hat sich dort durch das viele Laub in größeren Mengen von selbst gebildet und wird in diesen großen Mengen nicht gebraucht. (Falls kein eigenes Waldstück vorhanden, mit dem Waldbesitzer absprechen!) Darüber kommt etwas Laub und Gras als Schutz vor Austrocknung und der heißen Sonne. Nach der Ernte werden die abgeernteten

Ruten am Boden abgeschnitten und am Kompostplatz als Unterlage verwendet, was dem Kompost eine gute Durchlüftung von unten sichert. Man kann die Ruten aber auch in der Anlage wie ein Flächenkompost verteilen. Anschließend werden rundum die neuen Ruten gemulcht. Bei lehmigem Boden darf die Mulchschicht nicht zu dick werden, damit die Ruten nicht durch Luftmangel erkranken. Das Wegschneiden der alten Himbeerruten gibt auch wieder Raum für das Wachstum der jungen, die sich dadurch gut entwickeln können. Die Anlage bringt alljährlich, bei normaler Witterung, eine schöne, reiche und gesunde Ernte seit Beginn ohne Anzeichen von Schwäche.

Alle zwei bis drei Jahre streuen wir Steinmehl (Basaltmehl). Öfter ist das nicht nötig, weil Himbeeren wie Brombeeren ursprünglich Waldpflanzen sind und eher sauren Boden mögen. Der Mulch sichert die Düngung und hält den Boden feucht. Himbeeren wie Brombeeren lieben feuchten, humusreichen, tiefgründigen Boden ohne Staunässe. Auch Laubmulch ist hier sehr gut geeignet.

Wenn die Jungtriebe der Himbeeren im Winterausgang auf eine angenehme Pflückhöhe zurückgeschnitten werden, ermöglicht das den Anbau ohne Drahtgerüst, was die Pflege und das Pflücken erleichtert.

Unsere zweimal tragende Himbeersorte trägt im Herbst und dann wieder im Juli am selben Holz. Die Herbsternte ist aber nur in Jahren mit schönem Herbstwetter

Am Rande der Gemüsebeete stehen sieben Himbeerreihen.

Unsere zweimal tragende Himbeersorte trägt im Herbst und im Juli am selben Holz.

erfolgreich. In höheren Lagen ist es günstiger, auch diese Sorte wie einmal tragende zu führen, indem die Blütenansätze im Spätsommer vor der Blüte abgeschnitten werden. So treiben sie im Frühjahr neu aus und tragen später nur einmal, dafür noch in der wärmeren Zeit, während die sonst späte zweite Ernte zu stark vom Frost bedroht ist. Einmal tragende Sorten sind hier geeigneter.

Brombeeren sind etwas frostempfindlicher als Himbeeren. Temperaturen von minus 25 bis minus 30 Grad Celsius können auch bei günstiger Holzreife der Jungtriebe etwas Schaden durch Zurückfrieren verursachen, vor allem, wenn zusätzlich starker Wind die Rinde austrocknet, weil bei gefrorenem Boden nicht genug Feuchtigkeit nachgeliefert werden kann. Eine schützende Mulchdecke (Laubkompost, Gras, Stroh, altes Heu und ähnliches) sichert hier die Feuchtigkeitsversorgung. Der Boden friert unter dem Mulch nicht so schnell. Außerdem bietet die Bedeckung mit Reisig einen Schutz für die Ranken. Zudem bleiben bei den Brombeeren die abgetragenen Ranken und der Neuwuchs ungeschnitten bis zum Winterausgang. Ihr Laub bietet dem nächstjährigen Tragholz Schutz, vor allem wenn es am Boden liegt und noch mit Reisig und Schnee bedeckt überwintert.

Im Winterausgang, rechtzeitig bevor der Pflanzensaft aufzusteigen beginnt, liegt die günstigste Schnittzeit. Das alte Holz wird weggeschnitten, kleingeschnitten, und die jungen Ranken werden eingekürzt. Die Rankenlänge beträgt drei bis vier Meter. Je nach Wuchsfreudigkeit und zu Verfügung stehendem Platz werden der Pflanze drei, sechs oder neun Ranken belassen. Wir haben die stachellose ›Nessy und Thornless Evergreen‹, die auch über Winter ihre Blätter behalten und neue erst treiben, wenn der warme Frühling sie herauslockt. Die aufschießenden dornigen Ranken schneiden wir weg.

Auch die Brombeerranken werden wie die Himbeerruten als Kompostunterlage benutzt oder etwas zerkleinert und an Ort und Stelle genutzt. Das abfallende Laub, sowohl von Brombeeren als auch von Himbeeren, bleibt ebenfalls an Ort und Stelle liegen. Es düngt wie das Mulchmaterial und gibt den Beerensträuchern das zurück, was sie selbst hervorgebracht haben.

Als Besonderheit haben wir vor etwa 1984 in die Himbeer- und Brombeeranlage an mehreren Stellen Bärlauch als Unterkultur gepflanzt. Dieser hat sich durch seine große Blühfreude sehr schnell auf die ganze Fläche ausgebreitet. Nun steht im zeitigen Frühjahr bodendeckend Bärlauch. Er wächst durch den alljährlichen Mulch und die fallenden Blätter als Düngung sehr üppig. Die Blätter vom Bärlauch dienen uns bis zur Blüte als willkommenes Küchenkraut. Im zeitigen Frühjahr ist es eine Bereicherung des Speiseplans. Bärlauch besitzt außerdem natürliches Antibiotikum wie Knoblauch und Kresse.

Durch unsere rein pflanzliche Düngung der Beerenkultur und dem Unterwuchs von Bärlauch haben wir auch ganz wenig mit Himbeermaden zu tun. Das ist sehr erfreulich. Rutenkrankheiten, Milben bei Brombeeren oder Schimmel an den Früchten treten nur bei extremen Witterungsverhältnissen etwas auf und sind nie von Dauer und keine Gefahr für die Anlage. Himbeeren und Brombeeren sind sehr wertvoll als Frischfrucht. Sie sind auch sehr gut geeignet zum Einfrieren, für Marmelade und zur Saftgewinnung. Wir verwenden sie in ihrer Erntezeit als Hauptbestandteil unseres Früchtemüslis zum Frühstück (siehe »Das reichhaltige und vielseitige Fruchtangebot der Natur«, Seite 186) und verkaufen sie frisch und im Winter pur im Glas eingefroren.

KIWIS UND KULTURHEIDELBEEREN

Kiwis enthalten ein Vielfaches mehr an Vitamin C als Zitronen und schützen daher gerade im Spätherbst bei der Umstellung auf die kühle Jahreszeit vor Erkältung. Sie sind sehr aromatisch und haben viele wertvolle Inhaltsstoffe. Auch die kleine Art *(Actinidia arguta),* die nur etwa stachelbeergroß wird, hat einen feinen und aromatischen Kiwigeschmack. In den letzten Jahren ist sie in Baumschulen als »Japanische Honigbeere«, ›Weiki‹, »Bayern-Kiwi«, »Weihenstephaner Kiwi« und nun als 'Issai'-Kiwi im Angebot. Die laufenden Züchtungen und Verbesserungen im Hinblick auf Befruchtung und Ertrag sowie Klima lassen immer neue Sorten entstehen. Wir haben unsere ersten Kiwis unter dem Namen »Japanische Honigbeere« und wenige Jahre später unter ›Weiki‹ gekauft und beide sind fast identisch.

Die Züchtung 'Issai' ist allerdings selbstbefruchtend. 'Issai' bleibt klein im Strauch und hat einen stachelbeerähnlichen Geschmack.

Unsere Kiwis stehen als Hecken auf den Kleegrasstreifen zwischen den Mischkulturbeeten in der Nähe von Bäumen. Sie lieben einen leicht sauren und humusreichen Boden. Die kleinen Kiwis sind etwas robuster und weniger empfindlich bei Trockenheit als die großen Züchtungen (unter anderem ›Hayward‹).

Kiwi ist eine Schlingpflanze, die bis zu acht Meter hoch wachsen kann. Daher mussten wir uns vor dem Kauf überlegen, wo sie am besten hingepflanzt werden können. »Japanische Honigbeere« und ›Weiki‹ wachsen und ranken weit in Bäume hinein, wenn sie diese erreichen. Kiwis stehen in dreieinhalb bis vier Meter Abstand je Pflanze auf einem Platz, männlich und weiblich. Die Pflanzabfolge ist: zwei weibliche, eine männliche und wieder zwei weibliche Kiwi. Bei größeren Anlagen können somit immer vier weibliche auf eine männliche Kiwipflanze gerechnet werden. Wir haben für unsere Kiwis, 20 Paare, zwei Möglichkeiten gewählt: Einige Kiwis haben wir in die bereits stehende Erlenhecke gepflanzt, die wir auf drei Meter Höhe zurückgeschnitten haben. Das ist ein lebendiges Gerüst, wo die Kiwi sehr gut hineinranken kann und dabei noch etwas Sonnenschutz hat.

Diese Bayernkiwi sind erntereif.

Die Erlenzweige werden in Juli immer wieder vorsichtig zurückgeschnitten, denn die Erlenäste brechen leicht ab. Außerdem besteht bei der Erle eine besondere Symbiose zwischen den Wurzeln und Luftstickstoff bindenden Bakterien. So können die Erlen den Kiwipflanzen gleichzeitig Stickstoff auf natürliche Weise liefern. Diese Erlenhecke ist in all den Jahren nun mit den Kiwipflanzen noch ein paar Meter höher gewachsen. Die Kiwi bringen bei passendem Blütenwetter eine große Ernte.

Für die zweite Variante der Pflanzung haben wir ein stabiles Holzgerüst in der Nähe von nicht zu großen Bäumen und Hecken aufgestellt, weil Kiwis nicht so gern großer Hitze in praller Sonne ausgesetzt sind. Unser Garten liegt am leicht geneigten Süd-West-Hang. Im Hochsommer kann es da sehr heiß sein.

Das Gerüst besteht aus etwa 20 Zentimeter dicken Baumstämmen (Esche, Pflaume; möglichst mit zwei Gabelungen auf entsprechender Höhe) als Ständer. Längere und dünnere Eschenstangen dienen als Querverbindungen, die einfach in eine Gabelung der Ständer eingelegt werden können. Die Gesamthöhe soll nicht höher als zwei Meter sein, sodass vom Boden aus gepflückt werden kann und die Triebe geschnitten und angebunden werden können. Das Anbringen von Drähten und Schnüren hat Vorteile, denn die Neutriebe schlingen sich gerne darum. Wenn Holz zugekauft wird, dann Eiche oder Akazie wählen.

Der Schnitt erfolgt ab dem dritten Jahr, jedoch nicht so stark wie bei Weinreben oder bei großen Kiwis. Die Pflanze muss aber gut ausgelichtet werden. Zu lange Triebe können auf sieben bis acht Blattansätze zurückgeschnitten werden, was die Fruchtgröße und Fruchtholzbildung fördert. Flach und etwas gebogen gezogene Triebe tragen reichlich, wie bei anderen Obstarten auch. (Achtung: Kulturanleitung der Baumschule bei Neupflanzung gut beachten und aufbewahren!)

Die Kiwis werden im Frühsommer ausreichend dick mit Gras gemulcht und bekommen, wenn der Boden nicht humusreich ist, oberflächlich, unter den Mulch, halbreifen Rinden- und Laubkompost. Auch eine Frühjahrsgründüngung in jungen Anlagen mit Phacelia ist sehr günstig, die dann im Sommer an Ort und Stelle gemulcht wird. Die Kiwi braucht genug Wasser, was jedoch durch die Mulchschicht schon sichergestellt ist, indem die aufsteigende Bodenfeuchtigkeit erhalten bleibt. Gießen mussten wir nur in den ersten Jahren und in Trockenzeiten.

Kiwis brauchen leicht sauren Boden mit einem pH-Wert von 4,5 bis 5,5. Es darf also hier nicht gekalkt werden, denn die Blätter werden dadurch zu früh gelb und fallen ab. Die kleine Kiwiart passt sehr gut in unser Klima und ist winterhart bis minus 28 oder minus 30 Grad Celsius. Durch Frühjahrsfröste, bei zu sonnigem Standort, frieren höchstens die Blätter zurück, die ab April austreiben können; die

Kiwipflanzen blühen erst Anfang Juni, wenn keine Frostgefahr mehr besteht. In Jahren, in denen es Regen während der Blütezeit gab, konnten sie keine Früchte ansetzen, weil die Bestäubung fehlte. Jedoch reichen schon einige Sonnentage während der Blüte, damit die Kiwis sehr reich tragen. Die Kiwiblüten, vor allem die männlichen, die keine Früchte tragen, sind schön anzusehen, und dies zu einer Zeit, in der fast alle sonstigen Blüten schon wieder verblüht sind, was die Insekten zur Bestäubung verstärkt anlockt und den Ertrag sichert. Kiwis reifen erst im Oktober aus. Sie können bis minus zwei Grad Celsius im Reifestadium noch vertragen, weil sie geschützt unter den Blättern hängen. Stärkere Nachtfröste mindern dann Qualität und Haltbarkeit. Die Kiwis sind über mehrere Wochen kühl gelagert haltbar. Als wir die Kiwis 1989 pflanzten, wussten wir nicht, wie sie sich entwickeln würden. Nun sind wir sehr froh, so viele ausgewachsene Kiwipflanzen zu haben, die uns 1995 einen beachtlichen Ertrag gebracht haben und dies seither beibehalten haben. Unsere *Actinidia chinensis,* die große Sorte 'Starella', tragen nun das vierte Jahr, ebenso reichlich wie die kleinen 'Weiki' in Stachelbeergröße.

Die Kulturheidelbeere
In etwa drei Meter Entfernung südwestlich von der Erlen-Kiwi-Anlage haben wir 1993 im Frühjahr Kulturheidelbeeren mit 1,50 Meter Abstand in der Reihe gepflanzt. Die Heidelbeere ist ursprünglich eine Waldpflanze und liebt ein bisschen Schatten, so dass diese Kiwi-Heidelbeer-Kombination sich bestens eignet.
Entsprechend ihrer Herkunft benötigt die Heidelbeere sauren Boden (pH 4 bis 5), was wir mit Walderde, Rindenmulm und Laubkompost von Plätzen mit Laubüberschuß sicherstellen. Diese Materialien, sowohl beim Pflanzen in ein großes, 20 Zentimeter tiefes Pflanzloch als auch später zum Mulchen genommen, sichert das Gedeihen der Heidelbeeren im Garten. Die Heidelbeere wird fünf Zentimeter tiefer als sie in der Baumschule gestanden hat gepflanzt. Sägemehl als Mulch drängt das Wildkraut zurück, hält den Boden sauer und ist ebenfalls Düngung für die Anlage. Zu beachten ist, dass zur Kompostbereitung aus Laub oder Walderde kein Steinmehl und schon gar kein Kalk zugefügt werden darf. Jede Kalkzufuhr, aber auch Holzasche, sollte vermieden werden!
Die Kulturheidelbeere wird von Baumschulen im Container angeboten, wodurch sie ohne Rückschnitt beim Pflanzen gut weiterwachsen können. Wichtig ist der passende pH-Wert und reichlich Humus (Walderde 1:1 mischen mit frischem Sand) bis in eine Tiefe von circa 20 Zentimeter auf ungefähr einen Quadratmeter. Die Kulturheidelbeere ist wuchsfreudig und ertragreich. Sie kann eine Höhe bis zu 1,50 Meter erreichen und als ausgewachsener Strauch bis zu sieben Kilo Beeren

jährlich tragen. Eine Lebensdauer von bis zu 30 Jahren wird ihnen vorausgesagt. Wir hatten 1995, nach drei Jahren, einen zufriedenstellenden Ertrag. Wir haben etwa dreißig Pflanzen stehen, die alljährlich fleißig tragen.

Die Heidelbeeren sind sehr gehaltvoll und schmecken sehr gut. Sie sind kühl gelagert bis zu zwei Wochen haltbar und daher gut transportfähig. Die lange Haltbarkeit ist für den Frischverbrauch sehr vorteilhaft. Sie eignen sich jedoch auch sehr gut für Marmelade und zur Saftbereitung. Die Ernte zieht sich über einen längeren Zeitraum hin, da nicht alle Beeren gleichzeitig reifen, was für den Frischverbrauch ein weiterer Vorteil ist. Der Vitamin-C-Gehalt ist beachtlich.

Im Frühjahr oder Frühsommer wird die Anlage einmal durchgehackt. Alles bleibt an Ort und Stelle als Mulchdünger liegen, und wir geben etwas Sägemehl, evtl. Laubkompost, frisches Gras, Klee und Brennnesseln darauf. Auch die Kulturheidelbeere verträgt keine Mist- und Jauchedüngung. Sie bleibt auch nur so gesund. Die Mulchschicht hält den Boden feucht, sodass die Anlage wie die daneben stehende Erlen-Kiwi-Kultur nur bei Trockenheit zusätzlich gegossen werden muss. Kulturheidelbeeren brauchen bei der Pflanzung und in den darauffolgenden Jahren noch nicht geschnitten zu werden. Nur beschädigte Triebe sind zu entfernen und ebenso im ersten Jahr nach der Pflanzung eventuell vorhandene Blütenknospen, damit die vegetative Entwicklung der Pflanze gesichert ist. Nach etwa vierjähriger Standzeit beginnt, je nach Sorte und deren Wuchscharakter, der jährliche Schnitt. Eine ungeschnittene Kulturheidelbeere bringt auf die Dauer zu viel dünne und schwache Triebe, die nicht mehr in der Lage sind, Qualitätsfrüchte zu tragen. Kulturheidelbeeren blühen und tragen am einjährigen Holz, d. h. die Blüten sitzen hauptsächlich an den Spitzen der im Vorjahr gewachsenen Triebe.

Die Kulturheidelbeere schmeckt köstlich und ist bei Jung und Alt gleichermaßen beliebt.

> **Schnittanleitung für Heidelbeeren:**
> Der ausgewachsene Strauch soll etwa acht starke und gesunde Triebe haben. Der Neuaustrieb folgt aus dem Boden oder aus älteren Trieben in Bodennähe. So wie bei Johannisbeeren schneidet man das überalterte Holz weg und ersetzt es durch die kräftig gewachsenen Jungtriebe. Etwa ein Drittel des alten Holzes wird entfernt, sodass das Holz im Strauch nicht älter als vier Jahre wird. Die alten Triebe werden entweder unten am Boden zurückgeschnitten oder bis auf kräftige junge Seitentriebe zurückgenommen. Überzählige Wurzelschösslinge werden entfernt. Die verbleibenden kräftigen einjährigen Triebe werden auf die durchschnittliche Strauchhöhe eingekürzt, was die Seitentriebbildung fördert. Die Kulturanleitung beim Kauf sollte unbedingt beachtet und aufbewahrt werden, weil es verschiedene Sorten und Größen gibt.

Die Kulturheidelbeere ist eine köstliche Frucht und nimmt nicht viel Platz ein, sodass sie im Garten unterkommt. Kinder und Erwachsene freuen sich über diese tiefblauen, leicht mit einer feinen Tauschicht bedeckten Früchte, die ebenso erfrischend schmecken, wie ihre selten gewordenen Verwandten, die Waldheidelbeeren.

Vor den Kulturheidelbeeren stehen in eineinhalb und zwei Meter Abstand noch zwei Reihen Erdbeeren, die ebenfalls ursprünglich Waldpflanzen sind und sich daher als Nachbarkultur hier gut eignen.

UNSER WALNUSSANBAU

Walnussbäume sind von Natur aus Waldbäume in lockeren Laubbaumbeständen.

Zu unseren vielseitigen Kulturen wie Obst, Beeren und Gemüse ist der Walnussanbau eine sehr gute Ergänzung. Es standen hier bereits ältere unveredelte Walnüsse. Wir haben 1975 und 1976 veredelte Walnussbäume von der Baumschule dazugekauft, die wir jeweils im Frühjahr gepflanzt haben. Es gab damals vor allem die Geisenheimer Sorten (der Forschungsanstalt Geisenheim). Einige Bäume haben wir auch aus Kernen selbst gezogen. Solche Bäume haben zumeist mittelgroße, öfter auch ganz kleine und in bestimmten Gegenden auch einheitlich große Nüsse. Sie reifen als erstes und fallen problemlos aus der grünen Schale. Sie haben jedoch meistens ein hartes Gehäuse als veredelte große Nüsse, wenn es kleine Wildnüsse sind.

Walnussbäume können riesengroß werden, deshalb muss genug Platz eingeplant werden. Sie haben eine sehr lange Lebensdauer von bis 100 Jahren. In Baumschulen werden Sämlingsbäume billiger als die veredelten verkauft und eignen sich oft ganz gut. Die veredelten Walnussbäume tragen allerdings schon ab dem fünften Standjahr gut, während Sämlinge 15 bis 20 Jahre benötigen bis sie tragen. Dafür ist aber ihre Lebensdauer länger, die bei veredelten Walnussbäumen nur rund 50 Jahre beträgt. Hier ist die Sortenwahl abzustimmen auf die entsprechende Höhenlage, Reife und Nusstrocknungszeit. Darüber hinaus muss die Baumgröße (Wuchsfreudigkeit) mit dem vorhandenen Platz übereinstimmen. Man wähle bei wenig Bäumen nur selbstbefruchtende Bäume, also solche, die sich selbst bestäuben. Es gibt auch kleine Formen für Gärten, in denen nicht so viel Platz zur Verfügung steht. Die Baumschulen züchten auch laufend weiter, sodass unsere bis 1976 gepflanzten Sorten heute kaum mehr zu finden sind. Jede gute Baumschule berät hier seine Kunden, sodass die Wahl der richtigen Sorte getroffen werden kann. Man sollte nicht die größten Nüsse wählen, höchstens bei besonders mildem Klima, weil diese sich am schwierigsten trocknen lassen. Herbstpflanzung ist bei Walnussbäumen möglich. In kalten Lagen ist die Frühjahrspflanzung aber die geeignetere. Containerware lässt sich zu jeder Zeit pflanzen. Nußsorten mit zu dünnen Schalen werden gerne von Vögeln angepickt.

Walnussbäume sind von Natur aus Waldbäume in lockeren Laubbaumbeständen. Geschützte Standorte sind daher freien offenen Lagen vorzuziehen. Gegen Staunässe sind sie sehr empfindlich und das Grundwasser darf nicht höher als 80 Zentimeter unter der Oberfläche stehen. Bindige, luftundurchlässige Böden, schwere Lehmböden und verdichtete Böden scheiden also aus. Die selbstbefruchtenden Sorten brauchen zur Sicherstellung der Bestäubung etwas Wind, jedoch keine scharfen Winde, weil die Äste der Walnussbäume leicht brechen. Wind ist auch wichtig für die Früchte, die bei zu viel Nässe auf der grünen Schale schwarze Flecken bekommen, die sich bis hinein zur Nuss auswirken können. Pflanzen Sie Walnussbäume nicht in eine Hecke – die Früchte fallen hinein und das erschwert die Ernte! Walnüsse stammen aus warmen Ländern und sind frostempfindlich in der Blütezeit. Sie sollen daher eher auf höher gelegene Plätze gepflanzt werden, denn in tieferen entsteht oft ein Kältesee, der die Frostgefahr verstärkt. Walnussbäume sollte man nicht an Straßen- oder Wegränder pflanzen, denn bei feuchtem Wetter im Herbst besteht hohe Rutschgefahr auf den herabgefallenen Blättern und grünen Hüllen. Desweiteren ist zu beachten, dass im weiteren Umkreis des Baumes die Bodenbearbeitung nur schonend durchgeführt, also nicht umgegraben oder gepflügt wird, denn die Wurzeln liegen nah an der Oberfläche.

Walnussbäume haben durch ihren starken Geruch eine insektenabwehrende Wirkung. Unter Walnussbäumen halten sich ungern Mücken auf. Diese Bäume werden auch nicht von Mäusen an den Wurzeln angenagt.

Die Walnuss liebt lockeren und humusreichen Boden. Eine Kalkung ist nicht unbedingt notwendig, gelegentlich sollte man aber Steinmehl auf die Mulchschicht streuen, am besten beim ersten Grasschnitt im Mai/Juni, der gleich als Mulch rund um den Baum gelegt wird. Dieses Mulchen ist wichtig, damit das unter den Bäumen wachsende Gras ihnen nicht die nötige Nahrung und das Wasser entzieht. Auch der zweite Grasschnitt im September, bevor die Nüsse fallen, wird unter den Bäumen gemulcht, denn von diesem Mulch aus lassen sich die Nüsse sehr gut aufsammeln. Das Laub bleibt alljährlich als Eigendüngung unter den Bäumen liegen. Nussbaumlaub hat, in anderen Kulturen verwendet, wachstumshemmende Wirkung.

Die Ernte erfolgt über eine längere Zeit. Selbst bei einer Sorte reifen nicht alle Nüsse gleichzeitig aus. Manchmal sind die allerersten Nüsse dunkel und taub und fallen ab. Danach erst kommen die gut ausgereiften. Sie fallen von selbst aus der grünen Schale und sollen nicht mit Stöcken heruntergeschlagen werden, weil sonst die neuen Knospen beschädigt werden. Wenn die Nüsse bei trockenem, windstillem Wetter offen in der Schale im Baum hängen und aus Windmangel nicht selbst fallen, schütteln wir sie ab. Dies sollte möglichst noch vor dem Laubfall geschehen, d. h. gerade noch bevor beim Schütteln auch das meiste Laub fällt und die Nüsse zudeckt, was das Aufsammeln erschwert. Nur die letzten Nüsse müssen im Laub gesucht werden. Wir sammeln über zwei bis drei Wochen alle zwei bis drei Tage die Nüsse auf, damit sie zum einen baldmöglichst zur Trocknung unters luftige Dach kommen und zum anderen die Eichhörnchen nicht zu viele Nüsse holen und vergraben. Es würden Nusswälder entstehen!

Die gesammelten Nüsse kommen, in flache Gitterrahmen einlagig eingelegt, ganz luftig unter unser Glasdach auf Stellagen. Die Gitterrahmen machten wir mit Mäusegitter und einen Holzrahmen, auf dem wir es aufnagelten. Es darf kein geschlossener Raum sein, wo Hitze entsteht und die Feuchtigkeit nicht abziehen kann. Tagsüber

Walnuss geknackt. Die ab September reifen Nüsse haben im frischen Zustand eine basische Wirkung in unserer Ernährung.

Türen und Fenster öffnen, nachts schließen. Auch unter freiem Himmel können sie tagsüber in der nicht mehr heißen Herbstsonne einlagig in Kistchen stehen. Nachts müssen sie aber vor Tau geschützt werden, sonst zieht wieder die Feuchtigkeit ein. Die Nüsse müssen so in Kistchen zwei Wochen flach in der Luft trocknen, wenn sie bei trockenem Wetter geerntet wurden. Dann erst dürfen sie zweilagig in flache Kistchen gegeben und übereinander weiter luftig und trocken gelagert werden. Erst nach mehreren Wochen guter Trocknung darf man sie in größere Kisten oder luftige Jute- oder Stoffsäcke füllen. Werden sie weiter trocken, kühl und luftig aufbewahrt, können die Nüsse über das Jahr bis zur folgenden Ernte und sogar etwas länger gelagert werden. Plastikgefäße oder -tüten sind gänzlich ungeeignet, weil die Nüsse hier leicht schimmeln.

In der Krone brauchen Sie eigentlich nie zu schneiden. Es können jedoch von unten zu viele oder zu tief hängende Äste wachsen, die entfernt werden müssen. Doch nie darf der Schnitt im Winter stattfinden. Die günstigste Zeit ist im Juli, wenn es warm ist, damit die tropfenden Wunden schnell wieder verheilen können. Bei veredelten Bäumen wird kein hoher Stamm gezogen, er bleibt strauchartig, denn so trägt er schon bald und lässt sich leichter ernten. Er wird ja ohnehin nicht alt genug, um einen schönen Stamm bilden zu können. Jedoch werden auch diese Heister genannten Bäume sehr hoch und breit.

Die Walnuss enthält viel Fett, wodurch bei Leber- und Gallenschwäche Vorsicht geboten ist. In diesem Fall sollte man nur wenig Nüsse in den Speiseplan einbauen und in der Nahrungsmittelkombination (siehe Ernährungsteil) achtsam sein. Die Walnuss enthält auch viel Lecithin. Schon ihre gehirnähnliche Form verrät, dass sie Gehirnnahrung ist, ebenso Nervennahrung, wie Nüsse überhaupt. Die reifen Nüsse ab September haben im frischen Zustand eine basische Wirkung in der Ernährung, während die später getrockneten Nüsse Säurebildung im Stoffwechsel bewirken, wie alle Ölfrüchte und Öle, welche wir auch brauchen.

Im Juni gesammelte Nussblätter, die rasch an der Sonne getrocknet werden, damit sie grün und wirkungsvoll bleiben, sind als Tee in kleinen Mengen und nur ab und zu ein ausgezeichnetes Blutreinigungsmittel. Äußerlich wirkt der Tee stärkend als Badewasser oder für Spülungen und als Umschläge bei Akne, Milchschorf, Fußschweiß, Augenkatarrh, Zahnfleischerkrankungen und Karies.

Am Rande sei erwähnt, dass wir auch eine Edelkastanie haben. Sie ist in Kultur und Pflege der Walnuss sehr ähnlich, zeigt jedoch in der Ernährung immer eine basische Wirkung und kann auch roh gegessen werden.

KARTOFFELANBAU OHNE HÄUFELN

Schon 1974 erzählten uns Besucher vom Kartoffelanbau der Familie *Nearing* in den USA. Sie haben diesen in ihrem Buch kurz beschrieben (siehe Literaturverzeichnis) und wir haben es auf verschiedene Weise ausprobiert. Die Nearings haben wie wir Kartoffeln nur für die menschliche Ernährung angebaut. Hierfür sind kleinere Flächen als für Fütterungszwecke ausreichend. So haben auch wir unsere Kulturmethoden immer mehr verbessert, und dadurch beachtliche Erfolge erzielt.

Wir bauen die Kartoffeln nicht zu früh an. Dies ist ein ganz wichtiger Punkt, wenn Gefahr der Kartoffelfäule durch die feuchte, warme Witterung besteht. Sie stehen dann noch voll im Wachstum. Dazu stärken wir die Kartoffelpflanze mit reichlich Steinmehl und Schachtelhalmtee. Und noch etwas: Wir hatten, weil wir ohne treibende Dünger arbeiten, wie es etwa ein nur halbverrotteter Mist immer noch ist, noch nie Kartoffelkäfer. Wir sind auch stets offen für neue Anregungen und bauen jede für uns brauchbare Erkenntnis und Erfahrung in unsere Arbeit und unser Leben ein.

Das Kartoffelstück wechseln wir jährlich auf eine Gartenparzelle, die eine Erholung am ehesten benötigt, da durch den Kartoffelanbau gleichzeitig ein herrlicher Boden mit viel Humus entsteht. Wo schon Gründüngung vom Herbst des Vorjahres steht, bleibt sie bis zum Anbau. Wo der Boden frei ist, bauen wir etwa nach Mitte bis Ende März die Gründüngung an. Das Land wird dann gehackt und gerecht. Dann säen wir mit der Sämaschine über die ganze Fläche (ohne Wege) alle 50 Zentimeter eine Reihe Ackerbohnen. Auf den Streifen dazwischen säen wir von Hand Senf aus. Dieser muss vor der Blüte gemäht werden, nicht nur wegen seiner Kreuzblütlereigenschaft, sondern weil er dann anfängt, dem Boden Nährstoffe zu entziehen. Der Senfsamen wird leicht einkultiviert, braucht aber nicht eingeebnet zu werden. Etwa Ende April oder Anfang Mai ist der Senf groß genug. Die Ackerbohne bleibt noch bis zur Blüte stehen. Wenn von Hand angebaut wird, stört das nicht. Nun hacken wir nur den Anbaustreifen mit Senf zwischen ihnen oberflächig frei. Das Abgehackte kann gut ein bis zwei Tage zum Trocknen liegen bleiben, damit beim Anbau dieser Rest leicht zur Ackerbohne hin gerecht werden kann.

Einen Tag vor dem Anbau setzen wir einen Schachtelhalmtee an. Je nach Anbaufläche wird die üblicherweise angegebene Menge ein- oder mehrfach abgewogen und abgemessen. Wir nehmen die Menge zweimal, denn das reicht, um alle Kartoffeln der Reihe nach immer in frischen Tee zu legen.

Hier ist das Rezept für Schachtelhalmtee:
150 Gramm Schachtelhalmtee in sechs Liter kaltem Wasser 24 Stunden stehen lassen. Am nächsten Tag den Ansatz 20 Minuten kochen lassen. Zu dieser Menge 44 Liter Wasser dazugeben. Jetzt die schon vorher bereitgestellten Pflanzkartoffeln der Reihe nach darin einweichen, beispielsweise immer eine Sorte.

Ackerschachtelhalm

Die Pflanzkartoffeln sollten etwa eine halbe Stunde im Schachtelhalmtee liegen. In dieser Zeit werden die Anbaustreifen frei gemacht und eine flache Rille gezogen. Die Kartoffeln werden aus dem Tee geholt und in einer mit Steinmehl bereitgestellten Tonne gewälzt. Vorsicht! Bei zu langen Keimen ist es besser, das Steinmehl in die Rillen und dann noch über die Kartoffeln zu streuen, wenn sie gelegt sind. Das Steinmehl bleibt durch den Tee gut kleben. Diese nun ganz grauen Kartoffeln werden in die Rillen auf etwa 40 Zentimeter Abstand gelegt und flach mit Erde zugerecht. Es reichen acht bis zehn Zentimeter Erde über den Kartoffeln je nach Sorte, da sie im Boden wachsen oder gerne nach oben kommen und grün werden. Wird mit der Maschine gepflanzt, kann das Steinmehl auch auf die mit Erde bedeckten Kartoffeln gestreut werden. Den gebrauchten Einweichtee gießen wir am Schluß darüber. Nun nehmen wir eine neue Portion Tee und wiederholen das Ganze bis alle Kartoffeln gepflanzt sind.

Alle Kartoffeln werden gleichzeitig ausgepflanzt. Ganz frühe Sorten haben wir nicht. Wir schreiben am Acker gleich auf, wie viele Reihen von welcher Sorte wo stehen. So erhalten wir über alle Anbaujahre die Sorten rein. Wir verwenden schon viele Jahre immer wieder das eigene Pflanzgut, indem wir es schon im Herbst nach der Ernte aussuchen, in Zwiebelsäcke füllen und sie etikettieren. Im Frühjahr stehen sie griffbereit, und nur selten sind schlechte dabei, die dann aussortiert werden. Sie können Anfang März in Kistchen zum Vorkeimen kühl, aber frostfrei an das Tageslicht gestellt werden. So bleiben die Keime kurz. Bei Saatgutzukauf auf Bioware achten.

Saatkartoffeln sollten immer zum Keimen aufgestellt werden.

Wenn der Acker bestellt ist, kann er ruhig wieder ein bis drei Tage so liegen. Dann aber soll man zudecken, damit die Kartoffelkeimung nicht zu weit fortgeschritten ist und wir die Reihen noch betreten können. Bei dieser Flächenkultur bedecken wir nun die ganze Breite zwischen den Ackerbohnen mit einer etwa 15 bis 25 Zentimeter dicken Schicht. Dafür kann ganz verschiedenes Material genommen werden. Sehr gut ist es, wenn Kompost vorhanden ist, dann können wir einen dünnen Kompostschleier von zwei bis drei Zentimeter geben. Dieser muss nicht ganz reif sein. Etwas Kompost ist wichtig, denn er bringt gleich viele helfende Kompostbakterien für den Flächenkompost mit und ist für den Kartoffelertrag wichtig, weil er für die Kartoffel schneller zur Verfügung steht als der Mulch obenauf. Damit der Kompost lebendig bleibt, wird gleich zugedeckt. Darauf kann Laub oder Grasmulm vom Vorjahr einige Zentimeter dick gestreut werden. Wenn beides nicht vorhanden ist, geht auch frisch Gemähtes. Wer allerdings frisches Gras in größerer Menge verwendet, sollte es ein bis zwei Tage abwelken lassen, bevor er es ausstreut. Wenn möglich, geben wir zuerst auf den Boden luftiges Material, z. B. Stängeliges vom Vorjahr wie angerotteter Heckenschnitt, abgestorbene Stauden und auch Stroh aus ökologischem Anbau usw. Sogar von alten Reisighaufen, die oft ungenutzt daliegen, gibt es abgefallene Tannennadeln, abgebrochene Ästchen, feine Rinden- und Knospenteile. Das alles enthält viel Kohlenstoff, der als erwünschtes Gerüstmaterial die Bildung von Dauerhumus begünstigt. Darauf geben wir alles frisch Gemähte, was wir an »wilden«

Gut geschlossener Kartoffelbestand auf Mulchkompost.

Ecken, Rändern und Graswegen finden und was bis zu diesem Zeitpunkt hoch genug gewachsen ist. Auch Beinwellblätter und Brennnesseln sind bestens geeignet, weil sie den ebenfalls nötigen Stickstoff für unseren Humusaufbau liefern. Nun streuen wir nochmals reichlich Steinmehl darüber. Ganz obenauf, als Abschluss, geben wir eine Schicht mit normalem Gras. Die Schicht sollte möglichst locker aufgebaut sein. Feines Gras ist ungeeignet, weil es zu schnell fault. Außerdem wird dadurch die Mulchdecke zu dicht, sodass die Kartoffeln nur schlecht durchwachsen können.

Alles zusammen ergibt eine 15 bis 25 Zentimeter dicke Schicht, die dann noch zusammensinkt. Damit ist ein genügend dicker Flächenkompost aufgebaut, der sich nun bald im dichten Schatten der Kartoffeln und der nachfolgenden Gründüngung bis zum nächsten Anbau fast gänzlich zu Humus verwandelt.

Zum Abschluss, wenn der Kartoffelacker schön zugedeckt ist, setzen wir nochmals die gleiche Menge Schachtelhalmtee an, um ihn am nächsten Tag verdünnt über das ganze Feld zu sprühen. Ab dann dürfen die Reihen nicht mehr betreten werden bis die Kartoffel durchgewachsen sind. Wenn die Ackerbohnen blühen, werden sie unten am Stängel abgeschnitten und an Ort und Stelle gemulcht. Die Wurzeln mit den Knöllchenbakterien verbleiben im Boden. Die zweite Möglichkeit ist: die Kartoffeln auf 60 Zentimeter Reihen zu bauen und statt Ackerbohne Puffbohne zu legen und diese in Jugendstadium zu ernten (auslösen wie Erbsen). Dann die Stängel abschneiden und mulchen. Das ergibt zwei Ernten auf einem Acker! Eine dick mit Mulch bedeckte Kartoffel braucht natürlich länger bis sie voll durch das alles hindurchgewachsen ist. Geduld! Sie schafft das, wenn das Pflanzgut gesund ist, immer. Es kann auch kurzzeitig einmal Schimmel im Mulch entstehen. Das gehört zum Abbauprozess dazu und ist kein Problem, weil er wieder verschwindet.

Die so angebauten Kartoffeln, die nicht angehäufelt werden, erfordern zwar beim Anbau mehr Mühe, aber sobald die Bohnen geschnitten sind, ist bis zur Ernte keinerlei Jätarbeit notwendig, es sei denn, einige große Wildkräuter kommen durch den Mulch. Die sind aber schnell ausgerissen. Bei Krautfäulegefahr gießen wir noch ein- bis zweimal in der Vegetationszeit Schachtelhalmtee. Auch die Zwiebeljauche (ein Liter kaltes Wasser mit 20 Gramm Zwiebelschalen, fünf Tage stehen lassen) unverdünnt von allen Seiten auf das Kraut sprühen. Auch hier, wie bei den Tomaten, verrichtet die Zwiebeljauche beste Dienste. Diese Maßnahmen können ab etwa Ende Juni zweimal monatlich schon als Vorbeugung getätigt werden.

Die Kartoffel steht dann bis zur natürlichen Reife stark und gesund da. Der Boden unter der dicken Mulchschicht bleibt auch in Trockenzeiten feucht. Wir haben schon oft ohne Gabel geerntet, einfach von Hand, so locker und leicht kamen die Kartoffeln unter dem Mulch heraus. Wichtig ist, dass die Kartoffeln wenige Tage, nachdem das Kartoffelkraut natürlich abgestorben ist, auch geerntet werden, wenn die Gefahr von Mäusefraß besteht. Das ist von Gegend zu Gegend verschieden. Die Mäuse fressen erst, wenn die Kartoffeln reif sind, nicht wenn sie im vollem Wachstum stehen, da sie im unreifen Stadium sehr viel giftiges Solanin enthalten. Unreif geerntete Kartoffeln sind auch nicht so gut haltbar. Sie faulen leichter und treiben schneller wieder Keime.

Nach der Ernte der mittelfrühen Sorten säen wir in all den Mulch und in das Kartoffelkraut eine Gründüngung hinein. Das gesamte Pflanzenmaterial wird gleichmäßig verteilt und der Samen oben aufgestreut, wenn nötig etwas gehackt, wo es grün ist und mit dem Rechen etwas gerüttelt, sodass der Samen dazwischen fällt. Darüber geben wir ganz frisch gemähtes, feines Kleegras. Eine dünne Schicht, etwa einen Zentimeter hoch, ist ein wirkungsvoller Schutz vor Austrocknung im Keimstadium. Auch hier geben wir wieder etwas Steinmehl vor oder nach der Grasschicht. Schon innerhalb von etwa zehn Tagen kommen die Winterwicke und der Inkarnatklee oder der Senf durch alles hindurch. Bis zum Spätherbst bildet sich ein dichter, weicher, grüner Teppich auf dem Kartoffelacker. Auch nach der Spätkartoffelernte gegen Mitte Oktober bauen wir eine Gründüngung an. Zu diesem Zeitpunkt eignet sich aber nur noch überwinternder Roggen, bei mildem Klima auch Gelbsenf, der abfriert. Die Gründüngung schützt vor Nährstoffverlagerungen im Winter.

Dies ist eine herrliche Vorbereitung für das Folgejahr. Man muss einmal überlegen: Wir haben hier reichlich Kartoffeln und Puffbohnen geerntet und gleichzeitig eine enorme Bodenverbesserung erreicht, sodass im Folgejahr hier wieder schönes Gemüse oder Zuckermais mit Gurken usw. wachsen können. Mit diesem Kartoffelanbau haben wir viel Freude und viel weniger Mühe, weil das Jäten und Häufeln ganz wegfällt. Außerdem bleibt der Acker das ganze Jahr hindurch feucht. So kann das Bodenleben sehr aktiv arbeiten.

BAUMSCHEIBEN UND BAUMPFLANZUNG

Unsere halbstämmigen Apfelbäume tragen stets reichlich. Auch hier ist eine gute Pflege, insbesondere der Baumscheiben, dafür die Voraussetzung.

Zwei Pflanzzeiten stehen für Obstbäume zur Auswahl: Der Frühling und der Herbst. Für welchen Termin Sie sich auch entscheiden, Sie sollten eine Gründüngung vorausschicken. Entscheiden Sie sich für die Herbstpflanzung, können Sie im Frühjahr auf den für die Pflanzung vorgesehenen Plätzen eine Fläche von etwa einem Meter Durchmesser flach abhacken und schon jetzt – wie im Garten auf den Gemüsebeeten – eine herrlich vorbereitende Gründüngung einsäen. Diese kann den ganzen Sommer über schon den Boden verbessern. Hier eignen sich z. B. Phacelia mit Ringelblumen im Gemisch, auch Inkarnatklee und Wicke.

Die Aussaat ist ab April bis Juni möglich. Beide Mischungen haben eine lange Blütezeit und erfreuen unsere Augen und geben eine herrliche Bienenweide ab zu einer Zeit, in der die Obstblüte schon vorbei ist. Sind sie dann im Spätsommer beide ganz verblüht, gibt es eine Menge Mulchmaterial, das gleich an Ort und Stelle liegen bleibt und so eine gute Bodendecke zur Humusbildung ergibt. Günstig wirkt sich auch eine Gabe von Steinmehl, Algenkalk oder auch Bodenkalk und Holzasche, wo vorhanden, aus. Dies ergänzt den Mineralstoffgehalt im Boden für ein gutes Wachstum des Baumes.

Wurde Gründüngung schon früh gesät, wodurch sie dann früher verblüht, kann man sogar noch in das abgemähte und verwelkte Mulchmaterial Gelbsenf einsäen. Dazu streuen Sie den Senf auf den Mulch, klopfen mit der Gabel darauf, damit der Samen tiefer fällt und decken das Ganze dünn mit Rasenschnitt oder Kleegras zu. Falls es trocken ist, sollten Sie gut angießen. Durch die Abdeckung trocknet der Samen nicht so leicht aus. So wächst der Senf problemlos hindurch und liefert bis zum Pflanzzeitpunkt im Herbst noch schöne Blüten, was wieder den Bienen zugute kommt. Zur Pflanzung wird der Senf dann nur flach weggehackt und am Rand rundum liegen gelassen.

Das Pflanzloch braucht bei guten Böden nur so weit ausgehoben zu werden, wie die Wurzeln des Baumes es erfordern, um ausreichend Platz zu haben. Beim Ausheben der Erde muss man darauf achten, dass der Unterboden und der Oberboden auf zwei Plätze geschaufelt werden, denn die Bodenschichten werden unter Rütteln des Baumes wieder in der richtigen Reihenfolge, erst Unter- dann Oberboden, eingeschaufelt, damit die Erde zwischen den Wurzeln Halt findet.

Beim Pflanzen ist es günstig, wenn der Baum gleich auf festem Grund steht. Also muß das Loch so beschaffen sein, dass einerseits genug lockeres Erdreich für die jungen und neu zu bildenden Baumwurzeln zur Verfügung steht und der Baum anderseits nicht auf lockeren Boden kommt, der sich dann erst wieder senken muss. Je umsichtiger wir dabei vorgehen, desto eher bleibt die Bodenstruktur erhalten. So kommt das Grundwasser bis zu den Wurzeln und die Vertrocknungsgefahr ist ausgeschaltet, ohne dass wir viel gießen müssen. Es reicht, wenn wir beim Pflanzen kräftig eingießen und dann nur noch in trockenen Zeiten nachgießen, wenn der übliche Regen fehlt.

Ist der Boden von Natur aus etwas arm, mischt man der Erde gut verrotteten Kompost beim Pflanzen bei. Abschließend wird das Pflanzloch wieder plan mit dem Erdboden zugemacht, und der Baum bekommt für die ersten Jahre einen Pfahl. Das nun noch übrige Mulchmaterial wird über die ganze Baumscheibe verteilt. Wichtig ist noch, beim Pflanzen darauf zu achten, dass die Veredlungsstelle nach Westen ausgerichtet wird, weil die meisten Stürme vom Westen kommen und so der Baum am etwas schwachen Veredlungspunkt leichter brechen könnte.

Auch bei der Frühlingspflanzung wird wie oben geschildert verfahren. Die Grün-

Die Apfelsorte 'Florina' ist ein hervorragender Winterapfel mit mittelfesten, großen Früchten.

düngungseinsaat ist auch da sehr passend, wobei sie etwas vom Stamm entfernt bleiben sollte. Hier ist Kapuzinerkresse sehr geeignet und beschenkt uns mit Blüten bis zum Frost. Sie hat außerdem eine sehr gesundende Wirkung auf den Boden und den Baum. Auch bei schon stehenden Jungbäumen ist eine so angelegte Baumscheibe sehr wirksam. Eine zweite Methode, die wir mit Erfolg durchgeführt haben, ist der Anbau von mehrjährigen Lupinen in Baumnähe. Als Stickstoffsammler eignen sich auch Erbsen, Wicke und Klee. Schon stehende Jungbäume versorgen wir jahrelang so bis sie so groß sind, dass Untersaaten wegen des größeren Schattens nicht mehr wachsen. Dann wachsen oft und gerne Brennnesseln und auch Gundelreben auf den humusreichen Baumscheibenböden. Diese lassen wir dann wachsen, mähen sie und lassen sie unter dem Baum liegen. Bei der Ernte legen wir Gras über die gemähten Brennnesseln, damit sie nicht stören können. Die Brennnesseln erhalten den Baum gesund und geben durch ihr wertvolles Pflanzenmaterial, das stets dort verrottet, einen herrlichen Dünger ab. Außen, rund um die Kronentraufe, legen wir im Juni bei der ersten Mahd einen Mulchring mit dem frisch gemähten Gras an, sowohl bei den eingesäten Baumscheiben als auch später, wenn dort Brennnesseln stehen. Ab August sollte keine dicke Mulchdecke mehr angelegt werden, wenn Mäuse eine Gefahr sind. Diese nisten sich sonst gerne hier ein.

Wir praktizieren das alles seit vielen Jahren mit zunehmenden Erfahrungen. Bei entsprechenden Witterungsverhältnissen haben wir auch hier auf beinahe 500 Meter Seehöhe oft voll behangene Bäume und Beerensträucher mit vielen gesunden Früchten, ohne viele »Schädlinge« und ohne die Notwendigkeit der Regulierung. Die aufgehängten Nistkästen und nahen Hecken beherbergen viele »Nützlinge«, die das Gleichgewicht erhalten helfen.

Manches Frühjahr war sehr oft kalt und es gab sehr viel Regen. Diese Witterungsverhältnisse schwächen Jungbäume und besonders die für nördliches Klima ohnehin nur bedingt geeigneten Obstbäume, wie z. B. Pfirsich, Marille und empfindliche Apfel- und Birnensorten.

Die Brennnesseln waren bei diesem vielen Regen schon Anfang Mai sehr groß. Angesichts der Kälte fingen die Pfirsiche an, ihre Blätter stark zu kräuseln. Da sie aber durch die sehr günstige Blütezeit voll angesetzt hatten, wollten wir sie und alle anderen Bäume stärken, damit die Fruchtansätze nicht abgestoßen würden.

Eine Obstbaumspritzung mit pflanzenstärkendem Tee in der ungünstigen Witterungszeit, vierzehntägig gesprüht, kann den Pflanzen die Gesunderhaltung erleichtern. Unsere Pfirsiche waren am meisten geschwächt und sie hatten nach wenigen Wochen wieder schöne glatte Blätter und konnten alle Früchte bestens auswachsen und reifen lassen.

> **Obstbaumspitzung mit pflanzenstärkendem Tee:**
> Wir machten in den großen Wasserbecken im Garten Kaltauszüge von Brennnesseln, indem wir die frischen Pflanzen 24 Stunden einweichen ließen. Darüber hinaus haben wir Schachtelhalmtee gekocht. Hierzu gaben wir 150 Gramm trockenes Schachtelhalmkraut in sechs Liter kaltes Wasser, haben es ebenfalls 24 Stunden einweichen lassen, dann 20 Minuten gekocht und mit Wasser auf 50 Liter aufgefüllt. Für eine zehn Liter fassende Spritze haben wir siebeneinhalb Liter kalten Brennnesselteeauszug mit zweieinhalb Liter Schachtelhalmteeverdünnung gemischt (3:1). Zusätzlich haben wir noch »Penac P«, ein Pflanzenstärkungsmittel, im Tee aufgelöst. Diese Mischung verstäuben wir gut auf alle Blätter, bis weit hinauf.
> In diese Teespritzung kann auch noch EM (Effektive Mikroorganismen) dazu gemischt werden. Günstig ist es bei bedecktem Himmel zu sprühen.

DER WERT VON HECKEN

Hecken sind ein umfangreiches Thema und eine wichtige Sache für die Umwelt und die Förderung der Lebensräume für Vögel und Kleintiere. Den Wert, den Hecken für den Windschutz und für den Wasserhaushalt in unserer Landschaft haben, ist sehr groß. Bei zu viel Wind verdunstet sehr viel Wasser durch die Blätter aller Pflanzen, was sie abkühlt und das Wachstum hemmt. Die durch den Wind geringe Luftfeuchtigkeit lässt auch verstärkt Erdfeuchtigkeit verdunsten. Die Verdunstung kann bei bewegter Luft doppelt so hoch wie bei stiller Luft sein, bei sonst gleichen Bedingungen. Dies bewirkt die Austrocknung des Bodens bis hin zur Bodenverwehung, besonders im Frühjahr, wenn die Böden der Äcker noch kahl sind und sich erst noch begrünen müssen. Das ist eine Gefahr für den so wertvollen Humus im Boden.

Wildrosen gehören in jede Hecke. Ihre Hagebutten sind wichtige Vitamin-C-Lieferanten.

Vorteile von Heckenpflanzungen

Der Windschutz einer Freilandfläche durch Hecken ergibt im Gemüsebau im Vergleich zu einer ungeschützten Fläche deutliche Ertragssteigerungen. Dazu kommt, dass in Gärten, die durch Hecken geschützt sind, die Taubildung sehr ergiebig ist und länger verbleibt. So steht ein Verdunstungsschutz für die Pflanzen in höherem Maße zur Verfügung als bei freien, ungeschützten Flächen. Aber auch Frostschäden durch kalte und starke Winde werden mit Hilfe der Hecken verhindert oder zumindest gemildert. Der Boden friert im Windschutz der Hecken nur halb so tief wie bei einem entsprechenden Boden auf der Windseite. Der Schnee wird sich im windgeschützten Gebiet gleichmäßig absetzen, was wichtig für die Bodenfeuchtigkeit ist, während er auf offener Flur mit dem Wind verweht. Der Schnee enthält wertvolle Stoffe zur Erhaltung der Bodenfruchtbarkeit.

- Auch für weidendes Vieh ist Heckenschutz sehr wichtig. Es kann im Frühjahr früher auf die Weide und im Herbst länger dort bleiben. Es findet Wind- und Sonnenschutz, was sich sowohl auf die Tiere als auch auf die Weide positiv auswirkt.
- Hecken bieten Vögeln und Kleintieren, wie Igel usw., idealen Schutz. Diese holen sich von dort aus ihre Nahrung im nahe gelegenen Umland (Garten), was zu einer natürlichen »Schädlings«-Regulierung viel beiträgt! Darüber hinaus stellen überlegt gewählte Heckenpflanzen eine wertvolle Bienenweide dar, oft noch in einer Zeit, wo andere Blüten nicht mehr vorhanden sind.
- Der Kompostplatz sollte wie der ganze Garten mit Hecken geschützt werden, damit der Kompost feucht bleibt und die Kompostbakterien nicht von den Sonnenstrahlen beeinträchtigt werden können. Humusaufbau kann kaum in einer windigen und übersonnten Lage stattfinden.
- Die Befestigung von Böschungen und Hängen ist mit Heckenwuchs am sichersten gewährleistet.
- Wildkrautsamen, die durch den Wind weitergetragen werden, bleiben im Heckenbereich hängen, keimen dort und haben aus Lichtmangel wenig Ausbreitungsmöglichkeiten weiter in den Garten hinein.
- Das abfallende Laub der Hecken kann dort, wo es zu viel ist, weggenommen und für die Düngung der Beerenkulturen verwendet werden. Ebenso zur Abdeckung der spät geernteten Gemüsebeete.
- Der regelmäßige Heckenschnitt liefert Brennholz und Material für Zweighaufen, die sehr begehrt sind als Vogelnistplätze sowie als Winterquartier kleinerer Tiere, die einen Winterschlaf brauchen. Außerdem liefern die feinen Zweige vom Heckenschnitt die für den Aufbau des Pflanzenkomposthaufens nötige Zweigunterlage.

Hecken schützen den Garten und beleben die Landschaft, in dem sie vielen freilebenden Tieren Schutz und Nahrung bieten. Hier ist es der Weg durch unseren Garten.

Der Schnitt richtet sich ganz nach der Art der Pflanzen. Manche können sehr stark, manche weniger stark geschnitten werden. Das muss in Spezialliteratur nachgelesen und beim Einkauf von Heckenpflanzen anhand der Kulturanleitung ermittelt werden. Nach einigen Jahren werden die Zweighaufen morsch und sinken zusammen. Im Sommer (um keine winterschlafenden Tiere zu stören) können Sie bei Bedarf die brüchig gewordenen Zweigreste samt dem Holzmulm mit Schubkarre und Schaufel holen und dem Kompost beimischen oder für die Beerenkulturdüngung verwenden. Holziges Material enthält sehr viel Mineralien, weil Baumgewächse diese aus dem Unterboden nach oben holen. Es ist also ein sehr wertvolles Düngematerial, das als Kompost (oder Holzasche) den Boden bereichert. Dies gilt auch für alles Laub, das deshalb eine wertvolle Komponente bei der Kompostbereitung ist.
Gegenargumente zu Heckenanlagen in Kulturlandschaften sind durch Beachtung der zahlreichen Vorzüge der Hecken leicht zu entkräften. Zum Beispiel wird der vermeintliche Nachteil durch verlorenes Kulturland durch die Ertragssteigerung und den natürlichen »Schädlings«-Schutz allein schon wettgemacht. Oft wird behauptet, dass Hecken den Kulturen Nährstoffe entziehen. Sie wurzeln aber sehr

tief und bringen wichtige, oft auch ausgewaschene, Nähr- und Wirkstoffe an die Erdoberfläche, von denen Kulturpflanzen sehr profitieren! Überdies dienen Hecken als Erosionsschutz, denn sie saugen überschüssiges Wasser auf. Wir brauchen sie daher nötiger denn je als natürliche Regen- und Feuchtigkeitsspeicher überall in der Landschaft! Der unerwünschten Schattenwirkung steht die vermehrte Taubildung gegenüber. Außerdem können oft diese mehr schattigen Plätze für sonnenempfindliche Kulturen eingeplant werden: Der Kompostplatz braucht Windschutz und Halbschattenanlage. Auch Brennnesseln oder Beerensträucher bevorzugen etwas Schatten, desweiteren Sitzplätze, Spielwiesen usw. Der geringe Verlust eines Zehntels oder eines Zwanzigstels der sonnigen Fläche dürfte durch den hier dargestellten vielfachen Nutzen von Hecken wohl nicht mehr ins Gewicht fallen.

Die Auswahl der Heckenpflanzen
Bei der Planung von Hecken müssen verschiedene Gesichtspunkte beachtet werden, vor allem die wichtige Frage, wo welche Art von Hecken am dienlichsten stehen könnte. Die Wahl der Dauerheckenpflanzen hängt von der Art der Hecke, ihrer Höhe, ihrer Nutzung, vom Klima und von der natürlichen Bodenbeschaffenheit ab.
So wählten wir zum Beispiel nach Osten, wo der scharfe Wind fegt, in größeren Abständen höhere Bäume: Ebereschen, Birken und Zirbelkiefern, immer im Wechsel, was sehr hübsch aussieht. Dazwischen pflanzten wir niedere Gehölze wie Weißdorn, Faulbaum, Aronia, Mispeln, Schneeball und Pfaffenhütchen, wo Platz ist, auch Schneebeere und Schlehe, die sehr schön blühen und eine beliebte Bienenweide abgeben. Jedoch müssen die beiden letzteren in Grenzen gehalten werden, da sie leicht wuchern. Diese Heckenkombination ist unten dicht geschlossen und oben brechen die hohen Bäume die Gewalt des Windes.
Fruchttragende Hecken, von denen wir auch gerne ernten, sollen eher einreihig gepflanzt werden, damit sie nicht beengt stehen und auch genug Licht einfällt, um die Früchte ausbilden zu können. Zum Beispiel gehören hierher die Apfelrose mit ihren schönen großen und köstlichen Früchten, ferner Holunder, Sanddorn, Kornelkirsche, Zierapfel, Apfelbeere, Felsenbirne und Mispel.
Zur Straße hin eignet sich sehr gut eine Hainbuchenhecke, die auch gut geschnitten werden kann und lange ihre Blätter behält, ebenso Liguster und geschnittene Eichen. Thujen sind Wirtpflanzen für Birnengitterrost.
Damit wir bei der Auswahl nicht irgendwann in eine Zwickmühle geraten, sollte folgendes beachtet werden: Die Gemeine Berberitze und die Mahonie sind Zwi-

schenwirte des Schwarzrostes am Getreide und sollen deswegen nicht in die Nähe von Getreidefeldern gesetzt werden. Wilder Weißdorn, früh blühende Traubenkirsche, Schlehe, Vogelkirsche, Türkische Weichsel und Vogelbeere sollen nicht in die Nähe oder um Obstanlagen gepflanzt werden, weil sie Wirte vieler tierischer »Schädlinge« sind, die auch die Obstbäume befallen. Es gibt allerdings auch die gegenteilige Ansicht, dass bei einer reichen Vogelwelt auch diese Wirtspflanzen ohne Schaden für die Obstbäume stehen können. Auch wir haben in unseren Hecken, rund um unser gesamtes Gelände sehr viele von den oben genannten Sträuchern stehen. Hier leben viele Vögel und holen sich ihre Nahrung, sowohl von den Wildsträuchern als auch von den Obst- und Beerenanlagen. Wir sind dadurch keinem besonderen »Schädlingsdruck« ausgesetzt. Nur bei den Kirschen, von denen wir empfindliche Sorten haben, treten seit einigen Jahren – wohl auch durch die milden Winter – vermehrt Kirschfruchtfliegen auf. Deren Feinde brauchen vermutlich länger, um sich hier ausreichend anzusiedeln.

Ab Ende Juni bekommen vom Gitterrost befallene Birnbäume gelb gefleckte Blätter, die bis Ende August purpurrot werden. An der Unterseite der Blätter sieht man warzenförmige Gebilde mit spitzen Höckern, die Pilzsporen ausstäuben. Zur Überwinterung braucht der Pilz eine Wirtspflanze, wozu ihm verschiedene Zierwacholderarten dienen. Das beste Mittel zur Regulierung des Gitterrostes ist die restlose Entfernung empfindlicher Wachholderarten in einem Umkreis von bis zu 200 Meter, weil dann der Kreislauf des Pilzes unterbrochen ist. Der Birnengitterrost machte uns sehr zu schaffen, weil wir dicht neben einem großen Birnbaum eine Rabatte mit kriechendem Wacholder hatten. So mussten wir diese entfernen. Seither sind die Birnenbäume wieder frei von Gitterrost.

Dichte Hecken und Holzhaufen werden von kleineren Raubtieren, wie z. B. Wiesel und Igel, besiedelt, größere Hecken auch vom Iltis. Die Feldmaus, die die freie Landschaft liebt, wird in diesem Fall zurückgehalten. Wir schützen auch die Maulwürfe, denn sie stöbern Nester von Wühlmäusen auf, sodass diese, wie wir festellen können, im Garten keine Chance mehr haben. Wir hatten früher, als die Hecken noch klein waren, viele Feldmäuse. Es ist nun schon bedeutend besser geworden, weil die Hecken groß sind und schon jahrelang stehen, denn dort können sich Igel und Wiesel, jetzt in Waldnähe auch Dachse und Iltisse leichter halten. Leider nehmen Jäger auf Dachse und Iltisse keine Rücksicht, was die Mäuseregulierung erschwert.

Im kleinen Hausgarten und als niedrige Windschutzhecke innerhalb eines Gartens dienen auch die verschiedenen Beerensträucher und niedrig gezogene **Pfirsiche, Marillen** und **Felsenbirnen,** ferner eine Vielzahl von Stauden und niedrig geschnittene Hecken aus **Buchsbaum** oder **Berberitze.** Um kleine Gartenflächen herum haben sich die **Zitronenmelisse,** an trockenen Rändern der wilde **Majoran** (Dost) als niedrige, immer wiederkehrende und völlig anspruchslose Staudenhecke bewährt.

Schutz für eine Vegetationszeit kann durch **Topinambur, Ackerbohnen, Erbsen, Sonnenblumen, Strohblumen, Zucker-** und **Feldmais** und andere erreicht werden, solange die Hecken und Sträucher noch nicht herangewachsen sind. Aber auch zusätzlich können diese Windschutzpflanzen innerhalb des Gartens gute Dienste leisten. Denken Sie dabei auch an Kräuterstreifen, worauf **Dill** und **Borretsch** wachsen, ferner an Stickstoffsammler wie einjährige **Lupinen** und **Zaunwicken.**

Die fruchttragenden Hecken dienen der Vogelwelt bis weit in den Herbst und Winter hinein als reiche Nahrungsquelle und bieten Schutz und im Frühjahr Nistmöglichkeiten. Auch der Zierwert der Hecken darf nicht übersehen werden. Die Blüten im Frühjahr, die Früchte im Sommer und Herbst, die Buntfärbung der Blätter bei Einbruch der Kälte und im Winter, wenn durch Schnee, Reif und Eis die Zweige in der Sonne glitzern – vielfältig offenbaren sie uns ihre Schönheit.

Fruchttragende Hecken dienen der Vogelwelt als reiche Nahrungsquelle und Nistmöglichkeit, wie z. B. der Dorngrasmücke *(Sylvia communis).*

ZWEI MISCHKULTURMETHODEN

Wir führen zwei Formen der Mischkultur in unserem Garten durch: die **Reihenmischkultur** ohne Kleewege und die **Beetmischkultur** mit den bereits beschriebenen Kleewegen (siehe »Die Vorteile der Kleewege« Seite 115). Allgemein sind bei einem Anbau in der Mischkultur zwei wichtige Punkte zu beachten.

1) Es muss eine über das gesamte Jahr bleibende Markierung angebracht werden, die die erste Reihe der Mischkulturenanlage anzeigt. Dies geht sehr gut mit Metallschildern, die über viele Jahre wetterbeständig bleiben. In jedem Frühjahr werden alle Reihen weitergerückt, und so hat auch die Kulturreihe am Anfang unserer Fläche immer einen neuen Platz, z. B. rückt auf unseren großen Flächen mit 40 Zentimeter Kulturreihenabstand der gesamte Plan um 30 Zentimeter weiter. Dies ist ein sicherer Abstand auch für Hauptkulturen, die fruchtfolgeempfindlich sind wie Kohlarten, Zwiebelgewächse, Karotten, Sellerie, Pastinak, Erbsen und andere. Vier bis fünf Jahre Zeitabstand, was im Anbauplan berücksichtigt wird.

Genaues Messen beim Weiterrücken ist sehr wichtig, damit die Fruchtfolge innerhalb des Gartenplanes gesichert ist. Erst wenn alles genau gemessen ist, stellen wir die Metallschilder auf die neue erste Kulturreihe und spannen eine Schnur von einem Ende zum anderen dieser Reihe. Hier entlang fahren wir sodann mit dem Reihenzieher in der gewünschten Reihenabstandseinstellung, was bei 40 Zentimeter Kulturreihenabstand 20 Zentimeter ergibt (mit Kultur- und Nebenreihen in einem) und nehmen – nach Plan – unseren Anbau vor. Außer den Metallschildern, die in jedem Jahr vorne und hinten die erste

Kulturreihe und eventuell auch die letzte der jeweiligen Fläche anzeigen, kann eine für immer feststehende Markierung ebenfalls nützlich sein.

2) Ein gleichmäßiger Kulturreihenabstand muss schon bei der Planung festgelegt werden. Dieser gilt jährlich für die gesamte Fläche, auf der eine Reihen- oder Beetmischkultur angelegt wird. Nur so ist das jährliche Weiterrücken der Kulturen um einen halben Reihenabstand und/oder auch etwas mehr (30 statt 20 Zentimeter) und damit eine exakte Fruchtfolge zu gewährleisten. Wir haben verschiedene Flächen mit unterschiedlichen Kulturreihenabständen, je nach den Bedürfnissen der jeweiligen Kulturen.

Die Reihenmischkultur

Im Gewächshaus haben wir bei den frühen Kulturen nur 20 Zentimeter Reihenabstand (mit zehn Zentimeter zu den Nebenreihen, hier mit Kresse und Spinat). Weitergerückt wird hier um 20 Zentimeter jeweils beim Oktoberanbau für diese frühen Kulturen. Die Fruchtgemüsearten kommen hier für die Sommernutzung des Gewächshauses (siehe »Ganzjähriger Gemüsebau im kalten Kleingewächshaus«, Seite 72) im Mai dazwischen.

Schon weit entwickelte Gemüsereihen im Sommer.

Beispiel für den ersten Freilandanbau mit acht Kulturreihen auf 30 Zentimeter Abstand

Datum	Pflanzenart	Nachfrucht
Februar / März	Spinat	über 4 Kulturreihen: Gurken und Zuckermais im Wechsel. Im Herbst Gründüngung ab Ende August / September
	Inkarnatklee, dann Mitte April Kohlrabi und Kopfsalat im Wechsel pflanzen	
	Spinat	
	Karotten früh und Radieschen	
	Spinat	
	Senf / Anfang April Steckzwiebeln	
	Spinat	
	Pflücksalate / Schnittsalate dünn säen	
	Spinat	Juni / Juli Feldsalat
	Senf / Anf. April Kopfsalat für Frühjahr stupfen oder pflanzen	
	Spinat	Juni / Juli Zuckerhut
	frühe niedrige Schalerbsen	
	Spinat	Juni / Juli Endivien
	frühe Karotten und Dill	
	Spinat	Juni / Juli Kopfsalat für Herbsternte
	Inkarnatklee / Eissalat und Frühkraut Mitte April im Wechsel pflanzen	
	15 Zentimeter Abstand	
	Spinat	
	15 Zentimeter Abstand Kulturreihe Plan mit Frühkulturen erweitern, je nach Bedarf	

Die Hauptfrüchte rücken um 20 Zentimeter weiter. Die Nachfrüchte werden als Block, der sich über je vier Kulturreihen erstreckt, alljährlich ausgewechselt. Dies ist sehr gut für den Boden, da das Fruchtgemüse verstärkt Kompost- und Mulchbedeckung bekommt.

Im Frühbeet beträgt der Kulturreihenabstand 25 Zentimeter. Für die Kopf- und Eissalate ist dieser Abstand besser für die freiere Entwicklung. Auch hier folgt Fruchtgemüse wie im Gewächshaus. Weitergerückt wird hier alljährlich (im Februar/März) um 25 Zentimeter. Da die Unterglaskultur nur sehr kurze Zeit steht und der Abstand eng ist, rücken wir auch hier alljährlich genau um einen Kulturreihenabstand weiter. Außerdem ist die Hauptkultur das Fruchtgemüse im Sommer, der dann noch eine Gründüngung folgt. (siehe »Das Frühbeet im Jahreslauf«, Seite 45)

Ein Beispiel für einen engeren Reihenabstand bei Freilandanbau ist eine kleinere Fläche in unserem Garten, auf der alljährlich frühere Kulturen stehen. Als Nachfrucht stehen Fruchtgemüse (über mehrere Reihen verteilt) sowie Gründüngung im Wechsel. Hier beträgt der Kulturreihenabstand nur 30 Zentimeter mit 15 Zentimeter zu den Spinatreihen als Nebenreihen im Frühjahr. Die Kulturen räumen alle den Platz bis Juli/August, was eine Nachfruchtnutzung mit unter anderem auch umfangreicheren Kulturen möglich macht (Fruchtgemüse, Herbstsalate und Gründüngung). Das Fruchtgemüse wird hier schon nach Mitte Mai neben den noch wachsenden frühen Salaten, frühen Zwiebeln, Pflücksalaten, frühen Kohlrabi und frühen Karotten mit Dill gepflanzt und hat dadurch Schutz in der Zeit des Anwachsens und Erstarkens. Das frühe Gemüse räumt den Platz bevor z. B. die Gurken den ganzen Platz benötigen, sodass sie sich hervorrragend ergänzen. Hier sollte um etwas mehr als den halben Reihenabstand weitergerückt werden, damit die Kulturen nicht zu dicht stehen. Wir rücken deshalb um 20 Zentimeter weiter. Die Größe solch eines frühen Gartenstückes richtet sich nach dem Bedarf und dem Plan, den jeder selbst erstellen muss.

Ein weiteres Beispiel für frühe Freilandkulturen ist unser »Franck-Garten«. Bei dieser Reihenmischkultur betragen die Abstände 40 und zu den jeweiligen Spinatreihen zwischen den Kulturreihen 20 Zentimeter. Hier rücken wir wegen der intensiveren Nutzung um 30 Zentimeter weiter. (Siehe »Bewährte Mischkulturen«, Seite 52)

Ein Gartenstück für zum Teil länger stehende Kulturen ist die Reihenmischkultur mit 50 Zentimeter Abstand von Kultur zu Kultur. (Der Spinat dazwischen steht in einem Abstand von 25 Zentimetern zur Kulturreihe.) Dies ist der von Gertrud Franck empfohlene Kulturreihenabstand, bei dem alle Gemüsearten gut Platz haben, und wo ausreichend Platz besteht zum Begehen, Düngen und Mulchen zwischen den Reihen. Hier rücken wir ebenfalls 30 Zentimeter weiter. Auf der vorhergehenden Seite habe ich einmal Kulturbeispiele für ein 30-Zentimeter-System aufgezeichnet.

Die Beetmischkultur

Der weitaus größte Flächenanteil in unserem Garten wird als Beetmischkultur mit Weißkleewegen geführt, bei der der Kulturreihenabstand 40 Zentimeter auf den Beeten beträgt. Zwischen den Beeten ist 20 Zentimeter Platz für Weißkleewege in der Mitte und links und rechts mit dem benötigten Abstand zu den angrenzenden

Buschbohnen sind in der Mischkultur willkommen.

Kulturreihen von ebenfalls 20 Zentimeter. Auch unsere Beetmischkultur mitsamt den Kleewegen rücken wir alljährlich um 30 Zentimeter weiter. Die Kleewege, die im Frühjahr immer neu mit Weißklee besät werden, sind nun eine Dauergründüngung für jeweils ein Jahr, und weil sie mit dem Gartenplan im Laufe von vier Jahren eine gesamte Beetbreite einmal durchwandern und überall ihre gute Wirkung hinterlassen, eine wesentliche Bereicherung der Fruchtfolge (siehe »Die Vorteile der Kleewege«, Seite 115).

Wir haben in unseren Garten nach jeweils etwa 20 Meter einen etwa fünf bis zehn Meter breiten Grünstreifen für Dauerbepflanzung (Beerensträucher und in Halbstammkultur einreihig Obstbäume) angelegt. So sind nicht alle Flächen zusammenhängend, damit es überall genug Bewegungsfreiheit gibt und damit wir den Garten vielseitiger und abwechslungsreicher gestalten können. Außerdem sorgen die Sträucher, Hecken und kleineren Bäume für das nötige Kleinklima und bieten den »Nützlingen« einen Lebensraum. Auch gibt es Kleegrasflächen und Hauptwege, die als Kleegraslieferanten für Mulchzwecke sehr praktisch sind. An manchen Flächen gibt es, soweit wir es schaffen, Blumen- und Kräuterränder, meistens aber Kleegrasränder. So ist bei Bedarf immer etwas Platz nach oben und unten verfügbar, um das Verrücken der Reihen um 30 Zentimeter problemlos durchführen zu können wie auch die Einhaltung von 30 Zentimeter Randabstand zum Kleegras- oder Kräuter-Blumenstreifen.

Wer genug Gartenfläche hat, kann auch etwa ein Viertel der Fläche reihum alle vier Jahre nur mit Gründüngung bebauen, die auch als Mulchmaterial gute Dienste tut. Hier wird der Boden sehr stark mit Gründüngerwurzeln durchwachsen und ist so nachher bestens regeneriert für einen neuen erfolgreichen Anbau.

Der Parzellenwechsel bei der Beetmischkultur
Wie vorausgehend beschrieben, haben wir in unserem Garten verschiedene Flächen mit jeweils speziell dafür ausgearbeiteten Mischkulturenplänen. Auch bei den größeren Beetflächen gibt es unterschiedliche Planungen. Als Beetmischkulturen führen wir ein ganzes Stück für die späte Anbauphase im Juni/Juli, wo die letzten Salate angebaut werden, ferner den »Indianergarten« (siehe »Unser Indianergarten«, Seite 56) mit Freilandgurken und Zucchini, wozu wir Rosenkohl und Zuckermais als Schattenspender stellen und wo auch einige Tomaten und Stangenbohnen stehen. Dazu kommt noch unser Kartoffelanbau ohne Häufeln, dafür mit Mulchbedeckung der Reihen (Kompost, Laub und Gras) auf eine alljährlich dafür ausgewählten Fläche, für die eine nachhaltige Bodenverbesserung vorge-

Der Mischkulturgarten füllt im Herbst die ganze Fläche.

sehen ist. Eine genaue Gartenbaubuchführung ermöglicht es uns über viele Jahre hinweg, nachzusehen, wo und wann etwas gestanden hat.
Die Größe der Fläche spielt für einen derartigen Mischkulturgartenbau keine Rolle. Man muss nur wissen, was gebraucht wird und wie viel von den einzelnen Früchten angebaut werden können und sollen. Danach kann dann der Plan samt Spezialplänen erstellt werden. Es ist für den Parzellenwechsel günstig, wenn es einheitlich große Parzellen gibt, so dass z. B. die Flächen einzeln für sich und die Teilflächen etwa dieselbe Größe aufweisen. Dafür können in einem kleinen Garten die einzelnen Beete dienen, im größeren Anbau sprechen wir einfach von Parzellen. Dies können dann abgegrenzte Flächen oder ebenso große Teilflächen sein.
Für den Anfang ist es ratsam, im ersten Jahr nicht zu groß zu beginnen. Erst im zweiten Jahr, nachdem die ersten Erfahrungen gemacht wurden, kommt mehr Sicherheit und damit der Mut und Erfolg für größere Anbauflächen oder Spezialmischkulturen. In diesem Zusammenhang darf nie vergessen werden, dass die Arbeit in und mit der Natur von vielen naturbedingten Umständen abhängig ist. Hinzu kommen noch die äußeren Gegebenheiten und das eigene Erfahrungspotenzial, das ständig wächst, wenn wir nur offen dafür bleiben. Anscheinende Fehlschläge dürfen uns nicht entmutigen, sie sind nötige Lernprozesse auf dem Weg.
Die kleineren Flächen für das ganz frühe Gemüse sind seit Beginn unseres Mischkulturengartens 1974 am selben Platz geblieben. Dort haben wir genügend Gründüngung und Kompostversorgung eingeplant, was den Boden in seiner Dauerfruchtbarkeit erhält. Hiermit möchte ich nur bemerken, dass ein Parzellenwechsel nicht nötig ist für den, der nur wenig Land zur Verfügung hat und nur Gemüse anbaut, wenn er die bodenaufbauenden Maßnahmen zur Genüge beachtet und auch immer Kompost zur Verfügung hat. Für größere Flächen mit speziellen Schwerpunkten und Kartoffeln, ist der Parzellenwechsel sowohl praktisch als auch biologisch sinnvoll.
Wir planen eine etwa gleich große Parzelle für das Indianergartenstück, für das Salatstück, für den letzten Freilandanbau und für das Kartoffelstück. Diese drei Parzellen wechseln jährlich oder von Zeit zu Zeit mit einigen der sechs normalen Beetmischkulturparzellen, wodurch der ganze Mischkulturengarten in Bewegung bleibt und so, abgesehen von den Weißkleewegen, überall einmal für längere Zeit vor oder nach der Kultur eine größere Fläche mit Gründüngung stehen kann.
Den drei oben genannten Spezialstücken, denen die zwar anspruchsvolleren, dafür aber kurzzeitigeren Kulturen zugeordnet sind, können wir nun mehr Gutes tun als den normalen Stücken mit ganzjährig bebautem Gemüse. So bekommen die Kartoffeln und der Indianergarten verstärkt Kompost, das Salatstück bis Mitte

Juni sehr viel Gründüngung, was natürlich im gewissen Maße auch in normalen Mischkulturen möglich ist, wenn z. B. auf eine Vorkultur verzichtet wird.

Das Kartoffelstück, das sowohl mit viel Kompost als auch mit viel Gründüngung versorgt wird, kommt zunächst dorthin, wo ein Boden wieder »auftanken« muß. Für den vorgesehenen Wechsel beobachten wir während der Vegetationszeit den Boden auf den einzelnen Beeten. Im Winter, meistens Ende Dezember/Anfang Januar, wird dann der neue Gartenplan erstellt. Wir entscheiden damit, wo im folgenden Jahr die Kartoffeln und wo die Indianermischkultur stehen sollen und ob das Salatstück nochmals mit der üblichen Rotation am selben Platz bleibt, was wir auch schon viele Jahre hintereinander mit Erfolg gemacht haben. Alle genannten Stücke können in sich rotierend länger am Platz bleiben.

Auch die Kartoffeln können mit jährlichen Kompostgaben und Gründüngung ebenfalls länger dort bleiben. Zum Beispiel baute *Alwin Seifert* (1980) 17 Jahre und länger seine Kartoffeln mit bestem Erfolg am selben Platz an, nur mit regelmäßigen Kompostgaben.

Der Wechsel der Parzellen mit ihren verschiedenen Früchten, Fruchtfolgen und Gründüngungen vermittelt dem Boden in regelmäßigen Zeitabständen die entsprechenden Qualitäten und Erholungsphasen. Schon bei der Planung muss darauf geachtet werden, dass die den Kohlarten zugehörigen Gemüsearten so gestellt werden, dass sie erst nach vier Jahren wieder etwa auf die gleiche Stelle kommen.

Wie bereits erwähnt, reicht im Mischkulturengarten eine Pause von vier Jahren für Kohlgewächse wie auch für Wurzelgemüse und Zwiebelarten. Der Mischkulturenanbau ermöglicht den kürzeren Zeitabstand, weil die Kohlgewächse verschiedene Nachbarn haben, die schon im Anbaujahr einen allgemein günstigen Einfluss ausüben. Ebenso sorgen der Mulch und die Gründüngung ständig für die notwendige Vielfalt des Bodenlebens, das die Bodengesundheit erhält und das gesunde Wachstum stets aufs Neue sicherstellt. Darum ist die naturnahe Anbauweise auch der größte Garant für ein optimales Bodenleben.

ERNÄHRUNG
SPINAT UND BRENNNESSELN ALS ENERGIELIEFERANTEN

Jede Jahreszeit hat ihre besondere Eigenheit wie das menschliche Leben, das sich im Ablauf der Jahreszeiten widerspiegelt. So wie ausgeruhte Menschenseelen neu gestärkt und mit allen bis dahin erreichten Veranlagungen aus den geistigen Welten zur Neugeburt schreiten, so ruht die Natur im Winter voller innerer, unsichtbarer Aktivitäten und Vorbereitungen für das Kommende bis der Austrieb der grünen Blätter und Blüten im Frühjahr aufs Neue erfolgt!

Die jungen Brennnesselblätter sind reich an wertvollen Inhaltsstoffen.

Spinat verwenden wir auch gerne als grünen Salat.

Die grünen Blätter dafür werden in jungem Zustand ganz, später dann geschnitten wie Endivien genommen.

Die Geschichte des Jahres kann uns Menschen viel über unsere eigene Geschichte vom inneren und äußeren Wachstum erzählen. So hat auch das, was die Natur uns zu den verschiedenen Jahreszeiten bietet, eine Bedeutung für Seele und Körper. Jedes Jahr, am Ausgang der kalten Jahreszeit, sehnen wir uns wieder nach der warmen Sonne und dem von ihr hervorgelockten Wachstum von leuchtenden Blüten und wohltuendem Grün!

Brennnessel und Spinat sind beides Pflanzen, die uns im zeitigen Frühjahr als grünes Blatt mit konzentriert wertvollen Inhaltsstoffen sehr bald und reichlich zur Verfügung stehen. Daneben gibt es eine ganze Anzahl von Wildkräutern und Kulturpflanzen, die nach und nach kommen. Da wir so stark verbunden mit der Natur leben, ist es für uns alljährlich ein echtes Erlebnis, wenn im Februar die ersten Brennnesseln aus dem Boden sprießen. Ganz jung und klein brennen sie noch nicht so sehr. Wir verwenden diese jungen Brennnesseln fein gewiegt in den Salaten vermischt. Die Brennnessel hat einen hohen Eisengehalt, viel Eiweiß, Kalzium und viele Mineralstoffe sowie Spurenelemente. In der Brennnessel sind alle essentiellen Aminosäuren enthalten, welche die Bausteine für Eiweiß sind. Der hohe Chlorophyllgehalt ist blutreinigend und heilsam. Der tiefgrüne Pflanzensaft Chlorophyll, auch in anderen Pflanzen, kann die Krebsheilung sehr fördern und der Entstehung vorbeugen. Brennnesselspitzen roh mit Wasser mixen, kurz ziehen lassen und als Fitnessgetränk nehmen.

Mit zunehmender Tageslänge und Wärme wachsen sie größer aus. Dann ist die Zeit gekommen, Brennnesseln für Kaltauszüge zu nehmen. Dafür schneiden wir sie klein, geben sie in einen Krug und füllen kaltes Quellwasser nach, bis es darüber steht. Schon nach kurzer Zeit färbt sich das Wasser schön hellbraun, da es von den geschnittenen Brennnesseln rasch die Stoffe aufnehmen kann. Diesen Kaltauszug kann man so wie er ist oder lauwarm trinken, ohne Zucker oder Honig.

Im Frühjahr machen wir diesen Kaltauszug nachmittags und trinken ihn bis zum Abend, wobei wir ein- bis zweimal Wasser nachschütten. Der Brennnesselauszug darf aber nicht länger als einige Stunden (etwa fünf Stunden) so verwendet werden und sich nie ganz dunkel verfärben, denn dann setzt bereits die Gärung ein, und er ist nicht mehr genießbar. Der Rest wird zu den Pflanzen oder zum Kompost gegeben. Für den Winter haben wir getrocknete Brennnesseln in der Kräuterteemischung und etwas Brennnesselpulver für die Speisen.

Der Brennnesselauszug ist unvergleichlich viel wertvoller und auch schmackhafter als gekochter Brennnesseltee und gibt sehr viel Energie durch den hohen Mineralstoffgehalt und die vielen Vitalstoffe bei frischer Ernte. Außerdem wirkt er sehr stoffwechselfördernd, was die Frühjahrsmüdigkeit erst gar nicht aufkommen lässt, denn die Brennnessel hat eine stark blutreinigende und blutbildende sowie entzündungshemmmende Wirkung. Die Frühjahrsmüdigkeit hat ihre Ursache in einer Verschlackung des Körpers, was in den Wintermonaten leichter vorkommt als in der wärmeren Jahreszeit mit viel Sonne und mehr Bewegung in frischer Luft und mit reichlich Frischkost.

Wir nehmen die Brennnesseln auch zu unserer Gemüsemahlzeit als eine Art Suppe oder Soße. Die Grundlage dazu bildet ein gemahlenes Getreide: Reis, Hirse, Weizen, Dinkel, Buchweizen, Gerste oder auch mal Kartoffeln frisch, mit etwas Wasser und ein paar Karotten gekocht und dann mit fein geschnittenen Brennnesseln mit dem Stabmixer zu einer feinen Creme, gut gewürzt, gemixt. Da gibt es viel Abwechslung, die sich nach dem jeweiligen Speiseplan richtet. Die Kartoffelgrundlage nehmen wir nur zu Gemüse, nicht aber zu Getreidespeisen, weil Kartoffeln und Getreide nicht gut harmonieren.

Später, wenn Borretschblätter vorhanden sind, nehmen wir dazu auch dieses Kraut. Borretsch hat eine wohltuende Wirkung auf die Verdauungsorgane, wirkt entgiftend, fieberstillend, erfrischend und belebend und stärkt Hirn und Herz, was sehr hilfreich für stressige und eilige Menschen ist. Diese oben beschriebene Suppe oder Soße ist eine sehr nahrhafte Speise, die gut gewürzt allen schmeckt, sehr bekömmlich ist und sichtlich Kraft gibt. (In neueren Untersuchungen wurde allerdings ein leberschädigender Inhaltsstoff gefunden. Borretsch sollte daher, vor allem von empfindlichen Personen, nur in Maßen verzehrt werden.)

Spinat verwenden wir auch sehr gerne als grünen Salat. Die grünen Blätter werden dafür in jungem Zustand ganz, später dann geschnitten wie Endivien genommen. Wir essen jeden Tag über mehrere Wochen reichlich Spinatsalat wie auch Winterpostelein (Portulak), bis es reichlich Pflücksalat, grünen Kopfsalat und andere Gemüsearten gibt. Dann aber ist es genug in dieser Menge, auch wegen der Oxalsäure im Spinat. Wenn er blüht, soll er nicht mehr verwendet werden.

Die Brennnesseln und der Spinat sind unsere Energielieferanten ersten Ranges in den oft anstrengenden und sehr arbeitsreichen Frühjahrsmonaten, wenn die Vorräte im Keller vom Vorjahr zu Ende gehen und die neue Ernte noch auf sich warten lässt. Achtung: Spinat und Brennnesseln müssen unbedingt auf altgedüngten Böden wachsen und dürfen nicht überdüngt sein, vor allem nicht mit Mist und Stickstoffdünger, weil sie sehr begierig Stickstoff aufnehmen, einbauen und den Überschuss als Nitrat in ihren Blättern und Stängeln ablagern! Die Gerichte dürfen nicht ein zweites Mal aufgewärmt werden, weil sich dann das Nitrat in das giftige Nitrit verwandeln kann und im Körper krebserregende Nitrosamine entstehen können.

Da wir Spinat in der Mischkultur überall als Nebensaat anbauen, gibt es ihn reichlich, und wir nehmen immer aus der Fülle, so viel wir brauchen. In unserer Anbauweise liegt keinerlei Gefahr von Stickstoffüberdüngung.

> **Rezept für eine wohlschmeckende Suppe oder Soße mit Brennnessel- oder Spinatblättern:**
> Das möglichst frisch geschrotete Getreide wird in angewämtes Wasser eingerührt und langsam auf etwa plus 40 Grad Celsius erwärmt, und zwar nicht zu schnell. Damit die Verdaulichkeit des Getreides verbessert wird, soll Getreide 15 bis 20 Minuten auf etwa plus 40 Grad Celsius gehalten werden, bevor es erhitzt wird und bindet. Bis plus 40 Grad Celsius belassen ist es noch Frischkost, jedoch besser verdaulich als nur kalt eingeweichtes und so genossenes Getreide. Dazu geben wir einen pflanzlichen Suppenwürfel oder auch nur Kräuter und etwas Salz nach Belieben. Je nach Geschmack kann man mit geschnittenem Porree oder Zwiebeln, etwas Knoblauch und Curry das Gericht abrunden. Dieses Gemisch wird unter zeitweiligem Rühren etwa eine halbe Stunde ziehen gelassen, damit es gut abbindet. Dann lässt man es abkühlen und gibt die Brennnessel- oder Spinatblätter fein geschnitten hinzu. Mit dem Mixer zerkleinert ergibt sich eine Soße mit ungekochtem, wertvollem Grün. Auch andere Kräuter können hier Verwendung finden. Zu Getreidegerichten nehmen wir das obige Getreiderezept. Zu Kartoffelgerichten ersetzen wir das Getreide mit Kartoffeln, die geschält und gewürfelt gekocht und nach der Abkühlung in das frische Grün eingemixt werden.

WURZELGEMÜSE ALS SCHMACKHAFTE SALATE IM WINTER

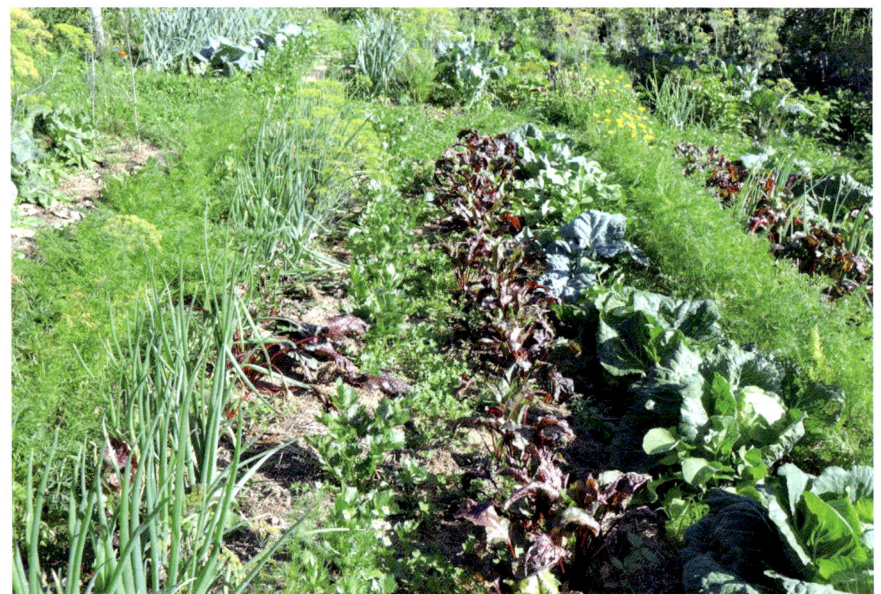

Sellerie ist eine willkommene Nachbarpflanze.

Das Wurzelgemüse sammelt während der ganzen Vegetationszeit viele Mineralstoffe, Vitamine und Vitalstoffe, auch Kohlenhydrate und Eiweiß. So wie das Blattgemüse seine Aufbaustoffe in die Blätter einlagert und es uns zur Verfügung stellt, so lagert das Wurzelgemüse seine Aufbaustoffe in die Wurzeln ein. Sie sind lange lagerfähig und ernähren so den Menschen über die Zeit, in der die Natur mehr oder weniger ruht und neue Kräfte für das neue Wachstum sammelt.

Wichtig ist auch hier der überlegte und für die Wurzeln passende Anbau. Frischen Stallmist, auch wenn er schon im Herbst auf den Boden gebracht wurde, mögen sie alle nicht. Sie werden dadurch leichter von »Schädlingen« befallen und sind lange nicht so haltbar wie Wurzelgemüse, die auf gutem mit Kompost versorgtem Boden wachsen dürfen. Die Düngung mit frischen und gelagerten, noch riechenden tierischen Düngern stellt für alle Gemüse eine deutlich spürbare und erkennbare Beeinträchtigung der inneren Qualität dar. Dagegen hat auf einem humusreichen und lebendigen Boden jede Pflanze die Möglichkeit, sich selber die gerade nötigen Nährstoffe auszuwählen. Das ist eine wichtige Vorraussetzung für ein harmonisches Pflanzenwachstum. Es ist nämlich ein Unterschied, ob die Pflanze unfreiwillig Nährstoffe im Wasser aufnehmen muss, weil sie in leicht löslicher Form dem Boden während oder kurz vor der Wachstumsperiode zugeführt wurden oder ob alle Nährstoffe in Form von Humus zur freien Entnahme für die Pflanze bereitgestellt sind. Deshalb ist es besser, alle tierischen Dünger vorher zu gutem Kompost umzuwandeln. Je harmonischer und gesünder unsere Wurzelgemüsearten heranwachsen können, umso länger bleiben sie in einem für sie geeigneten Lager frisch und nahrhaft. Sie schrumpfen und faulen nicht so leicht und geben ihre innewohnende Kraft an uns Menschen weiter. Diese Voraussetzungen sind nicht zu unterschätzen. Wir haben das selbst sehr genau erfahren und von unseren Kunden oft bestätigt bekommen, dass unser mit reifem Kompost gewachsenes Gemüse sehr gut und sehr lange bei entsprechender Lagerung haltbar ist. Flächenkompost eignet sich auf leichten Böden dabei genauso wie aufgeschichteter Kompost.

Karotten sind sehr vielseitig verwendbar. In Gemüsegerichten, sogar im Karottenkuchen, schmecken sie fein und süßlich. Karottensaft von den aussortierten, zu kleinen, zu großen oder gesprungenen Karotten ist eine herrliche, gelegentliche Beigabe zu den frischen Salaten, ein Achtel Liter pro Person reicht. Kinder lieben besonders die ganzen Karotten. Es stärkt und trainiert ihre Zähne durch das fleißige Abbeißen und Kauen. Karottensalat, fein oder grob gerieben machen wir je nach Wunsch mit etwas dazugeriebenen Äpfeln, kaltgepresstem Pflanzenöl und wenig Salz oder auch pikant mit etwas Knoblauch, Salz und Öl. Viele Leute verwenden auch Sauer- oder

Karotten sind sehr vielseitig verwendbar.

Süßrahm. Es gibt viele Möglichkeiten, den Speiseplan zu bereichern! Karotten enthalten viel Pro-Vitamin A, das so wichtig für die Augen und die Haut ist.

Die **Pastinake** ist eine nicht so bekannte Wurzel, die jedoch sehr gehaltvoll ist. Sie wird gerne für Suppen und als Würze ähnlich der Petersilienwurzel genommen, schmeckt aber etwas süßlich, wenn sie gekocht ist. Pastinaken lassen sich auch sehr gut zu geriebenen Salaten wie Karotten verarbeiten. Man muss herausfinden, in welcher Zubereitungsform dieses Wurzelgemüse, das roh etwas nach Nüssen schmeckt, am besten ankommt. Pastinakenpüree eignet sich sehr gut als Kleinkindnahrung.

Sellerie ist fast nur als Suppengemüse oder herausgebacken bekannt. Sie enthält viel Vitamin E, neben all den anderen wertvollen Inhaltsstoffen. Sellerie, fein gerieben und als Salat angemacht, schmeckt sehr aromatisch. Sellerie regt die Nierentätigkeit an und wirkt unterstützend in der Ausscheidung von Schlackestoffen. Also warum nicht auch mal ein Selleriesalat? Ein bis zwei Eßlöffel reichen davon schon.

Schwarzer Winterrettich ist ein treuer Geselle, der bei guter Qualität und guter Lagerung bis ins Frühjahr seine Festigkeit behält. Rettichsalat kennt fast jeder. Wir bürsten die schwarzen Knollen sauber und reiben sie, ohne sie zu schälen, fein. In der Schale und gleich unterhalb sitzen wichtige Stoffe, die auch mit in den Salat

Schwarzer Rettich wächst auf den Kohlreihen. Er schützt uns vor Grippe und Erkältung.

Auch der Kohlrabi wird von uns gerne roh verzehrt.
Kleines Bild: Die Sorte 'Superschmelz' wächst bis in den Spätherbst hinein.

kommen sollten. Da dieser Rettich stark ausscheidend wirkt, reichen kleine Mengen. Kohlgewächse und Bohnen darf es zur selben Mahlzeit nicht geben, um Blähungen zu vermeiden.

Schwarzer Rettich schützt vor Grippe und Erkältung. Ist dennoch beides einmal da, dann höhlt man den schwarzen Rettich aus und füllt Honig in das Loch. Nach einigen Stunden ergibt das einen sehr guten Saft gegen Grippe und Erkältung, den man solange trinkt bis die Krankheit weicht. Dieser Saft ist sowohl für Kinder als auch für Erwachsene geeignet. Der Rettich kann mehrmals mit Honig gefüllt werden bis er zu schrumpfen beginnt und seine Kraft erschöpft ist. Auch Vollrohrzucker können Sie anstelle des Honigs nehmen.

Die **Rote Rübe** (Rote Bete) ist nicht jedermanns Sache. Bei genauerem Hinschauen wird sie aber interessant und begehrenswert. Gerade bei Roten Rüben gibt es im Geschmack große Unterschiede. Je ausgewogener die Bodenverhältnisse sind, umso besser für die Rote Rübe. Mit tierischem Dünger überdüngte Rote Rüben lagern mehr Nitrat ein als mit Kompost harmonisch gewachsene. Jede Pflanze enthält Nitrat. Die Rote Rübe hat besonders viel davon und baut es bei Sonnenschein in Aminosäuren ein. Daher soll im Herbst bei der Ernte darauf geachtet werden, dass die Roten Rüben vor der Ernte noch einen oder mehrere Tage Sonnenschein bekommen. Nach längerem trüben Wetter sind die Inhaltsstoffe der Roten Rüben im Ungleichgewicht. Auch im Sommer, bei Ernten zwischendurch, ist es immer günstig, wenn es vorher schön sonnig war. Die Rote Rübe ist ein hervorragendes Lagergemüse.

Rote Rübe (Rote Bete) in der Mischkultur...

... und direkt in den Zwiebelreihen als idealer Partner.

Sie enthält nicht sehr viel Vitamin C, aber das, was sie hat, verdoppelt sie im Lager! Während andere Gemüse bei langer Lagerung langsam abbauen, baut die Rote Rübe auf.

Sie wirkt harntreibend, verdauungsfördernd, hat eine hervorragende Wirkung gegen Erkältungskrankheiten, regt Leber und Galle in ihrer Arbeit an, stärkt durch all ihre guten Inhaltsstoffe das Immunsystem und unterstützt durch ihren hohen Eisengehalt die Blutbildung. Ihre Verwendung ist vielseitig. Seit alten Zeiten wird die Rote Rübe gekocht, geschält und für Salat in Scheiben geschnitten. Rohe Rote Rüben, ob geschnitten oder grob gehobelt, mit abgekochtem Salzwasser und Kümmel dazu, luftdicht verschlossen, gären milchsauer und sind in wenigen Wochen essbar. So veredelt ist die Rote Rübe sehr schmackhaft und sehr bekömmlich. Sogar in Eintopfgerichten verrichtet sie gute Dienste. Ihre gesamte Kraft und ihre Wirkstoffe kommen im Frischkostsalat zur Wirkung: Fein gerieben, allein oder mit Zugabe von Äpfeln bis zu einem Drittel der Gesamtmenge, etwas Salz, kaltgepresstem Pflanzenöl und nach Belieben etwas Zitronensaft. Pikant, mit Zwiebelgewächsen statt Äpfeln, ergeben Rote Rüben einen besonders schmackhaften Salat. Wichtig ist zu wissen, dass sich nach dem Verzehr von Roten Rüben Harn und Stuhl entsprechend verfärben können, je nach der verspeisten Menge! Wer Rote-Rüben-Salat gerne isst, kann mehrere Esslöffel davon nehmen, ein Eßlöffel davon ist aber auch ausreichend. Bei Nierenschwäche sollte man nur wenig Rote Rüben essen, weil sie wie Petersilie die Nierentätigkeit stark anregen.

Wenn gemahlene Nüsse oder Ölsamen zu gesalzenen Speisen verwendet werden, müssen diese vorher leicht geröstet werden, da rohe Ölsamen und Salz erhitzt besser zu einander passen.

Kräuter lassen sich zu allen Salaten, je nach Geschmack und Jahreszeit, verwenden. Wir haben eine Abmachung mit unseren Kindern, die seit 1973 ganz gut funktioniert. Jeder isst mehr oder weniger Frischkost als Salat oder am Stück; Auswahl ist vorhanden. Nicht jedes Kind mag jeden Salat; das berücksichtigen wir. Frischkost ist Vitalkost und Schutzkost gegen die überall anzutreffenden Krankheitserreger, denen ja Kinder im Kindergarten und in den Schulen stets ausgesetzt sind. Mit einem hohen Anteil Frischkost in der Gesamtnahrung kann sich der Körper gut schützen. Das haben wir all die Jahre durch die Gesundheit unserer Kinder und von uns selbst erfahren.

Mit 100 Prozent Rohkost können wir die für uns höchstmögliche Gesundheit erreichen, wenn wir früh genug damit beginnen und innerlich damit einverstanden sind. Das muss jeder für sich herausfinden und entscheiden. Hierzu empfehle ich die Bücher von *Renée* und *Bruno Weihsbroat, Markus Rotkranz* und *Urs Hochstrasser* (siehe Literaturverzeichnis).

ROSENKOHL, GRÜNKOHL UND WIRSING FÜR FRISCHE SALATE

Um auch im Winter frische Salate zu ermöglichen, müssen wir ab April bis spätestens Juni der Reihe nach pflanzen, um die verschiedenen Gemüsearten auch mitten im Winter voll ausgewachsen und gereift zur Verfügung zu haben. Ob einer oder mehrere Salate gleichzeitig auf den Tisch kommen, hängt von der Familie und deren Wünschen ab. Frische Salate im Winter sind ein wichtiger Bestandteil des Speiseplans. Sie schützen uns vor Erkältung und stabilisieren die Körperfunktionen, die für Vitalität und Abwehr gegen Krankheitserreger zuständig sind.

Ab April/Mai, je nach Höhenlage, sind die Kohlgemüsearten für den Winterbedarf anzuziehen, damit sie rechtzeitig wachsen können, z. B. Weiß-, Rot-, Rosen- und Grünkohl sowie Wirsing.

Alle Kopfkohlarten haben mehr oder weniger Außenblätter. Die Schönen davon verwenden wir für Gemüsesuppen. Die Köpfe von **Rot-** und **Weißkraut** können zum Teil für Sauerkraut verarbeitet werden. Die gut haltbaren Sorten von Weiß- und Rotkohl werden eingelagert und für frische Salate fein gehobelt und geknetet. Kohlarten, die bis minus 12 Grad Celsius aushalten, wie **Rosenkohl** und **Grünkohl,** bleiben bis Januar, manchmal bis zum März, solange es nicht stärker friert, im Garten und werden bei etwas mildem Wetter in kleinen Mengen geerntet. Die Röschen des Rosenkohls sind herrlich als Salat zu verwenden, frisch und fein gehobelt, und haben besonders viel Vitamin C. Ein bis drei Esslöffel pro Person sind genug. Auch die feineren Schutzblätter eignen sich fein geschnitten.

Grünkohl liefert uns wie Rosenkohl sehr viel vom wichtigen Vitamin C im Winter, frisch vom Land. Die etwas kleineren und kleinsten Blätter eignen sich sehr gut zum Feinwiegen. Der fein gewiegte Grünkohl eignet sich entweder kurz vor dem Essen zum Darüberstreuen oder zum Daruntermischen unter andere Salate und Speisen.

Wir ziehen Weißkohl für den Bedarf im Winter an, zum Teil für die Verarbeitung als Sauerkraut.

Die gut haltbaren Sorten von Weiß- und Rotkohl werden eingelagert und für frische Salate fein gehobelt.

Grünkohl und Kohlrabi in einer Reihe. Der Grünkohl liefert uns sehr viel Vitamin C.

Der Garten im Schutz der großen Bäume. Vorne verschiedene Kohlarten – auffällig ist der prächtige Grünkohl.

Alle Kohlarten enthalten neben vielen Vitaminen und Mineralstoffen besonders viel Kalzium, das so notwendig ist für die Zähne und für den Knochenaufbau. Der Anbau mit reifer Komposterde statt mit im Herbst ausgebrachtem Frischmist und manchmal üblicher Jauchedüngung, macht alle Kohlgewächse auch für Menschen mit empfindlichen Verdauungsorganen bekömmlich.

Salate, die es im Herbst und über den Winter hinaus geben kann
Wer **Chicorée** zum Treiben liebt, muss ihn schon zeitig (im April) säen. Ab Mitte Juni sind **Feldsalat** und **Zuckerhut** (Fleischkraut) heranzuziehen, Feldsalat bis August in Folgesaaten. Diese beiden Salate stehen bis weit in den Winter hinein zur Verfügung. Feldsalat steht oft noch erntebereit bis Anfang April im Garten und kann mehrmals geschnitten werden, indem man die Blätter als Büschel oberhalb ihrer Ansätze abschneidet. So wachsen nochmals Blätter nach, so dass der Aufwand für den Anbau doppelt entlohnt wird.
Sogar im Mai/Juni gezogene **Kohlrabi** lassen sich gut lagern, wenn es eine Spätsorte ist, die nicht holzig wird, wie z. B. ›Superschmelz‹, der sehr groß werden kann und bis April lagerfähig ist. Fein oder grob gerieben als Salat oder in kleinen Stückchen ganz zum Knabbern erfreut er Kinder und Erwachsene.

Chinakohlaussaat ab Mitte Juli bereichert das Salatangebot bis in den März hinein. Ab August gemachte Spinataussaaten liefern im Spätherbst und Winter bis April Spinat, der geschnitten als Salat zeitweise sehr gut verwendbar ist (siehe »Spinat und Brennnesseln als Energielieferanten«, Seite 169).

Salate unter Glas

Ab Oktober können im ungeheizten Gewächshaus **Pflücksalate, Schnitt-** und **Eichblattsalat, Winterpostelein** sowie **Gartenkresse** gezogen werden. Kleinere Mengen an feinen, frischen und grünen Salaten können so den ganzen Winter über an frostfreien Tagen geschnitten werden. Ab März, wenn es sonst wenig eingelagerte Blattsalate gibt, bietet sich hier eine überreiche Ernte an allerlei Salaten bis Ende April an. Anschließend folgen die Sommerkulturen. (siehe »Ganzjähriger Gemüsebau im kalten Kleingewächshaus«, Seite 72)

In vielen Gärten, in denen nicht umgegraben wird, wächst Vogelmiere über den Winter. Diese soll man unbedingt für frischen Salat, eventuell mit Kartoffelsalat vermischt, nutzen! Vogelmiere enthält besonders viele Vitamine der B-Gruppe.

Wer das Glück hat, eine nahegelegene reine Quelle zu haben, an deren Rand **Brunnenkresse** wächst, sollte es nicht versäumen, diese auch öfters, bevor sie im März/April blüht, zu holen und in kleinen Mengen zu den Salaten schneiden. Sie

enthält antibiotische Stoffe in natürlicher Verbindung und viel Vitamin C, das gerade um diese Jahreszeit gute Dienste tut. Brunnenkresse kommt nur in reinem Wasser in Massen vor, dennoch sollte darauf geachtet werden, dass keine Abflüsse von Häusern oder Bauernhöfen in der Nähe der Brunnenkresse oder im Oberlauf des Bächleins einmünden.

Der **Winterporree** steht im Garten bereit und kann als frische Würze, fein geschnitten, zu fast allen Salaten und Gemüsegerichten verwendet werden. Die gröberen Teile sind wieder für Suppen und ähnliches verwendbar.

Kinder mögen oftmals keinen Essig und essen daher ungern oder kaum Salat. Viele Gemüsearten essen die Kinder am liebsten so vom Stück, oftmals schon, während die Mutter oder der Vater noch bei der Zubereitung ist, weil dann das Gemüse noch ganz und unzubereitet greifbar ist. Das sollte man ausnutzen und den Kindern die Gemüsearten auf einen Teller legen, die sie so ganz essen wollen, ungekocht, oft unzerkleinert, einfach nur geputzt und gewaschen. Kinder, die noch dieses Bedürfnis haben, sollen unbedingt unseren Beistand erfahren, indem wir sie in ihrem Wunsch bestärken. Biologisch gezogenes Gemüse eignet sich ja bestens hierzu.

Fertig geschnibbelter Porree

Im Übrigen machen kaltgepresstes Pflanzenöl, etwas Salz und bei Blattsalat eventuell etwas Sauerkrautsaft die Salate auch für Kinder beliebt. Manchmal nehmen wir auch Zitronensaft. Kräuter gibt man je nach Jahreszeit dazu. Man kann sie gut einfrieren, um sie auch im Winter griffbereit zu haben.

Wichtig ist weiter die Kombination, d. h. die Zusammenstellung der Salate. Wenn z. B. Kohlarten auf dem Speiseplan stehen, dann lässt man Rettiche und Bohnen weg und verwendet Zwiebelgewächse nur sparsam, damit es keine Blähungen gibt. Außerdem soll es im Speiseplan mit guten, frischen Salaten keinen gezuckerten Nachtisch geben. Das verträgt sich nicht bei der Verdauung, auch nicht, wenn mit Zuckerersatz wie Honig oder Sirup gesüßt wird. Die süßen Gerichte sind zu einer anderen Mahlzeit bekömmlicher. Die Salate passen sehr gut zu Gerichten, die Kohlenhydrate und Eiweiß enthalten, wie etwa alle Mehl- und Körnerspeisen, Kartoffeln, Sojagerichte usw. Die Salate kann man auch gut mit Keimlingen von grünen Sojabohnen, Linsen, Weizen und anderen Keimsaaten ergänzen, die besonders in der kalten Jahreszeit wertvolle Stoffe liefern.

Kaum bekannt ist, dass einige Speisepilze wie Egerling und Shiitake-Pilze eine ausreichende Vitamin-B_{12}-Versorung liefern. Der Shiitake-Pilz enthält, wie die Brennnessel auch, alle essentiellen Aminosäuren (Bausteine für das Eiweiß), das wichtige Vitamin B_2, Eisen und andere wichtige Mineralstoffe. In China und Japan sind Shiitake seit Jahrhunderten in der Küche geschätzt. Die Pilze werden natürlich erhitzt und passen sehr gut zu Gemüse und Salaten.

Wir erzählen unseren Kindern über die Vorteile der Frischkost; es ist wichtig, dass sie Bescheid wissen, warum wir etwas in dieser Weise machen und anderes nicht. Die Kinder können sich dann ihre eigene Meinung leichter bilden, wenn wir ihnen unser Wissen und unsere Erfahrungen zur Verfügung stellen.

DAS REICHHALTIGE UND VIELSEITIGE FRUCHTANGEBOT DER NATUR

Die Natur stellt uns zu jeder Jahreszeit reichlich heimische Früchte zur Verfügung.

Die Natur stellt uns zu jeder Jahreszeit reichlich heimische Früchte zur Verfügung. Im Sommer kommen die Gemüsefrüchte wie Gurken, Tomaten, Paprika und Melonen hinzu, je nach Lage und Anbaumöglichkeiten. Wenn wir einen guten Obst- und Beerenanbauplan gemacht haben oder machen, können wir sehr viele Früchte sinnvoll verwenden. Nicht alle Bäume und Sträucher fruchten jedes Jahr, daher ist eine vielseitige Sortenwahl nötig, um jedes Jahr, auch wenn einmal während der Blüte schlechtes Wetter sein sollte, etwas ernten zu können.

Wir sind große Früchtefreunde und verwenden sie daher reichlich und täglich in unserem Speiseplan. Obst, ob Beeren- oder Baumobst, zieht Kinder und Erwachsene zur Reifezeit an, wenn es von den Bäumen und Sträuchern leuchtet. Obst hat wie Gemüse besonders viele Vitamine, Spurenelemente, Mineralstoffe und Vitalstoffe, wenn es roh gegessen wird. Gekocht verliert es viel an Wert. Der sehr leicht verdauliche Fruchtzucker wirkt stärkend auf die Nerven und regt die Gehirntätigkeit an. Obst besteht zum großen Teil aus Wasser, hat wenig Ballaststoffe, und so ist die Verdauungsarbeit für den Körper gering, wodurch fast 100 Prozent der im Obst enthaltenen Energie für den Körper verfügbar wird. Darum kann einem Säugling Obst als erstes zugefüttert werden.

Wichtig für den erfolgreichen Obstbau ist die naturgemäße Bodenpflege, wobei keine treibenden Dünger zu den Wurzeln gelangen dürfen. Kompost ist die beste Düngung. Darauf werden Steinmehl und ein paar Handvoll Holzasche (nicht zu viel) gestreut; damit ist der Boden gut versorgt, und das Obst wächst gesund heran. Frischmist und Jauchen sind, wie auch beim Gemüse, hier fehl am Platz. Das Obst wird anfällig für Krankheiten und »Schädlinge« und ist weniger haltbar. Des Weiteren ist es ganz wichtig, das Obst so reif wie möglich zu ernten, denn genau im letzten Abschnitt der Reifung wird im Obst der meiste Fruchtzucker gebildet und ein für den Verzehr zuträgliches Gleichgewicht hergestellt. Dies gilt ebenso für die Ernte von Frucht- und auch Wurzelgemüse. Unreif geerntetes Obst enthält entsprechend wenig von dem so wertvollen Fruchtzucker, dafür viel mehr freie Obstsäuren, die dem Körper nicht so zuträglich sind. Ausgereiftes Obst enthält die normale Menge Fruchtsäure, und diese wird durch die Atmung und Bewegung in frischer Luft neutralisiert. Günstig für die Verdauung ist es, wenn frisches Obst nicht mit gekochtem Obst zusammen in einer Mahlzeit gegeben wird. Zu Gemüse passt am ehesten der Apfel. Saures Obst wie Beeren passen nicht zu Gemüse, und auch nicht zu größeren Mengen Getreide. Es mag sein, dass zwei bis drei Esslöffel Haferflocken oder gemahlenes, eingeweichtes Getreide zum Müsli noch gut vertragen werden. Wer starke Verdauungsorgane hat, dem macht das alles nicht so schnell zu schaffen. Bei Verdauungsschwäche und bei unüberlegter Zubereitung von Mahlzeiten mit Obst gibt es aber leicht Beschwerden. Dann denkt man, dass man Obst nicht verträgt. Im Grunde ist es aber die ungünstige Zusammenstellung von Obst mit anderen Nahrungsmitteln, die Stärke und Zucker enthalten. Sie benötigen bei der Verdauung sehr verschiedene Verdauungssäfte und sind daher miteinander schwer verdaulich. Die Folgen sind Blähungen und Magendruck, oft auch unangenehmes Aufstoßen.

Obst regt die Ausscheidung und die Reinigung im Körper stark an. Aus wissenschaftlichen Untersuchungen ist bekannt, dass der Körper morgens und vormittags die stärkste Ausscheidungsperiode hat. Dies kann durch Obst sehr gut unterstützt werden. Obst belastet auch am wenigsten die Verdauungsorgane, macht wach und hält fit. So haben wir seit vielen Jahren für die ganze Familie das Obst als Frühstücksmahlzeit erwählt. Das Obstangebot der Jahreszeit bietet eine gute Abwechslung: Beeren zur Beerenzeit, Baumobst zu seiner Zeit. Die Äpfel begleiten uns am längsten, vom Herbst bis zum Frühjahr, wenn es wieder die ersten Beeren gibt. Den Überfluss an Beeren frieren wir roh ein und holen ab und zu etwas vom Eis, um das Apfelmüsli abwechselnd mit Himbeer-, Erdbeer- oder Brombeergeschmack zu servieren. Unsere Kinder mögen das sehr gerne.

> **Unser Müslirezept**
> Je nach Belieben reiben wir die Äpfel grob oder fein oder schneiden sie; nach Belieben fügen wir Rosinen und Trockenfrüchte hinzu, die am Vorabend in kaltes Wasser eingeweicht werden. Wer Rosinen nicht mag, bekommt etwas vom süßen Rosinenwasser zu den Äpfeln dazugemischt, das süßt auch. Manchmal geben wir auch eine halbe Banane pro Person geschnitten obenauf. Abschließend streuen wir ein paar Löffel gemahlene Nüsse und Sonnenblumenkerne gemischt darüber. Zum Müsli oder davor trinken wir etwas Kräutertee.

Das beschriebene Müsli ist ein leichtes Frühstück, und die Kinder sind in der Schule nicht belastet, weil es leicht verdaulich ist und viele Vitalstoffe enthält. Zur Vormittagspause gibt es dann nochmals Obst und eventuell auch einige Nüsse, die nervenstärkend sind. Besonders Walnüsse sind Gehirnnahrung, was uns die Form der Kerne deutlich zeigt. Wenn die Nüsse und das Obst in größeren Mengen gegessen werden, ist es sehr günstig, die Nüsse zum allergrößten Teil vor dem Obst zu essen. Dadurch werden die Verdauungsenzyme gleich stark zur Arbeit angeregt. Diese Frischkostmahlzeit für sich allein mit Nüssen und Obst hat eine reinigende Wirkung. Dies ist unser tägliches Frühstück. Achtung: Rohes, angekeimtes

Wir sind große Früchtefreunde und verwenden sie daher reichlich und täglich in unserem Speiseplan, wie z. B. Erdbeeren, Himbeeren oder Äpfel.

Getreide und Nüsse oder Ölsamen sollen nicht in derselben oder einer aufeinander folgenden Mahlzeit gegessen werden. Am besten nicht am selben Tag, da beide Lebensmittelgruppen eine starke Verdauung verschiedener Art benötigen. Südfrüchte gibt es gelegentlich als Abwechslung zum heimischen Obst.

Obst und Brot sollten nicht gleichzeitig gegessen werden, sondern das Obst früher, damit es schon verdaut ist, wenn das Brot gegessen wird. Umgekehrt liegt das Obst mit dem schwerer verdaulichen Brot länger im Magen, was vor allem bei empfindlichen Menschen zu Gärungen führen kann.

In den obstärmeren Frühjahrsmonaten und im Winter ist eine kleine Tüte mit Dörrobst von Äpfeln, Birnen und Zwetschgen sehr willkommen, was sehr gut mit zur Schule gegeben werden kann. Die Salate mit Hauptspeise gibt es nach der Rückkehr aus der Schule.

Frisches, reifes Obst ist auch im Krankheitsfall die beste und bekömmlichste Nahrung, die den Heilungsprozess in besonders günstiger Weise beeinflusst und nicht belastet. Zur natürlichen Entlastung des gesamten Stoffwechsels kann man als Erwachsener etwa einen Obsttag pro Woche einschalten, und zwar mit frischem reifem Obst, etwa zwei Liter Flüssigkeit in Form von Kräutertee und gutem Quellwasser oder jedenfalls Wasser ohne Kohlensäurezusatz.

Wenn täglich Industriezucker im Essen verwendet wird, schwindet der Appetit auf Frischgemüse und Frischobst. Dabei holt sich der Zucker auch die ihm fehlenden Mineralstoffe von den Knochen und Zähnen. Die Zuckerrübe und das Zuckerrohr haben als solche alle Mineralstoffe, nur im entmineralisierten Industriezucker fehlen sie dann. Zucker soll man daher so wenig wie möglich, wenn überhaupt, verwenden. Dasselbe gilt für Schleckereien und Bäckereien sowie Speisen aus Weißmehl. Vollkornprodukte sind mineralstoffreich und bleiben viel länger frisch als Weißmehlprodukte, die schnell trocken und hart werden.

Kinder haben häufiger einen Nahrungsbedarf als Erwachsene. Das Obst bietet sich für »Zwischendurch« sehr gut an, da es leicht verdaulich ist und den Hunger auf die üblichen Mahlzeiten nicht wegnimmt, im Gegensatz zu den Schleckereien, die den Appetit stark mindern und die Darmflora bedenklich beeinflussen.

Wenn ein Korb mit Obst der Jahreszeit bereitsteht, können sich die Kinder nach Bedarf selbst bedienen und sind damit bestens versorgt, was selbstverständlich auch für die Erwachsenen gilt. Geschickt in den Tageslauf eingebautes Obst ersetzt sehr gut die oft in zu großen Mengen konsumierten Süßigkeiten und ist dazu auch noch gesund.

Es ist ganz wichtig, das Obst so reif wie möglich zu ernten, denn im letzten Abschnitt der Reifung wird im Obst der meiste Fruchtzucker gebildet. Hier Johannisbeeren und Heidelbeeren.

LEBENSFÜHRUNG
SELBSTVERANTWORTUNG

Das Leben in der heutigen Zeit fordert die Menschen immer mehr auf, ihren eigenen Beitrag zur Erhaltung und Wiedergewinnung ihrer Gesundheit und Leistungsfähigkeit zu erbringen. Diese Selbstverantwortung macht den Menschen frei und gibt ihm innere Ruhe und Sicherheit. Wir alle sind den Umweltbelastungen mehr oder weniger ausgesetzt. Wenn jeder Mensch für sich und seine Umgebung das tägliche Leben bestmöglich nach naturgesetzlichen Richtlinien ausrichtet, trägt der einzelne sein Bestes für das gesamte Geschehen bei. Diese Wahl können wir alle, jeder für sich, treffen, gerade dort, wo wir im Leben stehen und Verantwortung tragen.

Die Ernährung ist nur eine Seite davon, hat jedoch große Auswirkungen auf das Ganze. Wer einen eigenen Garten hat und ihn naturgemäß bebaut, kann seine Ernährung dem Angebot der Natur entsprechend gestalten und mit ebenso verantwortungsbewusst angebauten, zugekauften Nahrungsmitteln ergänzen. Die Zahl der Anbauer von rückstandsfreien Nahrungsmitteln nimmt ständig zu, wodurch es immer leichter wird, diese nach Bedarf zukaufen zu können. Die Nachfrage regelt das Angebot.

Warum ist die Hinwendung zu einer natürlichen Lebensführung gerade heute so notwendig? Die Weltbevölkerung steigt. Die Überdimensionierung von Technik, Chemie und gewinnversprechender Spekulation in der Produktion und Verarbeitung von Nahrungsmitteln sowie in fast allen Lebensbereichen lassen Zivilisationskrankheiten vermehrt auftreten. Die von Stress und allgemeiner Vergiftung geprägten Lebens- und Ernährungsformen der westlichen Welt bedrängen mehr und mehr die Länder mit einfacherem Lebensstil. Es ist nicht möglich, dass auf der ganzen Welt so viele mit Erdöl betriebene Motoren eingesetzt werden wie im Westen. Die Vergiftung der Atmosphäre spricht heute schon eine überdeutliche Sprache. Die Forschungen anderer Energiequellen sind zum Teil schon sehr weit fortgeschritten und nehmen auch unaufhaltbar Einzug in die Technik. Es ist nur noch eine Frage der Zeit, wie eine dem Schöpfungsgesetzen entsprechende ge-rechte gesellschaftliche Entwicklung und die Einsicht in die Notwendigkeit derÄnderungen in diesen und in vielen anderen Bereichen des Wirtschaftslebens für eine humane Welt voranschreitet. Was für die Technik, Biochemie, Wirtschaft und deren Veränderungen in naturverträglicher Richtung gilt, betrifft ebenfalls die seit Jahrzehnten üblich gewordene naturentfremdende Ernährungs- sowie auch Heilweise. Die zunehmenden Krebserkrankungen, Pilzkrankheiten und das geschwächte Immunsystem sprechen für sich. Dennoch gibt es eine positive Seite, nämlich, dass wir durch Einsicht lernen können, wenn wir offen und bereit sind dafür. Eine freiwillige Entscheidung zum Besseren für alle und für alles und somit für die Schöpfung erspart uns harte Schicksalsschläge, die die Natur als Erziehungsmittel in der Schöpfung benutzt. An den vielen katastrophalen Ereignissen sind diese Naturgesetze deutlich abzulesen.

So können wir durch Achtsamkeit gegenüber unserem Leben viel Positives bewirken. Geduld ist dabei eine wichtige Tugend. Wir sind alle Lernende. Was in vielen Jahren durch Mangel an Wissen und Erfahrung schief gelaufen ist, kann auch erst wieder in gezielter und geduldiger Kleinarbeit in die rechten Bahnen geführt werden. Dies gilt sowohl für die Bodenverbesserung als auch für die Gesundheit und das friedliche Zusammenleben aller Völker, denn ich nehme an, dass, wenn alles in der rechten Weise geschieht, alle Menschen genügend Platz auf unserer Erde haben.

Wir sind seit 1973 hier auf unserem Hof und es hat sich ganz entscheidend viel getan in Richtung »Bewusstes Leben«. Auch wenn noch sehr viel getan werden muss, ist es förderlich, das schon Erreichte positiv zu sehen und fleißig auf diese Weise weiterzuarbeiten. Schöne Kunstwerke entstehen in langer mühevoller Arbeit. So ist es auch mit dem menschlichen Leben. Es ist ein Kunstwerk innerhalb der gesamten Schöpfung und es braucht seine Zeit bis zur Vollendung. Auf diesem Weg zur Vollendung dienen uns alle Erfahrungen, erfreuliche wie unerfreuliche müssen wir sie wiederholen, bis die Erfahrungen gefestigt sind. Ein guter Vergleich hierzu ist der Schulbesuch in der Kindheit und Jugendzeit, wo wir auch alles der Reihe nach lernen und bestimmte Voraussetzungen für ein Weiterkommen mitbringen müssen. Sehr wichtig ist es auf diesem Wege stets Vergebung zu üben, statt schuldig zu sprechen oder sich schuldig zu fühlen, was stets einen bindenden und schwächenden Nachteil bringt.

Auch die Krankheiten sprechen eine deutliche Sprache. Krankheiten machen den Menschen darauf aufmerksam, dass er etwas in seinem Leben ändern muss. Diese Änderung fängt im Gedankenleben an und wird über den Gedanken zur Tat. Das geschieht bei jedem Menschen ganz individuell und jeder Mensch bringt sich auf seine Weise in die Harmonie der Naturgesetze ein. Seine Grundveranlagungen, die nicht willkürlicher Zufall sind, spielen für jeden Menschen die entscheidende Rolle. Dies macht die Menschheit auch so bunt als Gesellschaft. Wir ergänzen uns alle und sind insgesamt auf eine geheimnisvolle Weise miteinander untrennbar verbunden, daher ist ein Gegeneinander oder Absondern immer zum Scheitern verurteilt. Nur das erlernte Miteinander führt zum Ziel der Entwicklung als solches. Darum ist auch der gegenseitige Beistand so fruchtbringend, beglückend und erfüllend.

EIN STÜCK AUS UNSEREM LEBEN

Mein Mann Jakobus († 2013) und ich stammen aus unterschiedlichen Familienver-hältnissen und Ansichten, was uns beide sehr viel hinzulernen ließ.
Jakobus ist in Deutschland und Holland aufgewachsen, ich in den österreichischen Bergen. Er machte die Gärtnerausbildung auf einer biologisch-dynamisch ausgerichteten Gartenbauschule in Holland. Ich verbrachte fünf Jahre in einer landwirtschaftlichen Fachschule konventioneller Art. Ein Praktikum in den USA und in Deutschland kamen hinzu. Anschließend absolvierte ich den Meisterkurs in Österreich und die Prüfung für ländliche Hauswirtschaft.
Wir lernten uns an einer hessischen Heimvolkshochschule in Deutschland bei einem zweimonatigen Kurs kennen. Unsere damalige persönliche Verschiedenheit war unübersehbar. Dennoch gab es eine tiefe innere Verbundenheit, die uns nicht mehr losließ. Nach unserer Hochzeit arbeiteten und lebten wir noch ein paar Jahre in Deutschland in einer großen führenden Demeter-Gärtnerei, von wo aus wir verschiedene Seminare, Kurse und Biohöfe besuchten, so auch den Mischkulturgarten von *Gertrud Franck* (†) in Schwäbisch-Hall. Diese Erfahrungen nahmen wir 1973 mit nach Österreich, wo wir eine kleine Landwirtschaft von 3,5 Hektar kauften. Unsere vielen Erfahrungen und Ausbildungen, auch in der Tierhaltung und die eigenen Erlebnisse damit, brachten uns zu dem Entschluss, den ohnehin zu kleinen Hof, auf dem Tiere gehalten wurden, in einen Gärtnerhof ohne Tierhaltung umzugestalten und die vegetarische Ernährungsweise fortzuführen, die wir bereits in Deutschland begonnen hatten.
Aller Anfang ist schwer, aber wir waren jung und voller Pioniergeist und Tatendrang, sodass wir uns gegen alle Befürchtungen der damals herrschenden Ansichten durchgesetzt haben.
Eine grundlegende Einstellung haben wir uns von Anfang an fest vorgenommen einzuhalten und diese auch nie abgelegt, nämlich die Freiheit, die wir dazu benutzen, um unsere eigene Lebensführung zu gestalten, innerlich und äußerlich

auch allen anderen Menschen zuzugestehen, die nach ihrer Wahl ihr Leben gestalten. Diese Einstellung ist entgegenkommend und nicht abweisend, egal was kommt. Natürlich konnten wir nicht erwarten, dass jeder Mensch sogleich versteht, was uns zu unserer Lebensweise und -führung gebracht hat, zumal wir selbst noch ganz am Anfang standen und noch viele Lernprozesse durchlaufen mussten. Tief im Herzen auf Gottes Führung vertrauend gingen wir durch Licht und Dunkel unserer oft schwierigen Anfangsjahre. Mit zunehmenden Erfahrungen wurde der Weg klar und deutlich. Nach und nach trafen wir auch Menschen mit ähnlichen Lebenszielen und wir tauschten unsere Erkenntnisse aus, was gegenseitig zur Erfahrungsbereicherung beigetragen hat.

Nach und nach kamen unsere fünf Kinder zur Welt, die ich stets lange gestillt habe. Heute haben wir bereits sieben Enkelkinder und einen Urenkel, die zumeist vegetarisch großgezogen werden und sehr gut gedeihen. Bei unseren Kindern war es manchmal schwierig, neben der Arbeit genug stillen zu können und als das Zufüttern nötig wurde, waren nicht alle fünf von Anfang an so gute Esser. Dazu kam es bei einem Kind durch ein Schockerlebnis meinerseits in der Stillzeit zu einem langwierigen Pförtnerkrampf. Ein anderes Kind zeigte schwere Vergiftungserscheinungen im Säuglingsalter, weil ich durch das wochenlange Streichen von Fenstern mit Weißlack zu viele Lösungsmitteldämpfe eingeatmet hatte, die dann konzentriert in der Muttermilch weitergegeben wurden. Zu Beginn hatten wir diesen Zusammenhang nicht erkannt und auch die Ärzte fanden daher keine Ursache. Nach einem Krankenhausaufenthalt erholte es sich langsam wieder. Nun als Erwachsene achtet sie sehr auf gesunde Lebensführung so wie alle unsere Kinder es machen, jedes auf seine Weise. Alle stehen im Berufsleben stets um das Beste bemüht.

Solche Ereignisse führen stets zu großen zwischenzeitlichen Unsicherheiten. Wir sind dankbar für die gemachten Erfahrungen. So gibt es viele Beispiele für Erlebnisse, die eigentlich keinem in individueller Form erspart bleiben, weil sie wichtige Lernprozesse darstellen. Wichtig ist, dass wir offen bleiben für solche Lektionen im Leben, denn nur so können wir sie in unseren Erfahrungsschatz bleibend einbauen, der uns in Zukunft vor gleichartigen Fehlern bewahrt. Durch diese Offenheit entwickeln wir Dankbarkeit gegenüber den Lernprozessen, anstatt Schuldgefühlen, Selbstvorwürfen und Bitterkeit Raum zu geben, die schwächen und uns außerstande setzen, Lernerfahrungen positiv abzuschließen.

So wie *Shakespeares* Hamlet sagt: »Bereit sein ist alles!« Mit einer offenen und positiven Lebenshaltung können wir bis zum Ablegen unseres Erdenkleides sehr viel lernen und das Gelernte dann als mehr oder weniger bewusste Erfahrungsessenz in ein neues Leben auf Erden mitnehmen und darauf weiter aufbauen. Viele Menschen haben einen inneren Drang, im Leben etwas in eine für sie be-stimmte und passende Richtung zu machen. Dies sind oft weiter zurückliegende eigene Entschlüsse, die nun neu aufgenommen und weitergeführt werden. Wir Menschen, als von unserem Schöpfer unbewusst ausgesandte Geistwesen kommen so oft zur Erde, in einen physischen Körper eingekleidet zurück, bis wir alles für den vom Schöpfer vorgesehenen Entwicklungsweg gelernt und durch Ursache und Wirkung Hervorgebrachtes aufgearbeitet haben. Als auf diesem Weg uns innerlich und äußerlich begleitende Beispiele dienen die schon weit voangeschrittenen großen Vorbilder der Menschheit. So kehren wir einst vollkommen bewusst zur Einheit mit allem Leben, zu unserem Schöpfer zurück. Unser freier Wille entscheidet den Weg bis zum Ziel. Das Ziel ist sicher, wie lange wir unterwegs sind ist unsere Wahl.

VEGETARISCH LEBEN

Im Laufe der Zeit wird immer mehr in den Medien berichtet und in Forschungen herausgefunden, wie sich die vegetarische Lebensweise in allen Lebensbereichen auswirkt. Wir sind sehr froh, erfahren zu haben, dass es möglich ist, vegetarisch und vegan zu leben. Dies ermöglicht es uns, mit unserer großen Familie und oft mit Besuch von nur 3,5 Hektar (als landwirtschaftlicher Betrieb) zu leben. Die Nahrungsmittel, die wir selbst nicht haben, kaufen wir in Bioqualität zu, und wir sind glücklich mit dem reichhaltigen Angebot, womit es heute jedem leichter gemacht wird, auch vegetarisch gut zu leben. Wichtig ist, dass wir für eine ausgewogene und gesunderhaltende Ernährung Sorge tragen. Dazu ist Folgendes zu beachten: Nach *Dr. med. M. O. Bruker* (2004) soll für eine vitalstoffreiche Kost, die den Menschen gesund erhält, mindestens 70 Prozent der Nahrung unerhitzt angerichtet werden. Zur Frischkost zählen Obst, Nüsse, Gemüse sowie Keimlinge aller Art und Kräuter. Dies ist für uns der Hauptanteil der Nahrung und er kann in Gärten von jedermann zumindest teilweise selbst gezogen werden. Der Rest kann in Biogärtnereien zugekauft werden. Biologische Bauern haben zudem Sonnenblumenkerne und Kürbiskerne sowie Getreide. Ferner gibt es heimisches Trockenobst sowie getrocknete Kräuter aus biologischem Anbau und aus der Natur. Zum größten Teil nehmen wir unser vielseitig angebautes heimisches Obst und dazu etwas Südfrüchte frisch und ein wenig getrocknetes im Winter, welches in Wasser eingeweicht werden muß, wegen der Zähne. Dies bereichert den nördlichen Speiseplan und gibt den Bioanbauern im Süden die Möglichkeit, dem Norden die Lebensmittel zu liefern, welche die kälteren Regionen der Erde nicht hervorbringen können. All dies ist Frischkost! Ihr hoher Gehalt an Nähr- und Vitalstoffen in unveränderter Form bieten den höchstmöglichen Schutz unserer Gesundheit.

Wichtig ist dabei zu bedenken, dass die vegetarische Lebensform sieben- bis achtmal weniger Land benötigt als die Ernährung mit Fleisch! Dies erklärt auch die hohe Bevölkerungsdichte von China und Indien, wo der weitaus größte Teil vegetarisch lebt und wo auch noch gezielt manches verbessert werden kann, wenn die Erkenntnisse in dieser Richtung eingesetzt werden. So kann der Osten vom Westen dazulernen, wenn es zum Beispiel um Hygiene und praktische Dinge geht, soweit es in den Osten und die dortige Kultur passt, ohne gleichzeitig die Chemieindustrie zu groß werden zu lassen. Der Westen kann unter anderem Einfachheit lernen und Vertrauen in die Möglichkeiten einer vegetarischen Lebensform.

Zwei Drittel der Weltbevölkerung ernährt sich vegetarisch oder vegan. Somit sind Fleischesser eine große Minderheit, was wir hier im Westen nicht so ohne weiteres sehen und erfahren, wenn wir uns nicht dafür interessieren. Zum Beispiel war der Vater des neuen Chinas, *Dr. Sun Ya Tsen,* Vegetarier und sah in der Modernisierung der Landwirtschaft ohne Viehzucht die einzige Lösung für die Ernährungsprobleme Chinas. Neue Untersuchungen zeigen, dass Kinder von vegetarisch lebenden Frauen einem geringeren Risiko ausgesetzt sind, einen Gehirntumor zu bekommen. Frauen, die mehr als einmal pro Woche Fleisch essen, verdoppeln das Risiko, Brustkrebs zu bekommen. Immer mehr Frauen nehmen Zuflucht in einer vegetarischen Lebensweise, da Brustkrebsbehandlungen (ohne Ernährungsumstellung) zumeist erfolglos bleiben. Vegetarisch lebende Frauen haben zweieinhalb mal weniger Darmkrebs als Fleisch essende Frauen und halb so viel Osteoporose.

Osteoporose ist eine Zivilisationskrankheit
Der Vergleich der Anzahl an Hüftfrakturen mit der Kalziumaufnahme bzw. dem Konsum von tierischem Protein zeigt ein verblüffendes Bild: In Ländern, in denen am meisten Kalzium aufgenommen wird (Neuseeland, Großbritannien und Skandinavien) kommen Hüftfrakturen ungleich häufiger vor, als in solchen, wo weniger Kalzium konsumiert wird (Hongkong, Südafrika und im ehemaligen Jugoslawien). In den Ländern, in denen sich Hüftfrakturen häufen, ist der Anteil tierischer Lebensmittel um ein Vielfaches höher, als in jenen Ländern, in denen Hüftfrakturen sehr selten auftreten. Der erhöhten Entmineralisierung des Skeletts könnte durch Einschränkung des unmäßigen Proteinkonsums vor allem aus tierischen Produkten weitgehend entgegengewirkt werden. Des Weiteren hat sich erwiesen, dass reichlich Bewegung und Gymnastik einen positiven Effekt auf Osteoporose hat.

Wir hatten Besuch aus Hongkong. Der Mann war Engländer, lebte seit 20 Jahren in Hongkong, die Frau war in Hongkong geboren. Sie lebten und arbeiteten aus Interesse eine Woche hier mit uns im Garten. Der Mann bekam nach kurzer Zeit unüberwindliche Kreuzsschmerzen. Die Frau bewegte sich wie ein Athlet ohne jegliche Probleme. Der Mann sagte uns auch, dass er die Zusammenhänge in Hongkong schon sehr klar erkennnen konnte. Die sehr verschiedene Lebensweise in England und Hongkong bringt die verschiedensten Voraussetzungen mit sich. Es war auch für uns sehr interessant.

Interessant ist auch, dass zum Beispiel in Indien von einer Million Einwohnern nur vier Einwohner Hautkrebs haben, während in Australien diese Rate um ein Vielfaches höher ist. Liegt es daran, dass die Lebensweise der Inder und Australier sehr verschieden ist? Die Inder ernähren sich hauptsächlich vegetarisch, das müsste zu denken geben. Wir sind auch Sommer für Sommer unter freiem Himmel mit wenig Schutz durch Kleidung oder Creme bei unserer Gartenarbeit ohne Hautprobleme! Das entschuldigt aber auf keinen Fall, unser Ozonloch weiter auszuweiten, das aus medizinischer Sicht die Hauptursache für Hautkrebs ist. Es ist also wichtig, selbst etwas zu tun und damit eine Selbstverantwortlichkeit für unsere Gesundheit zu übernehmen. Die Krankenkassen können heute schon die hohen Kosten kaum mehr decken. Das Modell der Gesundheitskasse von Dr. med. M. O. Bruker, Lahnstein, (siehe Literaturverzeichnis und den Kastentext auf der nächsten Seite) ist ein sehr guter Ansporn für eine Gesundheitsvorsorge.

Die Menschen sind sehr verschieden empfindsam in jeder Hinsicht. So ist es die Aufgabe jedes Einzelnen, herauszufinden, was ihm bekommt und was nicht. Tatsächlich kann etwas für den einen Menschen noch ganz verträglich sein, was einem anderen schadet. Dennoch ist es wichtig für das Ganze die Dinge zu bedenken, um verantwortungsbewusst entscheiden zu können.

Der Verein für Gesundheitskultur (VGK) e.V. Hobuchweg 10, D-88147 Achberg, feierte im September 2016 sein 40jähriges Vereinsjubiläum.
»Gesundheitskasse – statt Krankenkasse« ist das Credo dieses Vereins.

Die grundlegenden Postulate sind:
- Kritische Überprüfung der vorgeburtlichen Diagnoseverfahren aus ganzheitlicher Sicht.
- Sanfte Geburt, ganzheitlich geführte „Geburtshäuser"; Naturheilkunde für Kinder (inkl. kritischer Betrachtung der üblichen Impfungen u. ä. m.).
- Waldkindergärten und Selbsterziehung ohne Schule und alternative freie Schulangebote.
- Selbstfindung und Verwirklichung der eigentlichen/wesentlichen Lebensziele.
- Ganzheitliche gesundheitliche Vor- und Nachsorge, inkl. Vollwerternährung, Bewegung, seelische Hygiene.
- Hinweise bei der Suche nach ganzheitlich ausgerichteten Lebensgemeinschaften (wie „Ökodörfer" u. a. m.); auch für einen gemeinsam gestalteten, sinnerfüllenden Lebensabend mit Jung und Alt.
- Aufbau eines »Gesundheits-Informations-Netzwerks« für Rat suchende Mitglieder und Empfehlung von ganzheitlich arbeitenden »Akut-Kliniken« sowie Hinweise bei der Suche nach dem "richtigen Therapeuten".
- Patientenrechte und -verfügungen für den Notfall, rechtlich abgesichert.
- Humane Begleitung beim Sterbevorgang (inkl. Hospiz-Erfahrungen) und dem Übergang in höhere Dimensionen (konfessionsunabhängig).
- Unterstützung aller sinnvollen Bestrebungen, das überholte Krankenversicherungs-Zwangssystem durch zeitgemäßere, demokratischere und humanere Formen (vgl. ARTABANA-Solidarggemeinschaften, www.artabana.de) für ganzheitlich und gesundheitsbewusst denkende und lebende Menschen abzulösen.

DIE LANGSAME ERWÄRMUNG VON GETREIDE*

Der Wert eines eingeweichten Rohgetreides für das Frischkornmüsli nach Dr. Max O. Bruker ist bekannt. Wenn man täglich nur zwei bis drei Esslöffel davon zu sich nimmt, bekommt man die darin vorhandenen Vitamine und Enzyme (Fermente), die der Körper braucht, in unveränderter und unzerstörter Form.

Es ist das wichtige Ferment Phytase darin enthalten. Dieses sorgt dafür, dass bei einem feuchtwarmen Milieu die für den menschlichen Organismus schwer verdauliche Stärke in leicht verdaulichen Zucker verwandelt wird. Bei langem Kauen von Getreidekörnern geschieht dies auch durch das Ferment Diastase, das im Mundspeichel vorkommt. Doch bei größeren Mengen Getreide ist eine entsprechende Vorbehandlung nützlich, damit das Getreide gut bekömmlich ist.

Solch eine Vorbehandlung geschieht u.a. beim Brotbacken mit Sauerteig und auch bei anderen Teigverarbeitungen wo der Teig warm gestellt ruht. Dies weil die Wärme das Ferment Phytase aktiviert. Auch schonend bereitete Haferflocken, wo ebenfalls die Wärme im Arbeitsvorgang den Hafer aufschließt, haben diesen Fermentationsprozess durchgemacht. Wichtig ist der langsame Erwärmungsprozess wo das Getreide etwa 20 Minuten lang nur bis höchstens 40 Grad Celsius erwärmt steht damit das Ferment Phytase wirken kann. Bei höheren Temperaturen wird das Ferment zerstört. Noch etwas anderes bewirkt dieses Ferment Phytase. Es baut die Phytinsäure ab.

Die Phytinsäure (Hexaphosphorsäure) kommt in der Natur als Anion, Phytat genannt vor. Mais, Soja, Weizen, Gerste, Roggenkleie und Erdnüsse enthalten be-

---

* Nach Empfehlungen des Lebensmittelchemikers Ing. Julius Fleischanderl. Julius Fleischanderl war Begründer und bis zu seinem Tod 1990 Vorsitzender der Österr. Vegetarier Union.

sonders viel davon. In anderen Getreidearten, Nüssen, Ölsamen und Hülsenfrüchten ist eine natürliche Menge davon enthalten. Phytinsäure gehört zu den bioaktiven Substanzen. Sie dient in Samen als Speicher für Phosphat und Katinonen: für Kalium-, Kalzium-, Magnesium-, Mangan-, Barium- und Eisen-Ionen, die der Keimling zum Wachstum benötigt. Auf Grund ihrer komplexbildenden Eigenschaften kann sie vom Menschen mit der Nahrung aufgenommene Mineralstoffe wie Kalzium, Magnesium, Eisen und Zink in Magen und Darm unlöslich binden, sodass diese, ohne entsprechender Vorbereitung (Fermentation) dem Körper nicht mehr genug zur Verfügung stehen würden.

Die Natur sorgt für alles
Das Ferment Phytase (auch Enzym genannt), das ebenfalls in den Samen enthalten ist, baut die Phytinsäure im Fermentationsprozess ab und setzt somit das gebundene Phosphat frei. Dadurch werden die durch das Phosphat gebundenen Mineralstoffe Kalzium, Magnesium, Eisen und Zink frei und in der Verdauung für den Körper aufnehmbar.

Ein Frischkornmüsli mit Dörrobst und Nüssen hält den Körper fit.

Natürlich kommt das Ferment Phytase in einer Reihe von Pflanzen und Mikroorganismen vor, unter anderem im Keim und in der Kleie von Getreidekörnern. Diese Tatsache zeigt, dass der Fermentationsprozess mit Vollkorngetreide funktioniert, aber nicht mit Weißmehl ohne Keim und Kleie. Phytase macht den in Pflanzensamen als Energiereserve gebundenen Phosphor für den Stoffwechsel verfügbar.

Phytinsäure dient in Pflanzen als Speicher für Phosphat, welches sie u. a. für die Photosynthese benötigen. Für Pflanzen ist Phytinsäure somit essentiell.

Noch etwas weiteres bewirkt das Ferment Phytase: Die beim Einweichen in Getreide abgespaltene Phytinsäure wird mit dem Kalk der in Quell- und Leitungswasser enthalten ist, abgesättigt. Würde dies erst im Verdauungsprozess stattfinden, dann sättigt sich diese Säure mit dem Kalk aus den menschlichen Körper ab. Das Getreide, das selbst bekanntlich sehr wenig Kalk enthält, würde so zu einem zusätzlichen Kalkräuber werden. Dies würde sich nach einigen Jahrzehnten z.B. durch eine geschwächte Wirbelsäule oder durch Gelenksprobleme bemerkbar machen. Daher sollen wir täglich Gemüse, auch die kalkreichen Kohlarten, den schwarzen Rettich (im Winter) und andere Wurzeln als feinen Salat, Blattgrün, aber auch Kräuter aus dem Garten und aus der Natur, wie z. B. Brennnessel, auch -pulver, welche besonders viel Kalk enthalten, zu uns nehmen. Das frische Obst und Gemüse sowie die Kräuter sorgen für das Säure-Basen-Gleichgewicht im Körper.

Getreide soll daher nicht sofort in kochendes Wasser eingerührt werden. Eine Nachdünstung nutzt da nichts mehr, da das Ferment Phytase durch das vorherige Kochen zerstört ist.

Die Fermentation: Das erwählte Vollkorngetreide lauwarm waschen, dann dieses Wasser durch ein Sieb abseihen. Das Getreide in den vorgesehenen Kochtopf, oder sonst ein passendes Gefäß, geben und die für den Kochprozess nötige Wassermenge kalt dazu schütten. Je nach Getreideart in der warmen Jahreszeit die kürzere, wegen der Säuerungsgefahr in der kalten Jahreszeit die längere Einweichzeit wählen. D. h. mindestens drei bis höchstens 12 Stunden einweichen und kühl stellen. Vor dem Kochprozess das Wasser erneuern und dann das eingeweichte Getreide auf Körpertemperatur, maximal auf 40 Grad erwärmt, für 15 bis 20 Minuten so stehen lassen. Dann erst fertig kochen.

So zubereitetes Getreide stellt uns dann seine Inhaltsstoffe zur Verfügung. wie die vorher angeführten wissenschaftlichen Untersuchungen uns zeigen. Wir kennen diese Zusammenhänge schon längere Zeit, weil wir Julius Fleischanderl persönlich kannten.

Für das Vollkornmüsli brauchen wir nur den Fermentationsprozess durchführen, dann ist das Getreide noch roh und doch aufgeschlossen für die Verdauung.
Die Hülsenfrüchte sollen wir auch gut für den Kochprozess vorbereiten, d. h. wie üblich, warm waschen und je nach Art fünf bis zehn Stunden einweichen lassen. Wie das Getreide langsam erwärmen und auch so bei höchstens 40 Grad Celsius 15 Minuten lang die Hülsenfrüchte mit dem Ferment Phytase für den Abbau der Phytinsäure stehen lassen, dann das Wasser erneuern und anschließend kochen.
Ebenso bei Ölsaaten und Nüssen: Wenn wir sie erhitzen wollen, sollen wir das so langsam wie beim Getreide machen, damit die Phytase ihren Abbau der Phytinsäure bewirken kann.
Rohe Nüsse in Verbindung mit frischem Obst als Vitamin C-Träger für die Neutralisierung der Wirkung von Phytynsäure als Frischkost verwendet, dient unserem Körper mehr als erhitzt. Es ist ein Segen dies alles erfahren zu haben und in der Praxis anwenden zu können.
(Mit Hilfe von www.wikipedia.de und www.pflanzenforschung.de habe ich die für uns bekannten Tatsachen auf den neuesten Stand gebracht.)

Tipps für Nahrungsmittelkombinationen:*
- Salz und rohe Nüsse sind mit Frischkorn sowie rohe Nüsse mit gekochten Getreidespeisen, auch mit gekeimten Getreide, allgemein unverträglich (Darmpilzbildung).
- Erhitzte Nüsse und Ölsamen sind mit Getreidespeisen problemlos kombinierbar.
- Rohe Nüsse passen sehr gut mit frischen Obst zusammen, bei Leberschwäche jedoch besser die Nüsse vor dem Obst essen.
- Eine Sorte Obst und eine Sorte Nüsse für eine Mahlzeit unterstüzt die Heilung im Krankheitsfall.
- Alle erhitzten Nahrungsmittel vertragen sich mit Salz.
- Rohes Gemüse und Salate vertragen sich gut mit Salz, auch mit Obst, was jedoch Geschmacksache ist.
- Gekeimtes Getreide verträgt sich am besten mit einem qualitativ hochwertigen Olivenöl und wird vorzugsweise, alleine oder mit Blattgrün und Gemüse, ohne Salz, gegessen.

---

* Quelle: *Müller-Burzler, H.:* Auf den Spuren der Methusalem-Ernährung. Windpferd-Verlag, Oberstdorf, 2009

DIE PROBLEMATIK DER MILCH

Wir wissen vom Menschen, dass die Milch einer Mutter die für ihr eigenes Baby nötigen Schutz- und Aufbaustoffe in genauer Abstimmung enthält. Dasselbe gilt für die Säugetiere. Bis zum dritten oder vierten Lebensjahr kann die Muttermilch mit Hilfe der dafür vorhandenen Enzyme gut verdaut werden. Dieses Naturgesetz gilt für Mensch und Tier. Dies ist auch der ursächliche Grund dafür, dass Tiermilch vom Menschen sehr oft nicht gut vertragen wird und bis hin zur Allergie führt. Es werden auch nur in der westlichen Welt so viel Tiermilch und Milchprodukte als Nahrung für den Menschen angeboten.
Andere Begleiterscheinungen des Milchkonsums, wie zum Beispiel verstopfte Nasen- und Stirnhöhlen oder Heuschnupfen, werden oft nicht als Folge des Verzehrs von Milch und Milchprodukten als tierisches Eiweiß erkannt. Auch Durchfall, Asthma, rheumatische Arthritis und Neurodermitis werden oft durch die antigenen Eiweißstoffe der Tiermilch beim Menschen verursacht und verschärft. Bei Belastungen der eben genannten Art zeigt eine versuchsweise Ernährung von zwei bis vier Wochen ohne Milchprodukte, Fleisch, Fisch und Eier meist schon eine Besserung, was uns darauf hinweist, dass für uns diese Nahrung nicht unbedingt geeignet ist. Die ethische Seite spielt hier auch eine beachtliche Rolle.
Nicht alle Menschen reagieren gleich. Aber wenn eine solche Empfindlichkeit, wie etwa eine **Laktose-Intoleranz,** gegeben ist, sollte darauf geachtet werden. Ähnliches gilt für Eiweiß, worauf viele Menschen allergisch reagieren. Eier sind von Natur aus die Träger für neues Leben.
Wenn das Getreide, das als Kraftfutter für Milchkühe verwendet wird, mit Pestiziden behandelt wurde, finden sich derartige Stoffe in der Milch wieder. Werden diese Stoffe für eine längere Zeit dem menschlichen Körper zugeführt, erhöht sich das Risiko von Missbildungen bei der Geburt und Krebserkrankungen. Antibiotikareste befinden sich in Milchprodukten, wenn diese dem Tier vearabreicht wurden oder werden. Sie sind noch aktiv und imstande, die normale, gesunde Darmflora zu verändern und Unannehmlichkeiten zu verursachen, besonders bei diesbezüglich allergisch reagierenden Menschen.

Kalzium und andere Nährstoffe, für die die Milchprodukte immer gepriesen werden, bekommen wir vor allem mit dunkelgrünen Salaten, Nüssen, Samen (unerhitzter Sesam enthält sehr viel davon), Trockenobst, Frischobst, Kohl- und Wurzelgemüsen. Vitamin D wird teilweise der Kuhmilch in der Fabrik zugesetzt, weil sie es von Natur aus nicht enthält, dabei wird Vitamin D im Körper selbst gebildet. Schon eine Viertelstunde Sonnenlicht täglich auf die Haut von Gesicht, Händen und Armen oder Beinen reicht hierfür.

In der "Nurses' Health Study"* wurde gezeigt, dass der Verzehr von Milch keinen positiven Effekt auf die Knochendichte oder -stabilität hat, die Knochenbrüche können sich sogar erhöhen. Ein Grund, warum die Milch den Knochen eher Mineralstoffe entzieht, anstatt sie ihnen zur Verfügung zu stellen, ist, dass Milch den Körper übersäuert. Ist der Körper übersäuert braucht er Mineralstoffe, um die angefallenen Säuren zu neutralisieren. Diese Mineralstoffe entzieht er dann den Knochen und den Zähnen. Ebenso ist Vorsicht geboten bei der Verwendung von Weißmehl und weißen Zucker, weil auch diese im Stoffwechselvorgang die ihnen fehlenden Mineralstoffe sich vom Körper holen, mit den entsprechenden Folgen.

Eine Studie von "American Journal of Clinical Nutrition" veröffentlichte bereits 2001, dass ältere Frauen, die verhältnismäßig viel tierisches Protein im Vergleich zu pflanzlichem Protein zu sich nahmen, verstärkt an Knochenabbau und Hüftfrakturen litten. Bei Frauen, die hingegen mehr pflanzliches Protein als tierisches aßen, kam es kaum zu diesen Problemen. Auch das Risiko für Osteoperose gehört zu diesen Themen.

Basische Lebensmittel wie frisches Obst und Gemüse, Mandeln, Sesam, Mohn, Champignons, Brennnesselblätter (für den Winter Brennnesselpulver) und alles Blattgemüse, Wildkräuter und Kulturkräuter, besonders die dunkelgrünen Vertreter, übersäuern den Körper nicht und enthalten viel Kalzium, und die Mineralstoffe, Spurenelemente, auch Eiweiß, Vitamine und Vitalstoffe, die für den Körper- und Knochenaufbau und Erhalt benötigt werden. Das Pflanzenreich liefert in optimaler Form die Bausteine für unseren menschlichen Körper. Das Pflanzenreich ist das opfernde Prinzip in der Schöpfung und macht menschliches und tierisches Leben erst möglich. Der Mensch ist das einzige Lebewesen, das noch im Erwachsenenalter artfremde Milch trinkt, wodurch auch Lactose-Intoleranz entsteht.

---

* Nurses' Health Study (abgekürzt NHS) ist eine US-Längsschnittstudie, die wichtige Beiträge zur Ernährungskunde und Krebsrisiken bei Frauen erbrachte. Sie ist die weltweit bedeutendste Gesundheitslängsschnittstudie, die bereits seit 30 Jahren läuft.

Die meisten Menschen hören mit der Produktion des Laktase-Enzyms im Alter von fünf Jahren auf, da der Körper keine Milch mehr braucht. Wir haben fünf Kinder und ich habe diese in Summe 14 Jahre lang gestillt und das neben der Arbeit in Haus und Garten. Die Kinder aßen daneben mit uns mit und nach dem Abstillen weiter, wie wir auch, ohne Milch und deren Produkte, d.h. ohne tierisches Eiweiß seit 1973. Diese Lebensweise brachte meine ein Jahrzehnt dauernde Akne zur bleibenden Abheilung.

Die natürliche Funktion von Milch ist es, das Wachstum des neugeborenen Kalbes zu unterstützen. Entsprechend ist die Zusammensetzung der Milch für das schnell wachsende Kalb. Die Muttermilch für das viel langsamer heranwachsende Menschenskind hat eine andere Zusammensetzung.

Im Internet unter www.zentrum-der-gesundheit.de kann viel über Milch und andere Themen, die wissenschaftlich belegt sind, nachgelesen werden.

Bei der Ernährung nur mit pflanzlichen Lebensmitteln können auch Soja- und Weizenprodukte Allergien verursachen. Dinkel kann hier als Ersatz gute Dienste erweisen! Außerdem ist nur vom üblichen Kochprozeß in 15 bis 20 Minuten auf 40 Grad Celsius angewärmtes Getreide leichter verdaulich. Der Getreideanteil der Nahrung soll insgesamt nicht zu hoch sein, weil gekochtes Getreide und Brot den Körper verschleimen und im Stoffwechsel einen Säureüberschuss bewirken. Man hat zum Beispiel ständig einen schweren Kopf. Durch eine zeitweise Abstinenz der verdächtigen Nahrungsmitteln kommt man sicher dahinter, denn sobald man sich wohler fühlt, kann das eine oder andere der Reihe nach geprüft werden. Wird also nach etwa zwei bis vier Wochen ein vermutlich störendes Nahrungsmittel wieder dazugenommen, kann man die Reaktion genau feststellen und bei Unverträglichkeit zunächst mal dieses aus dem Speiseplan streichen und gegebenenfalls durch ein anderes, passendes ersetzen. Nach ein paar Monaten oder einem Jahr kann es nochmals geprüft werden, dann ist das Urteil wohl ganz sicher.

Getreidemilch(-drinks) im Handel

Getreide ist seit Urzeiten ein Grundnahrungsmittel vieler Völker. Auch Getränke wurden in aller Welt schon lange aus Getreide gemacht. Die Idee dieser Getränke war, sie vorher so vorzubereiten, dass ein großer Teil der Inhaltsstoffe ins Wasser übergeht und dass die Kohlehydrate verzuckert werden. Getreidedrinks enthalten daher natürliche Zucker wie Maltose oder Dextrine. Aufgrund des Wassergehaltes von etwa 90 Prozent sind diese Inhaltsstoffe gegenüber dem Getreidekorn verdünnt. Dem Biovollkorngetreide – mit viel Wasser – werden aus Mikroorganismen industriell gewonnene Enzyme (Amylase) zugesetzt. Sie bauen die Stärke zu

Zucker um. Nur Reis und Gerste können mit den eigenen Enzymen die Verzuckerung bewirken. In der Futtermittelindustrie für die Tiere ist dieser Fermentationsprozess bekannt und wird dort auch zur besseren Verdaulichkeit der Soja praktiziert. Für uns Menschen ist es ebenso wichtig. Enzyme und Fermente sind laut „Duden" dasselbe. Enzyme ist die ältere Bezeichnung, Fermente die neuere. Man weicht beispielsweise Gerste ein und lässt sie für die Erzeugung von Malz und Malzextrakten keimen.

Wenn in der Getreidedrinkerzeugung dem Getreide die Enzyme beigefügt sind, beginnen sie ihre Tätigkeit der Verzuckerung. In der weiteren Verarbeitung wird die Lösung filtriert. Die Reste sind Ballaststoffe, wasserunlösliche Bestandteile, die verfüttert oder zu anderen Produkten verarbeitet werden. Zu dem flüssigen, noch klaren Getreidedrink wird Sonnenblumenöl, das reich an Linolsäure ist oder ein anderes mildes Öl zugegeben, wodurch eine milchige Wasser-Öl-Emulsion entsteht. Das Homogenisieren oder die Beimischung von Emulgator (außer bei Reisdrink) verrmeiden die Entmischung des Getreidedrinks. Fast alle Getreidedrinks werden in Bioqualität hergestellt und somit ohne gentechnisch veränderte Lebensmittel im Handel angeboten. Zugesetztes Kalzium stammt von einer Alge, die Gewürze sind stets natürlicher Herkunft. Die Fette sind stets pflanzlich. Der Fettanteil beträgt 1 Prozent beim Reisdrink, 1.5 Prozent beim Haferdrink (der cholesterinsenkend ist), 2.1 Prozent bei Soja, im Vergleich zu Vollmilch mit 3.5 Prozent. Pflanzliche und tierische Fette sind nicht zu vergleichen, weil die Zusammensetzung verschieden ist und sie eine unterschiedliche Wirkungsweise im Körper aufweisen.

Die Kennzeichnung „milcheiweißfrei" bei den Getreidedrinks hilft den Menschen mit Milcheiweißunverträglichkeit und den vegan lebenden Menschen bei der Wahl ihrer Lebensmittel. In der EU ist es die Vorschrift Pflanzenmilch mit „Drinks" zu kennzeichnen.

Dr. Michael Klaper, Direktor des „Institute of Nutrition, Education and Research", Manhattan Beach, Kalifornien, USA, fand heraus, dass tierische Milch (Kuhmilch) verantwortlich für viele Allergien ist.

Ein Sojaersatz ist die gelbe Süßlupine. Sie wird seit Jahren in Norddeutschland und auch in Österreich als pflanzlicher Eiweißlieferant getestet und verarbeitet, ähnlich wie die Sojabohne, aus der Tofu und ähnliche Produkte erzeugt werden. Beides ist als Viehfutter bekannt. Das neue Produkt ist dem Tofu aus Soja recht ähnlich, kann zu einer Vielfalt von Produkten verarbeitet werden und ist wesentlich leichter verdaulich als Soja. 100 Gramm davon enthalten 59,2 Milligramm

Kalzium, 10,6 Milligramm Natrium, 40 Milligramm Kalium, 36,7 Milligramm Magnesium, 5,4 Milligramm Eisen, 0,08 Milligramm Vitamin B_1, 0,4 Milligramm Vitamin B_2, 3,7 Mikrogramm Vitamin B_{12}, 2,2 Prozent Lecithin, (mehr als Soja) und 48 Prozent Eiweiß (Soja hat 40 Prozent). Das Lupinen-Eiweiß enthält alle essentiellen Aminosäuren. Es ist reich an Mineralstoffen und Vitaminen und enthält sogar das oft in pflanzlicher Nahrung fehlende Vitamin B_{12}. Das enthaltene Fett (sieben Prozent) besteht aus einem ausbalancierten Verhältnis der notwendigen ungesättigten Fettsäuren. Süßlupinensamen enthalten keine verdauungshemmenden Stoffe wie Soja und viele anderen Hülsenfrüchte. Dies bekräftigt die hohe Verdaulichkeit (98 Prozent) des Sojaersatzes, der übrigens cholesterinfrei ist. Er hat eine angenehme Konsistenz und einen typisch nussartigen Geschmack. Zu den genannten Vorteilen kommt hinzu, dass die gelbe Süßlupine auch noch in kühleren Regionen mit sehr gutem Ertrag wächst, also ein sehr passendes Nahrungsmittel auch für mitteleuropäisches Klima darstellt und nicht nur als Lupinentofu verarbeitet, sondern ein bis zwei Esslöffel in Form von Keimsaat auch als Rohkost verwendet werden kann. Größere Mengen müssen gedünstet werden. Dies gilt für alle gekeimten Hülsenfrüchte.

Wir können Pflanzenmilch (-drinks) auch selber leicht und kostengünstig herstellen, mit dem Vorteil, dass die Drinks weniger Hitze, die wegen längerer Haltbarkeit notwendig ist, ausgesetzt sind. Zwei inzwischen darin sehr erfahrene, hilfsbereite Frauen haben mir ihre erprobten Rezepte gegeben. Es ist heute unvergleichlich viel einfacher die pflanzliche Ernährung zu praktizieren. Als wir 1973 damit angefangen haben und vorerst keine Literatur und keinen einzigen Menschen kannten, der das praktizierte, mussten wir viel ausropieren. Wir sind sehr froh, diese Lebensführung aus innerem Antrieb gefunden zu haben. Inzwischen begegnen wir immer wieder Menschen mit dieser Lebensführung, die wesentlich weniger Land für die menschliche Ernährung benötigt und das Treibgas, das laut FAO* durch die Tierhaltung 18 Prozent beträgt, entsprechend verringern kann. So wandelt sich das Bild des Lebens auf Erden Stück für Stück, was auch viele der heutigen Probleme lösen hilft.

Die gekauften Pflanzendrinks sind hoch erhitzt, wodurch sie geschlossen länger haltbar sind. Die selbstgemachte pflanzliche Milch kann zwei bis fünf Tage im Glasbehälter im Kühlschrank aufbewahrt werden. Dafür kann man die Konsistenz dicker wählen (spart Platz) und bei Gebrauch verdünnen und würzen. Jede

---

* FAO = Ernährungs- und Landwirtschaftsorganisation der Vereinten Nationen (engl. Food and Agriculture Organization of the United Nations)

Wir verzichten auf Tiermilch in unserer Ernährung und trinken stattdessen Getreidemilch.

pflanzliche Milch kann genau so wie tierische verwendet werden. Außer Hafermilch, die darf nicht erhitzt werden, weil sie dick wird. Dinkelmilch aus gekeimten Dinkel hat natürlich ohne den Erhitzungsvorgang den höheren Ernährungswert. Der bei der Herstellung übrig bleibende „Schrot" kann gut noch zum Kochen und Backen verwendet werden.

Die Zubereitung der Pflanzendrinks in der eigenen Küche
Die Mengenverhältnisse der Rezepte sind erprobte Anhaltspunkte – man muss selber ausprobieren, wie es in der eigenen Küche passend ist. Und so gehen wir vor: Vor dem Einweichen die ganzen Körner (Getreide, Nüsse, Ölsamen) lauwarm waschen, abseihen und die gewählten Körner oder Flocken (diese ohne zu waschen) für die Pflanzenmilch, je nach Festigkeit, Art und Jahreszeit der Körner oder Flocken, mit kalten Wasser fünf bis acht oder bis zu 12 Stunden einweichen (im Sommer kürzer wegen der Säuerungsgefahr).
Das Getreide für Hirse oder Reismilch wird vor dem Kochprozess für 15 bis 20 Minuten zur Fermentation auf etwa 40 Grad Celsius erwärmt gehalten und dann erst fertig gekocht.
Die Ölsamen und Nusskerne werden gleich nach dem Einweichen nach Rezeptvorschlag weiter mit der jeweils passenden Wassermenge verarbeitet d. h. fein püriert. (Hier wird das Einweichwasser abgegossen). Mit einem starken Mixgerät

wird die Pflanzenmilch so fein, dass sie auch ohne abzuseihen verwendet werden kann, wenn diese Konsistenz nicht stört. Ansonsten durch ein feines Sieb oder Baumwolltuch (Käseleinen) gut abtropfen lassen und ausdrücken. Wer abseiht kann die Rückstände nochmals für Milch verwenden, mit weniger Wasser, oder eben anders in der Küche verarbeiten: beispielsweise zu Müsli, Kuchen, Aufstrichen, Bratlingen, Shakes oder trocknen, was eine Art Mehl ergibt. Die Pflanzenmilch ist im Kühlschrank zwei bis fünf Tage haltbar.

Zum Süßen und Würzen, kurz vor dem Gebrauch, kann z.B. Stevia-Zuckerblatt, das im eigenen Garten, oder am hellen Fenster wachsen kann, getrocknet und in der Kaffeemühle pulverisiert oder frisch mitgemixt, verwendet werden. Weiter Ahornsirup, Agavendicksaft, Birkenzucker, Vollrohr- oder Rübenzucker, Birnen- und Apfeldicksaft, auch Honig u.a. Auch eingeweichtes Trockenobst mitsamt dem süßen Wasser mitzumixen, ist eine Möglichkeit, aber erst nach dem Abseihen der Milch. Auch etwas frisches Obst wie Beeren oder Banane passen sehr gut als Abwechslung in die Milch, ebenso Carobpulver oder Rohkakao. Auch kann man echte Vanille oder Zimt u.a. zum Würzen nach Geschmack dazutun.

Dinkelmilch:

Eine Tasse gekeimter Dinkel. 500 bis 600 Milliliter Wasser. Für die Keimung den Dinkel über Nacht in kaltem Wasser einweichen, Wasser abgießen und weiterhin, bis die Keimspitzen sich gut zeigen, zweimal täglich kalt spülen. Längere Keime ergeben Dinkelgras und als solches für gepressten Saft noch gut und wertvoll – wie Weizengrassaft zu verwenden als Pflanzenmilch sind jedoch die kürzeren Keimlinge geeigneter. Den gekeimten Dinkel mit dem Wasser ganz fein mixen. Nach Wunsch abseihen oder cremig lassen, pur oder gewürzt verwenden.

Hirsemilch:

100 Gramm Hirse in einem Liter Wasser, über Nacht einweichen, vorm Kochprozess 15 bis 20 Minuten auf 40 Grad Celsius wie vorher allgemein beschrieben, fermentieren lassen, dann kurz kochen und nachziehen lassen, pürieren und weiter verarbeiten nach Wunsch.

Reismilch:

Eineinhalb Tassen Vollkornreis eingeweicht fermentieren wie bei Hirsemilch, dann kochen und mit einer Tasse Wasser pürieren, weiteres Wasser auf gewünschte Konsistenz und Gewürze dazugeben und fertig mixen. Abseihen wenn gewünscht.

Einfach und schnell herzustellen: Reismilch.

Hafermilch mit 50 Gramm Hafer- oder Dinkelflocken:
Etwa 0,8 bis ein Liter Wasser, je nach Konsistenzwunsch, einweichen.
Flocken können kürzer weichen, etwa ein bis zwei Stunden, bei feinen Flocken geht es noch kürzer; das ist dann gut sichtbar.

Hafermilch mit Nackthafer und geschälten Hafer:
Eine halbe Tasse Hafer in 600 bis 800 Milliliter Wasser zum Einweichen geben. Gemixter Hafer ist sehr gut, ohne abseihen ergibt es eine cremige, vor allem aus Flocken hergestellte Milch. Achtung! Hafermilch nicht erhitzen, sie wird sonst dick!

Mandelmilch und Milch aus anderen Kernen wie:
Sonnenblumenkernen, Kürbiskernen, Haselnüssen, Cashewkernen, Paranüssen oder Walnüssen. Durch das Einweichen und das Weggeben des Einweichwassers und die Verarbeitung zu Milch wird der Histamingehalt in den Walnüssen und Haselnüssen stark reduziert, was für diesbezüglich empfindliche Menschen hilfreich ist.
Eine Tasse Mandeln oder andere Kerne in 0,8 bis einem Liter Wasser fünf bis zehn Stunden in soviel kalten Wasser einweichen, dass die Kerne, auch beim Aufquellen, bedeckt bleiben. Dieses Wasser dann vor der weiteren Verarbeitung weggeben.
Die in Nüssen, Ölsamen, Hülsenfrüchten (auch in Erdnüssen) und in Getreide enthaltene Phytinsäure wird so durch das Einweichwasser im Wesentlichen aus den Kernen gezogen, was beim Getreide der wärmende Umwandlungsprozess neben der Stärke in Zuckerverwandlung mit Hilfe des Ferments (Enzyms) Phytase bewirkt. Der Phytinsäuregehalt hemmt in der Verdauung die Aufnahme von Kalzium Magnesium, Eisen und Zink. Darum sind die Erwärmung (Fermentation) von Getreide, das Weggeben vom Einweichwasser bei den eben angeführten Nusskernen und ebenso bei den Hülsenfrüchten, eine zu beachtende Behandlung. Weiters ist die Zufuhr von reichlich Vitamin C in der Ernährung wesentlich. Das Vitamin C im Stoffwechsel (frischkostreiche Ernährung) hilft, die hemmende Wirkung der Phytinsäure zu regulieren. Phytinsäure ist dann noch in genügender Menge vorhanden, denn sie hat auch Hilfreiches anzubieten, nämlich antioxidative Wirkungen und schützt außerdem vor allem vor Darmkrebs und reguliert die Stärkeverdauung, was sich positiv auf den Blutzuckerspiegel auswirkt. Letztendlich schützt sie vor einem Eisenüberschuss.
Trockene Nüsse, ganz oder gemahlen, sowie etwa acht Stunden eingeweichte Nüsse mit erneuertem Wasser gemixt, die vor dem vitaminreichen Frischobst ge-

Kokosmilch ist eine leckere und gesunde Abwechslung.

gessen werden, verdauen sehr gut, weil hier das Vitamin C die Phytinsäurewirkung reguliert. Das ist eine über viele Jahre praktizierte Erfahrung. Grüne Blätter, oder Kräuter, (im Winter Kräuterpulver) ohne Salz, passen hier auch gut dazu. Nüsse sind Hirn- und Nervennahrung. Die Natur sorgt für alles!

Sesammilch:
50 Gramm ungeschälten Sesam (Sesam Natur) in 300 Milliliter Wasser, etwa acht Stunden einweichen, dann das Einweichwasser abgießen. Die 300 Milliliter Wasser beim Pürieren langsam beimischen.

Kokosmilch:
250 Gramm Kokosflocken mit etwa 750 Milliliter Wasser zum Kochen bringen. Unbedingt dabei stehen bleiben, es kocht sehr leicht über, immer wieder umrühren. Sobald es kocht sofort vom Herd nehmen und etwa 15 bis 20 Minuten stehen lassen. Alles durch ein Sieb pürieren, falls gewünscht. Wer die Milch dicker mag, kann weniger Wasser nehmen.

Hanfmilch:

50 Gramm geschälte Hanfsamen in 500 Milliliter Wasser geben, ohne einzuweichen. Die Hanfsamen mit 200 Milliliter Wasser fein pürieren, die restlichen 300 Milliliter Wasser und gewünschte Gewürze dazumischen. Abseihen oder nicht – wird vor dem Würzen entschieden. Hanfmilch ist nur zwei Tage im Kühlschrank haltbar.

Schnelle Mandelkokosmilch:

Drei Esslöffel Mandelmus, zwei Esslöffel Kokosmus in einem halben bis ein Liter Wasser. Alles gut mixen und nur so viel Wasser nach und nach dazugeben, wie gewünscht ist.

Mandel-Schoko-Bananenmilch:

Ein Esslöffel Agavensirup oder Anderes zum Süßen, zwei Bananen, drei Esslöffel Roh-Kakao, eine halbe Tasse gemahlene Mandeln, zwei Tassen Wasser.
Die gemahlenen Mandeln mit der Hälfte des Wassers im Mixer bei hoher Geschwindigkeit etwa zwei Minuten lang vermischen, restliches Wasser zugeben und weitere zwei Minuten mixen. Im feinen Sieb oder Tuch die Milch gut ausdrücken. Die gewonnene Mandelmilch im Mixer mit den restlichen Zutaten fertig mixen.

Apfelpalatschinken:

200 Gramm Dinkelmehl, 200 Milliliter pflanzliche Milch, halber TL Backpulver, ein bis zwei TL Agavendicksaft o.ä., eine Prise Steinsalz, ein großer Apfel.
Mehl mit Backpulver und Agavensaft mischen. Langsam die Milch unterrühren, sodass ein zäher Teig entsteht. Den Teig warm ruhen lassen. Den Apfel entkernen und in feine Scheiben schneiden. Pro Palatschinken etwa ein TL Pflanzenöl in die Pfanne geben, den Teig hineingeben, glatt streichen, die Apfelscheiben auflegen und leicht andrücken, auf beiden Seiten backen.

Sahne pflanzlich:

Für würzige und süße Speisen kann man auch mit Mandeln, Walnüssen, Haselnüssen, Hafer, Hanf usw. Sahne machen. Die Nüsse sollten wegen des Salzes vor dem Pürieren kurz erhitzt werden.
100 Gramm Cashewnüsse mindestens ein bis zwei Stunden in Wasser einweichen, abseihen und mit einem halben Liter Wasser pürieren bis eine cremige Masse entsteht.

Cashewcreme zum Überbacken und zum Kochen usw.:
Ein Becher Cashewkerne, ein Becher Wasser. Die Kerne, auch hier nach Wahl, über Nacht oder einige Stunden einweichen. Wenn die Creme eher flüssig sein soll, alles zusammen pürieren bis sich eine homogene Masse ergibt. Fürs Überbacken von Aufläufen u.ä. den Wasseranteil reduzieren, dann wird es dickflüssig. Würzen mit Salz, Pfeffer, Knoblauch und eventuell etwas Zitronensaft nach Belieben.

Schlagsahne pflanzlich:
Ein TL Johannisbrotkernmehl oder Guarkernmehl 200 Milliliter gekühlte Sojamilch in ein hohes Rührgefäß geben, nach Wunsch mit echter Vanille würzen. Mit dem Handrührgerät aufschlagen, dann langsam das gewählte Mehl (Johannis- oder Guarkermehl) einrieseln lassen bis die Konsistenz passend ist. Wenn gewünscht süßen.

Mandel-Kokos Pudding:
Zwei Tassen gemahlene Mandeln, eine halbe Tasse Kokosflocken, eine viertel Tasse entkernte Datteln o.ä., eineinhalb Tassen Wasser, alle Zutaten in der Küchenmaschine miteinander verrühren.

Pflanzliche Majonnaise:
Zwei EL Mandelmus (wirkt als Emulgator wie sonst die Eier), 100 Milliliter Wasser, 200 Milliliter Pflanzenöl z.B. Sonnenblumenöl, ein EL Essig, ein TL Senf, ein TL Gemüsebrühpulver, Knoblauch, verschiedene Kräuter.
Mandelmus mit Essig, Senf und Gemüsebrühe und die Hälfte Wasser (etwa 50 Milliliter) in einem hohen Gefäß mischen. Mit einem Stabmixer die Zutaten quirlen, dabei nach und nach die Hälfte des Öls einbringen, dann den Rest Wasser mit dem Stabmixer einrühren und am Schluss den Rest Öl. Abschmecken nach Belieben. Diese Majonnaise für ein paar Stunden im Kühlschrank oder im kalten Keller ziehen lassen. Dadurch wird sie richtig fest. Wenn die Majonnaise gleich essbereit sein soll, nur so viel Wasser beifügen bis die gewünschte Konsistenz erreicht ist. Viel Erfolg beim Zubereiten und eigenem Ausprobieren!

Ich habe nun über dies alles geschrieben, weil ich selbst zehn Jahre mit starker Jugend-Akne im Gesicht und am Oberkörper herumlaufen musste, ohne einen Arzt oder einen anderen Menschen gefunden zu haben, der mir hätte sagen können, was ich tun sollte, um die Akne, sprich den überlasteten Stoffwechsel, zu entlasten und sie ohne Medikamente zur dauerhaften Abheilung zu bringen. Erst durch die Ernährungsumstellung hat sich dieses Problem gelöst – für immer. Jeder Mensch hat seine eigenen Schwachstellen, sodass ein überlasteter Stoffwechsel zu den verschiedensten Krankheiten führen kann. Für uns ist es eine erfreuliche Erfahrung, dass sich bei veganer Lebensweise Fieberkrankheiten und Grippeviren kaum durchsetzen können. Es gibt nur leichte Erkältungskrankheiten, zumeist durch Unvorsichtigkeit.

Mit einer bewusst überlegten Lebensführung können wir also unser Leben in jeder Hinsicht positiv beeinflussen und müssen uns nicht hilflos dem Schicksal ausgeliefert fühlen. Denn beim genauen Hinsehen erkennen wir, dass wir stets unseres eigenen Schicksals »Schmied« sind, was nicht unbedingt leicht oder gleich erkennbar ist, da die Ursachen dafür manchmal weit zurück liegen.

Bachblüten (seit 1985), Schüsslersalze (Biochemie, seit 1989) und Homöopathie (schon sehr lange) helfen uns in Krisensituationen. Dies ist eine Entlastung für uns und für die Krankenkasse!

Jede Menschenseele kommt mit ihrer Grundveranlagung zur Erde zurück. Das Naturgesetz von der Wiederverkörperung (Reinkarnation) mit seinem untrennbaren Zwillingsgesetz von Ursache und Wirkung (Karma) begleitet die Seele auf ihrer Lebensreise. Die beiden Naturgesetze erzeugen aufgrund unseres Verhaltens die selbstgeschaffene Grundveranlagung in Körper, Geist und Seele.

Jeder Mensch hat die freie Wahl seine Veranlagung zum Besten für alle und alles, worin er in diesem Leben steht, zu nutzen oder zu versäumen. Ein Segen, wenn wir am Ende unserer diesmaligen Lebensreise auf ein erfülltes Leben zurückblicken dürfen.

BUCHTIPPS

Abtei Fulda: Gemüseanbau im Biogarten. Fulda o. J.

Besant, A.: Einführung in die uralte Weisheit. Aquamarin Verlag, Grating 2009

Bruker, M. O.: Gesund durch richtiges Essen. Tomus Verlag, München

Bruker, M. O. und *Gutjahr, I.:* Osteoporose – Dichtung und Wahrheit. emu-Verlags GmbH, Lahnstein 2004

Challoner K. H.: Das Rad der Wiedergeburt. Aquamarin Verlag, Grating 2005

Flemming, B.: Das Theosophische Weltbild. Band 1-3, Aquamarin Verlag, Grating o. J.

Francé, R.H.: Das Leben im Boden/Das Edaphon. Untersuchungen zur Ökologie der bodenbewohnenden Mikroorganismen. OLV Verlag, Kevelaer 2012

Franck, G.: Gesunder Garten durch Mischkultur. Südwest Verlag, München 1980

Freitag-Lau, G. und *Lau K. W.* Aussaattage nach kosmischen Rhythmen. OLV Verlag, Kevelaer (jährlich neu)

Grätz, J. F. und Delarne, S.: Sind Impfungen sinnvoll? Hirthammer Verlag, München 1995

Haase, P.: ABC giftfreien Gemüseanbaus. OLV Verlag, Kevelaer 2011

Hay, L.: Herzens-Weisheiten. Alf Lüchow Verlag, Freiburg 1998

Hennig, E.: Geheimnisse der fruchtbaren Böden. OLV Verlag, Kevelaer, 5. Auflage 2011

Hitschfeld, O.: Der Kleinsthof und andere gärtnerisch-landwirtschaftliche Nebenerwerbsstellen. OLV Verlag, Xanten 2003

Hochstrasser, Urs und *Rita:* Rohkost vom Feinsten. Edition Sonnenklar. Siva-Natara Verlag, Reichenberg o. J.

Howard, A.:	Mein landwirtschaftliches Testament. Kompostbereitung und Humusaufbau. OLV Verlag, 2. Aufl. 2005
Kaschel, N.:	Äpfel aus dem Biogarten – Obstbaumpflege mit der Natur. OLV Verlag, Kevelaer 2012
King, F.H.:	4000 Jahre Landbau in China, Korea und Japan. Ein Reisebericht zu Bauern und Gärtnern in Fernost. OLV Verlag, Xanten 2005
Kirsch, K.:	Naturbauten aus lebenden Gehölzen. OLV Verlag, Kevelaer 2012
Kleber, E. und *Kleber, G.:*	Gärtnern im Biotop mit Mensch – Das praktische Biogarten- und Permakultur-Handbuch für ein zukunftsfähiges Leben. OLV Verlag, Kevelaer, 2015
Kretschmann, K. und Behm, R.:	Mulch total – Der Garten der Zukunft. OLV Verlag, Xanten 2017
Kreuter, M.-L.:	Der Biogarten. BLV Verlagsgesellschaft, München 2000
Langerhorst, J.:	Mischkultur und naturgemäße Bodenpflege. Erhältl. über: Langerhorst, Gugerling 5, A-4730 Waizenkirchen
Lau, K. W. (Hrsg.):	NATÜRLICH GÄRTNERN & ANDERS LEBEN – Das Biogarten- und Permakultur-Magazin (zweimonatlich, gegr. 1958). OLV Verlag, Kevelaer
Lehmann, P. J.:	Gesundheitskasse statt Krankenkasse. Aquamarin Verlag, Gratig 1998
Maly, I.:	Blüten als Chance und Hilfe (Bachblüten). Opal Verlag, Augsburg 1991
Moritz, A.:	Die wundersame Leber- und Gallenblasenreinigung. Vox-Verlag, Bad Lausiek 2008
Nearing, S.:	Die Suche nach dem guten Leben. pala Verlag, Darmstadt 1974
Pommeresche, H.:	Humussphäre. Humus – Ein Stoff oder ein System? OLV Verlag, Kevelaer 2017

Reiter, M.:	Ein ländlicher Garten zwischen Tradition und Moderne. OLV Verlag, Xanten 2006
Robbins, J.:	Ernährung für ein neues Jahrtausend. Hans Nietsch-Verlag, Emmendingen 1995
Rotkranz, M.:	Heile dich selbst. Hans Nietsch-Verlag. Emmendingen 2010
Seifert, A.:	Gärtnern, ackern – ohne Gift. Biederstein Verlag, München 1980
Sekera, M.:	Gesunder und kranker Boden. Ein praktischer Wegweiser zur Gesunderhaltung des Ackers. OLV Verlag, Kevelaer 2012
Siebeneicher, G. E.:	Gartenlexikon. Südwest Verlag, München 1990
Spiller, W.:	Macht Kuhmilch krank? Waldthausen Verlag, Ritterhude 1995
Snell, J.:	Der Dienst der Engel. Lorbeer & Turm Verlag, Bietigheim
von Heynitz, K. und *Merckens G.:*	Das biologische Gartenbuch. Verlag Eugen Ulmer, Stuttgart 1994
Weihsbrodt, R. und *B.:*	Intelligente Ernährung, lebendige Vitalkost mit Wildkräutern. Freya Verlag, Linz 2013

EMPFEHLUNG

Vegetarismus
Informationsmaterial zum Vegetarismus gibt es von: Schweiz. Schweizerische Vereinigung für Vegetarismus (SVV), CH-8408 Wintethur, www.vegetarismus.ch.
(Bitte einen adressierten und frankierten C5- bzw. A5-Umschlag mit internationalem Antwortschein einsenden).

Mein Dank an Jakobus *7.4.1945 – † 7.10.2013

Zu Allerheiligen 1968 begegneten wir uns anlässlich eines Winterlehrganges in der Heimvolkshochschule Burg Fürsteneck im Raum Fulda (Hessen), in Deutschland.

Jakobus war dort Gärtner und ich Teilnehmerin des zweimonatigen Lehrganges. Es war eindeutig eine Begegnung zwischen zwei sich aus früheren Leben vertrauten Seelen. Nach diesem Lehrgang folgten wir – jeder auf seine Weise – wieder unseren vor dieser Begegnung anderen Menschen zugesagten Diensten. Dies führte uns räumlich in weite Entfernung. So schrieben wir uns gegenseitig viele Briefe und begegneten uns, wenn es unsere Pflichten erlaubten.

Im Juli 1971 heirateten wir. Unsere vielen gemeinsamen Lebenserfahrungen und damit verbundenen Reifungsprozesse trugen uns durch das Leben und leiteten uns in der Ausführung unseres Lebenswerkes. Jakobus und ich stammen aus sehr bescheiden lebenden Selbstversorgerfamilien, was uns geholfen hat, hier unseren Neubeginn zu starten und zu schaffen. Wir waren schon als Kinder häufig krank. Durch unsere naturnahe Lebensweise konnten wir vieles verbessern, auch wenn die Grundkonstitution blieb. Jakobus war von Grund auf stets fleißig am Werk. Die letzten Lebenswochen fühlte er sich nicht mehr so stark. Er konnte die Zeit noch gut zum Lesen und Ruhen in der Natur nützen.

Bis zum Schluss konnte er alles für ihn Nötige selbstständig erledigen.

In seiner letzten Nacht konnten wir noch sehr gut miteinander sprechen und uns für alles bedanken, was wir im Leben geschaffen haben. Unsere Hände haltend meditierten wir gemeinsam bis die Aufmerksamkeit von Jakobus auf die feinstoffliche Seite unseres Lebens gelenkt wurde. Da ich schon in meinen jungen Jahren Menschen vor ihrem Heimgang ins Geistige erlebt habe, wusste ich, dass ich ihn jetzt nicht mehr ansprechen durfte, weil ihm nun die Rückschau auf das eben gelebte Erdenleben mit allen seinen Ergebnissen für die weiteren Leben gezeigt und vom Todesengel erklärt wurden. Von Zeit zu Zeit setzte sich Jakobus auf und blickte mit großen Augen in den Raum. Er war sehr aufmerksam und wach für diese Vorgänge im geistigen Bereich. Er schaute und legte sich wieder hin. Das hätte er zuvor nicht mehr so gekonnt. Es gelang ihm nur jetzt mit diesem feinstofflichen Hintergrund.

Das oben Geschilderte wiederholte sich ein paar Mal, bevor er tief einschlief und seine Seele innerlich mit der wunderbar nahe spürbaren Führung weiterarbeitete. Dies war an seinen von innen kommenden Atemzügen deutlich erkennbar. Ich saß ruhig und meditativ gestimmt nahe bei ihm, bevor ich mich zur noch nötigen Ruhe hinlegte.

Am nächsten Vormittag verließ seine Seele den irdischen Körper, welcher zu atmen aufhörte.

Ich danke unserer geistigen Führung von ganzem Herzen für unser gemeinsames Leben.

Jakobus danke ich innig für alles, was wir gemeinsam im Leben bewirken durften. Er ist mir als Seele nach wie vor sehr vertraut nahe und ich mache meine Arbeit hier mit den beiden Kindern Emanuel und Bernadette-Helene und den lieben Menschen, die ab und zu kommen um etwas von dem zu lernen, was sich hier seit so vielen Jahren entwickelt hat.

Diese gemeinsame Zeit ist stets eine wunderbare Zeit für gegenseitigen Austausch.

Wir alle sind Menschen und machen Fehler aus Unerfahrenheit. Eine Grundhaltung, wie beispielsweise: „Hätte ich es besser gewusst, hätte ich es besser gemacht", schützt uns vor schlechtem Gewissen, Selbstvorwürfen und Depressionen, die uns schwächen.

In der aufgezeigten Haltung bleiben wir im stärkenden Entwicklungsfeld zum Segen für uns selbst und unser Umfeld.

Wenn ich eines Tages meine Augen hier für immer schließe, gehe ich in großer Dankbarkeit aus diesem Leben.

Margarete

NATÜRLICH GÄRTNERN & anders leben – Das weiterführende Biogarten- und Permakultur-Magazin. Gartenpraktiker geben in leicht verständlicher Weise ihr umfassendes Erfahrungswissen weiter. Die Themen werden nutzorientiert, lehrreich, anschaulich und unterhaltsam vermittelt.

NATÜRLICH GÄRTNERN & anders leben bietet im Wechsel der Jahreszeiten eine reich bebilderte Fülle praxisnaher Beiträge aus Biogartenpraxis, Nutzpflanzenarten und -sorten, Gehölz- und Blumengarten, Bodenpflege und -biologie, Kompostwirtschaft und Düngung, Gartengestaltung, jahreszeitliche Arbeitshinweise, viele Ideen, Tipps und Tricks …

NATÜRLICH GÄRTNERN & anders leben erscheint 6mal jährlich. ISSN 2196-2367. Fordern Sie einfach unverbindlich ein kostenloses Probeheft an!

....

Über jede Buchhandlung, Internet oder direkt vom OLV Verlag, Im Kuckucksfeld 1, 47624 Kevelaer, Tel. 02832-9727820, Fax 02832-9727869 oder www.olv-verlag.eu.

WEITERE BÜCHER IM OLV VERLAG

DAS GROSSE HANDBUCH WALDGARTEN
Biologischer Obst-, Gemüse- und Kräuteranbau auf mehreren Ebenen

Von *Patrick Whitefield*
ISBN: 978-3-922201-25-0

In einem „essbaren" Waldgarten besteht die Baumschicht beispielsweise aus Obst- und Nussbäumen, die Strauchschicht aus Beeren- und Nusssträuchern, die Krautschicht aus (möglichst) mehrjährigen Gemüse- und Kräuterarten usw. Weder Schatten noch Nährstoffkonkurrenz sind Hindernisse. Gemeint sind große wie kleine Gärten, die wie Miniatur-Waldlandschaft gestaltet werden. Es ist eine völlig neue Art zu gärtnern. Man muss seinen Garten ja nicht gleich ganz umgestalten.

PERMAKULTUR UND KLIMAWANDELANPASSUNG
Inspirierende ökologische, soziale, wirtschaftliche und kulturelle Lösungen für Resilienz und Transformation

Von *Thomas Henfrey* und *Gil Penha-Lopes*
ISBN: 978-3-947413-01-0

Permakulturpraktiker haben jahrzehntelang kreative Antworten auf Änderungen der lokalen klimatischen Bedingungen gefunden. Auf diese Weise haben sie ein kollektives Wissen entwickelt, das für die weltweiten Bemühungen im Umgang mit dem Klimawandel von unschätzbarem Wert ist. Das Buch bietet detaillierte Beschreibungen praktischer Anwendungen anhand von Fallstudien aus der ganzen Welt.

Alle Bücher erhältlich unter: www.olv-verlag.eu

GEHEIMNISSE DER FRUCHTBAREN BÖDEN
Die Humuswirtschaft als Bewahrerin unserer natürlichen Lebensgrundlagen

Von *Erhard Hennig*
ISBN: 978-3-922201-09-0

Die schleichende Boden- und Grundwasservergiftung und der vielerorts auftretende Humusmangel unserer Kulturböden, ausgelöst durch die Vernichtung der Humussphäre mit ihren systemischen Bodenlebewesen sowie der Verlust an lebenswichtigen Mineralstoffen, wirken sich ganz offensichtlich immer gravierender auf die Gesundheit der sich von solchen Böden ernährenden Menschen und Tieren aus.

Der Ökolandbau-Pionier Erhard Hennig weiß Rat: er lässt seine Leser am faszinierenden, geheimnisvollen Leben noch gesunder Böden teilhaben und vermittelt das uralte Wissen unserer garten- und ackerbautreibenden Großeltern zur fachlich richtigen Anwendung der Kompost- und Humuswirtschaft.

MULCH TOTAL
Ein Weg in die Zukunft

Von *Kurt Kretschmann* und *Rudolf Behm*
ISBN: 978-3-922201-18-2

Über 60 Jahre bewirtschaftete Kurt Kretschmann naturnahe Gärten zur Eigenversorgung mit hochwertigen Lebensmitteln. Während dieser langen Zeit hat er viel ausprobiert und blieb beim ′Total-Mulch-Garten′, dem ′Garten der Zukunft′, wie er selbst als Quintessenz seiner jahrzehntelangen Gartenarbeit formulierte. Als prominenter Naturschützer beschreibt Kretschmann ebenso anschaulich und leicht nachvollziehbar, wie er der gefährdeten Tierwelt in seinem Garten helfen konnte.

Im zweiten Teil des Buches berichtet Rudolf Behm über seinen Werdegang vom konventionellen Hausgärtner zum leidenschaftlichen Mulchgärtner.

Alle Bücher erhältlich unter: www.olv-verlag.eu

HUMUSSPHÄRE
Ein Stoff oder ein System?

Von *Herwig Pommeresche*
ISBN: 978-3-922201-50-2

Der Autor hat zahlreiche kaum bekannte Forschungsarbeiten gründlich unter die Lupe genommen und mit den üblichen konventionellen Landwirtschaftsmethoden verglichen. Er hat dabei herausgefunden, dass wir offenbar ein unzureichendes Verständnis haben von den Mechanismen, mit denen Pflanzen ihre Nährstoffe aufnehmen und verarbeiten. Pflanzen können nicht nur Nährstoffe in Form von gelösten (Dünge-) Salzen aufnehmen, sondern auch durch Umstülpung ihrer Feinwurzelzellen größere Nahrungspartikel aufnehmen und ins Zellinnere befördern. Sie können sich auch größere Moleküle und sogar ganze Zellen (wie Bakterien) einverleiben, und zwar – und das ist das Interessante daran – auch in lebender Form. Die Mineralsalz-Düngemethode ist seit ihrer Einführung Mitte des 19. Jahrhunderts nie infrage gestellt worden – trotz der vielen Probleme, die sie verursacht.

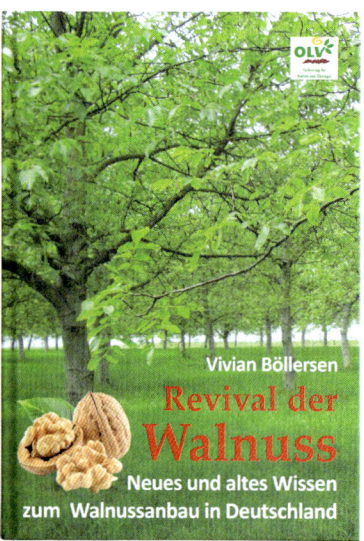

REVIVAL DER WALNUSS
Neues und altes Wissen zum Walnussanbau in Deutschland

Von *Vivian Böllersen*
ISBN: 978-3-922201-95-1

Ob im privaten Anbau, in der neu entstandenen Waldgartenszene, in Forst- und Plantagenwirtschaft, Holzindustrie, Stadtbegrünung, Obstbau oder chemischer Industrie – nahezu jeder Teil der Walnuss kann einer wirtschaftlichen Verwertung zugeführt werden. Der Walnussbaum besitzt zudem eine relativ hohe Anpassungsfähigkeit, denn die wärmebedürftige Walnuss kommt bei uns besser als manch andere Baumart mit dem Klimawandel zurecht und wird daher wohl auch als Waldbaumart an Bedeutung gewinnen.

Alle Bücher erhältlich unter: www.olv-verlag.eu

GÄRTNERN IM BIOTOP MIT MENSCH
Das praktische Permakultur- und Biogarten-Handbuch für zukunftsfähiges Leben

Von *Gerda* und *Eduard W. Kleber*
ISBN: 978-3-922201-31-1

Das erste grundlegende Permakultur-Handbuch von deutschsprachigen Autoren für die gemäßigte Klimazone!

Die Autoren stellen ein gut durchdachtes Mischkonzept aus der Biogarten- und Permakulturpraxis vor das in erster Linie die Erzeugung von qualitativ hochwertigem Gemüse und Obst im Hobbygarten zum Ziel hat.

Die ökologischen Aspekte werden dabei als Chance erkannt mit und nicht gegen die Natur zu arbeiten. Ein wichtiger Faktor in diesem Konzept ist der gelungene Versuch, möglichst viele Gartenelemente miteinander zu vernetzen, und deren Mehrfachfunktionen zu erkennen und sinnvoll zu nutzen.

CLEVER GÄRTNERN
Selbstversorgung und Permakultur

Von *Nikolay Kurdyumov*
ISBN: 978-3-922201-9

Zahlreiche direkt in die Praxis umsetzbare Anleitungen, Ratschläge, Tipps und Tricks aus dem Selbstversorger- und Permakulturgarten des Autors aus dem ländlichen Rußland. Nikolay Kurdyumov teilt in diesem Buch seine in Jahrzehnten gewonnenen Erfahrungen und lässt bewährte Gartenweisheiten und altes Wissen vieler russischer Gartenpraktiker der letzten 100 Jahre wieder aufleben und stellt sie in diesem Buch zur Verfügung.

Alle Bücher erhältlich unter: www.olv-verlag.eu

GESUNDER UND KRANKER BODEN
Ein praktischer Wegweiser
zur Gesunderhaltung des Ackers

Von *Margareth Sekera*
ISBN: 978-3-922201-84-7

Die Autorin gibt grundlegende Hinweise zur Beurteilung unserer Acker- und Gartenböden und zeigt dabei klar und gut nachvollziehbar die Krankheitsbilder im Boden auf. Praktische Hinweise zur Heilung des Gareschwundes, biologisch richtige Bodenbearbeitung und die Zusammenstellung von Gesundungsfruchtfolgen geben Landwirten und Gärtnern wertvolle Ratschläge zu zeitgemäßer Bewirtschaftung und zur unerlässlichen Erhaltung der so wichtigen Bodenfruchtbarkeit.

KOMPOSTREVOLUTION
Natürlich gärtnern mit Wurmhumus

Von *Helmut Schimmel*
ISBN: 978-3-922201-87-8

Die Wurmkompostierung zum Beispiel mit der Art Eisenia foetida ist eine hervorragende Alternative zu herkömmlichen Kompostierungsverfahren, die im Allgemeinen unter teils hohen Energieverlusten leiden.

Gemeinsam mit dem großen Heer der Mikroorganismen ist der Regenwurm generell der wahre Held im Untergrund. Er ist der Bodenbildner schlechthin, eben nicht nur in der freien Natur, sondern auch im Garten- und Landbau bei der Kompostierung.

Der Autor schöpft er aus seinem großen, über Jahrzehnte erworbenen Wissensschatz, von dem er mehr als reichlich an seine Leser abgibt.

Alle Bücher erhältlich unter: www.olv-verlag.eu